교육토론의 원리와 실제

교육토론의 원리와 실제

2018년 2월 20일 초판 1쇄 찍음
2018년 2월 28일 초판 1쇄 펴냄

지은이 박재현
펴낸이 윤철호
펴낸곳 (주)사회평론아카데미
편집 고하영·정세민
표지디자인 진승태
본문디자인 김진운
본문조판 토비트
마케팅 이승필·강상희
등록번호 2013-000247(2013년 8월 23일)
전화 02-2191-1128
팩스 02-326-1626
주소 121-844 서울특별시 마포구 월드컵북로12길 17
ISBN 979-11-88108-47-3 93370

이 책은 2017년도 상명대학교 교내연구비를 지원받아 집필하였음.

교육토론의 원리와 실제

박재현 지음

사회평론아카데미

여는 글

출판사에 원고를 보낸 날 밤
35년 만에 개기월식이 있었다.
지구 그림자에 가려진 그 달은
태양빛을 받지 못해 빛을 잃었다.

1

상대에게 요구하는 마음도 없고
끝내 고수해야 하는 가정도 없고
향긋한 말의 날줄과 말의 씨줄로
의미를 창조하는 대화는 햇볕이다.

상대를 속이려는 어둠은 사라지고
혹시나 다칠까 꽁꽁 싸맨 마음은
따뜻한 온기로 스르르 녹는다.
반목도 대립도 충돌도 없다.

행복에 충만한 미소에 깃들어
귓가에 들리는 엄마 목소리에
아기가 마음의 평안을 찾듯이

인류는 이런 대화를 갈망해왔다.

목표도 없고 필요를 설득하지도 않는
마음과 마음이 이어진 대화는
봄날의 햇볕처럼 밝음과 온기를 준다.
이러한 대화는 늘 절대선(絶對善)이다.

2

그리고 달이 빛을 잃는다.
어둠 속에서 길을 보여주며
얼굴을 알아보게 해 주던 달이
그림자로 덮여 어둠이 되는 때다.

미지의 길 앞에서 걸음을 못 뗀다.
여기에 그대로 머물러야 할지
미지의 장소로 발자국을 옮길지
아무도 모른다. 두려움이 차온다.

현명한 선각자도 깨닫지 못하고
용맹한 지도자도 용기를 잃는다.
의견과 의견이 옳다고 소리지른다.
거짓과 진리를 가릴 묘안이 없다.

절대자의 능력이 없는 인간은
충돌로 거짓을 가려내는 법을 사용하였다.
그때서야 비로소 걸음을 옮길 수 있다.
세대를 흘러 내려온 유일한 방법이다.

3

우리 모두가 찬란한 햇볕 아래
상대의 마음을 헤아리며
온기 어린 공감의 대화를 나누기를 바란다.
이것이 첫 번째 바람이다.

그리고 달마저 빛을 잃는 때에
우리가 가야 할 방향을 찾기 위해
거짓을 검증하는 날선 대화도 할 수 있기를 바란다.
이것이 두 번째 바람이다.

어두움의 그때에 필요한
지혜를 키우고 힘을 기르는 데
이 글이 발 앞을 비추는 횃불이 되기를 바란다.
이것이 세 번째 바람이다.

2018년 2월 9일
박재현 씀

차례

2부　교육토론의 실제

1부   교육토론의 원리

1

교육토론의 이해

오해와 쟁점

"엘리트 교육 아닌가요?"
"왜 아이들을 경쟁시키나요?"

교사 연수를 마치고 돌아오는 KTX 열차 안에서 귓가를 맴도는 질문이었다. 연수 중에 상기된 얼굴로 손을 번쩍 들고 질문한 선생님의 모습이 아직도 눈에 선하다. 한쪽에서는 토론의 중요성을 역설하고 토론 교육의 확산을 위해 애쓰지만, 이를 가로막고 있는 마음속의 거대한 장벽이 있는 것도 현실이다. 토론을 해 본 경험도 지도를 받아 본 경험도 없는 우리 세대의 교사들은 토론을 지도해야 하지만 마음 한 구석에 자리 잡은 거리낌으로 인해 토론에 대해 부정적인 인식을 가지고 있기도 하다.

　　도움이 되기를 바라는 마음에서 멀리 달려가 토론의 필요성을 열심히 설명했지만 그 반응이 신통치 않았던 경험에서, 토론 방법이나 전략에 대한 공유보다 토론에 대한 오해의 장벽을 먼저 걷어 내야겠다는 생각을 하였다. 1장에서는 구체적인 토론 방법을 다루기 전에 토론에 대한 하나의 그림을 공유하기 위한 내용을 다루었다. 이 부분에 대해 마음이 열리지 않으면 2장 이후의 방법에 대한 내용은 말 그대로 도구이고 기술에 불과하다. 공동체가 직면한 문제를 충돌을 통해 검증하는 토론의 본질에 대해 이해해야 한다. 단순히 승패를 가르는 게임이 아니라 진리의지를 기르는 토론의 교육적 효과에 대해 공감해야 교육토론의 장치들이 갖는 본연의 의미를 인식할 수 있다.

　　토론 교육이 중요하고 필요하다는 점에 대해서는 별다른 이견이 없지만 토론을 가르치는 교수자들이 토론에 대해 가지는 견해는 사뭇 다르다. 이는 토론 교수자들의 배경이 상이하고 토론 교육에 대한 경험과 지식이 다르므로 자연스러운 양상이지만, 학습자에게 제공할 토론 교육의 질을 확보하고 토론의 본질이 지향하는 교육적 함의를 잃지 않기 위해서는 토론 교육에 대한 최소한의 요건에 대해 공감대를 형성할 필요가 있다. 이 장에서는 방송 토론과 같은 응용 토론이나 수업 방법으로 활용하는 광의의 토론보다는 교육 목적으로 설계된 CEDA 토론(반대 신문식 토론)과 같은 교육토론을 중심으로 관련된 오해와 장단점에 대해 살펴보도록 하겠다.

01

찬반 대립형 경쟁 구도

토론에 대한 교수자의 인식 차이는 주로 교육토론 형식의 교육적 이점과 부작용에 대한 것이다. 교수자들은 교육토론 모형을 실제 수업에 적용해 보면서 학습자의 반응을 통해 지각한 주관적 인식을 지니고 있다. 교수자들의 관점은 교육토론의 장점을 확인하고 옹호하는 측과 문제점을 확인하고 비판하는 측으로 대별된다.

이 두 관점에 대해 교수자들은 개별 쟁점마다 다른 시각을 가지고 있으며 각각의 시각에는 나름의 이유가 있다. 토론 교육의 방향을 정립하기 위해서는 쟁점별로 양측의 논리를 면밀히 살펴볼 필요가 있다. 양측이 분명하게 충돌하는 쟁점을 정리하면 ① 찬반 대립형 경쟁 구도의 적대성, ② 승패 판정의 위험성, ③ 규칙과 절차의 복잡성, ④ 정해진 입장의 강제성 등 크게 네 가지이다.

토론 교육과 관련된 대표적인 쟁점은 찬반 대립형 경쟁적 의사소통 구도에 대한 것이다. 이러한 의사소통 구도에 대해 적대적 태도를 기른다는 부정적 관점과 교육적 취지에 부합한다는 긍정적 관점이 있다.

❶ 부정적 관점 ─ 왜 학생들을 불필요하게 대립시키고 경쟁을 부추기나요?

과도한 경쟁적 의사소통 환경을 조성한다

이러한 관점의 교수자들은 한국 사회가 그렇지 않아도 과도한 경쟁 사회인데 토론의 대립성이 경쟁을 더욱 부추겨서 문제가 있다는 주장을 한다. 특히 토론을 게임이나 스포츠로 인식하는 것은 다른 견해를 가진 집단과 공감대를 형성하는

데 방해가 되므로 경계해야 하며, 토론의 대립성을 극복하고 공감과 협력을 중시하는 의사소통을 추구해야 한다는 것이다.

상대에 대한 적대감을 유발한다

경쟁을 강조하면 토론의 적대성이 토론 상대에 대한 적대성으로 쉽게 전이되어 상대를 적대적으로 인식하게 된다는 주장도 있다. 이들은 경쟁을 강조하는 토론 방식을 신자유주의 사상에 근거한 것으로 보고, 타인의 부당성을 입증하여 압도하고 자신의 능력을 발휘하여 우월성을 입증해야 하는 이데올로기가 담긴 인간형을 추구한다고 비판한다. 또한 공격과 방어의 프레임은 새로운 논증을 개발하기보다 자신의 입장을 방어하고 상대를 공격하는 태도를 학습하게 한다고 비판한다.

현실 세계의 토론과 괴리되어 있다

찬반 양측이 대립하는 토론이 비현실적이라는 비판도 있다. 현실 사회의 토론은 합의에 이르는 의사소통 과정인데, 게임과 같이 양측으로 인위적으로 구분된 토론은 실제적이며 실용성 있는 현실 세계의 토론과는 거리가 있다는 것이다.

❷ 긍정적 관점 ─ 몸으로 하는 경쟁은 스포츠맨십이고 말로 하는 경쟁은 악인가요?

적대감이 아니라 오히려 협동심과 팀워크를 배양할 수 있다

이러한 관점을 가진 교수자들은 교육토론의 대립적 소통 구도가 필연적으로 학습자 간의 유기적인 협력 활동을 요구한다고 여긴다. 또한 교육토론이 학습 공동체의 협력적 소통을 저해한다는 우려는 실제 교육토론이 수행되는 교실의 맥락을 간과한 데서 기인한 오해라고 비판한다. 즉, 토론의 대립적 소통 구도는 강력한 팀워크를 요구하며, 학습자들은 상호 협력을 통해 보다 나은 지혜와 교훈을 얻을 수 있다고 여긴다. 특히 입시 경쟁이나 주입식 교육으로 팀 활동이나 공동체 의식을 함양하는 경험이 결여된 한국의 학생들에게 교육토론이 필요하다는 주장을 한다.

토론의 논점을 선명하게 한다

긍정적 관점에서 교육토론의 찬반 대립 구도를 옹호하는 교수자들이 중시하는 대목은 찬반 토론이 논점을 선명하게 한다는 점이다. 토의는 주제에 대해 포괄적으로 논의하여 폭넓은 의견 교환이 가능하고 합의를 도출할 수 있지만, 논의가 자칫 광범위하게 확산되어 논점을 벗어나는 문제가 있다. 반면에 교육토론은 대립하는 쟁점이 분명한 논제로 토론하여 해당 쟁점의 범위 내에서 논제에 초점을 맞추어 논의할 수 있다. 즉, 특정한 형식 없이 참여자가 자유롭게 주장을 펼치는 난상토론은 토론이라기보다는 토의에 가까우므로, 본격적인 토론 교육을 위해서는 찬반 입장이 분명한 교육토론 모형을 활용하는 것이 바람직하다는 주장이다.

이러한 관점은 교육토론의 '논제관련성(topicality)'과 연관되어 있다. 논제관련성이란 토론의 발언이 논제에서 벗어나지 말아야 한다는 중요한 원리이다. 토론자가 논제에서 벗어난 논의를 하면 토론에 기여하지 못한 것으로 인식되어 불리한 판정을 받는다. 상대 토론자와 심판은 입론에서 논제관련성을 먼저 확인하는데, 이렇듯 교육토론에서는 논제에 초점을 두어야 한다는 원리가 적극적으로 반영되어 있다.

❸ 찬반 대립형 경쟁 구도의 교육적 의미는 무엇인가요?

앞서 한편의 교수자들은 현실 세계와 괴리된 찬반 대립형 토론이 학습자의 심리 상태에 미치는 부정적 영향에 주목하여, 적대감을 유발하고 다른 견해를 가진 집단과 공감을 형성하는 것을 저해하는 폐해를 지적하였다. 하지만 학습자들은 경쟁 구도를 극적인 긴장감을 유발하는 요인이나 흥미 요소로 받아들이는 경향이 더 크며, 이를 통해 협동심과 팀워크를 기를 수도 있다.

경쟁은 흥미와 동기를 유발한다

교수자들이 우려하는 바와 같이 토론은 경쟁을 유발하지만 그로 인해 학습자들이 받는 감정적 영향은 그리 부정적이지 않다. 대학생 150명을 대상으로 설문조사를 실시한 박재현(2017a)에 의하면 토론의 대립적 경쟁 구도가 '극적인 긴장감을 유발한다.'는 의견에 79.3%가 '(매우) 그렇다'는 답변을 하였으며, '게임이나 스포츠와 같은 흥미를 유발한다.'는 의견에 대해서도 64.7%가 '(매우) 그렇다'는 답변을 하였다. 이 항목에 대해서는 특히 여학생보다 남학생의 긍정적 응답이 높았으며 통계적으로 유의한 차이가 있었다. 즉, 남학생이 토론의 경쟁 구도가 게임이나 스포츠와 같은 흥미나 재미를 유발한다고 인식하는 경향이 강하였다. 학습자들은 찬반 대립형 토론이 경쟁 상태를 형성하고 적대감을 유발하는 면이 다소 있지만, 이를 극적인 긴장감이나 흥미 요소로 받아들이는 면이 강하였다. 또한 대립 구도의 형성이 비교육적이지 않으며, 협동심을 기르는 데 적합하다고 인식하였다.

학생 의견

- 찬반 대립형 토론을 다수 경험해 보았는데, 매번 할 때마다 각 팀은 서로 경계하는 모습을 보였다. 같은 반 학우들이라도 토론으로 인해 팀이 나뉘게 되면 준비 기간 동안 서로 오묘한 기류가 돌곤 했다. 하지만 같은 팀이고 같은 주장을 한다는 의식 때문인지 한 팀 안에서는 그 어느 때보다도 끈끈한 유대감을 느낄 수 있었다. 처음 보는 친구와 팀을 꾸렸을 때도 그러했다.

- 뭔가 긴장감도 있고 게임처럼 도전 의식을 불태우는 게 있어서 찬반 토론도 좋다고 생각해요.

- 같은 팀끼리도 처음엔 의견이 달랐다. 나는 당연히 이렇게 생각하고 있지만 상대와 의견이 다를 때 의견을 맞춰 가면서 서로의 의견을 이해하게 되면서 더 좋은 결과물들이 나오는 거지 나 혼자서만 생각을 하다 보면 내 사고에 갇히는 것뿐이다. 토론을 하면서 함께 협동할 수밖에 없다.

경쟁하기 위해 협동해야 한다

토론은 경쟁하기 위해 협동해야 하는 의사소통 구도를 만든다. 여기에는 경쟁과 협동의 속성이 모두 나타나는데, 토론 교수자들은 해당 속성의 부정적 측면을 우려한다. 박인기 외(2014: 32-33)에서는 토론이 경쟁과 협동의 긍정적 가치를 모두 가지고 있는 것으로 보았다. 즉, 경쟁만 있는 세상은 삭막하며 협동만 있는 세상은 나태하다며, 경쟁과 협동이 맞물려야 경쟁은 경쟁다워지고 협동의 미덕도 발휘된다고 하였다. 특히 토론에서 협동의 미학은 개인 혼자서 생각하는 것보다 다각적인 접근이 가능하고 다양한 견해와 해결책을 찾을 수 있다는 점이라고 하였다. 의회식 토론의 평가 기준에는 '팀워크'가 포함되어 이를 평가 차원에서 직접 확인한다.

박재현(2017a)에 의하면 '팀 구성원끼리 협력해야 하므로 협동심과 팀워크를 기르는 데 도움이 된다.'는 의견에 80.0%가 긍정적인 답변을 하였다. 학습자들은 어느 정도 경쟁심이나 적대감이 생기는 것은 사실이지만, 토론을 준비할 때 같은 팀끼리 의견을 조율하는 과정에서 협력이 필요하다고 하였다. 심지어 상대 팀에 대해서도 같이 토론을 만들고 이끌어 간다는 점에서 공동체 의식을 느끼기도 하였다.

하지만 경쟁이 과열된 분위기로 토론을 몰고 가다 보면 적대감을 유발할 수도 있으므로, 교수자는 경쟁이 과열되지 않도록 노력해야 하며 대립성의 본질적인 의미에 대해 충분하게 설명해야 한다.

학생 의견

- 경쟁심이나 적대감이 과열될 경우 사회자나 교사가 적절하게 중재하는 능력이 중요하다고 생각한다.

- 처음에는 찬반 대립형 토론에서 단순히 상대와 말싸움을 하여 이기는 것에만 중시를 했었는데 토론 수업을 하고 나니 주장과 근거의 타당성, 신뢰성, 공정성을 갖추어 논리로 싸우는 과정에서 극적인 긴장감과 희열을 느끼게 되었다. 단순히 토론에 대한 이론적 지식을 가르치는 것이 아니라 바로 이러한 부분을 생생히 학생들이 깨닫게끔 하는 교수자의 역할이 요구된다고 생각했다.

합의가 반드시 선(善)은 아니다

토론 교육에 부정적 입장을 갖는 연구자들이나 교수자들의 중론은 토론의 대립성이 이분법적 사고를 조장하므로 합의를 이루도록 토론 교육 모형을 토의식으로 변형하거나, 대립 과정 후반부에 합의 과정을 추가해야 한다고 주장한다. 합의를 이루는 모습은 교육적으로는 바람직하게 보이지만 합의를 경계하는 관점에도 주목할 필요가 있다.

존 스튜어트 밀(John Stuart Mill)은 의견 통합의 결과가 반드시 모두 유익하다고 결론지을 필요가 없다고 하였다. 의견 통합을 '결정된 의견이 빠진 깊은 잠(the deep slummer of a decided opinion)'이라고 하면서, 어떤 것이 더 이상 의심스럽지 않을 때 그것에 대한 생각을 포기하는 인류의 치명적 경향은 인류가 저지른 과오의 원인 중 절반이나 된다고 하였다(Mill, 1859; 이종훈 편역, 2012: 121). 즉, 이러한 상태는 꼬리를 물고 제기되는 문제에서 논쟁이 정지된 것으로서 참이면 유익하지만 악이면 위험하고 해롭다는 것이다. 이는 교양 교육이 추구하는 인간상인 비판적 사고를 갖춘 자유인의 모습과 사뭇 다르다. 비판을 위한 비판을 일삼는 인간상도 문제이지만 무조건적인 합의를 지향하는 인간상도 교양 교육이 추구할 인간상은 아니다.

토론 교육은 토론의 본질적인 교육적 기능에 부합하게 이루어지는 것이 바람직하다. 토론은 갈등 구도의 적대적 대립이 아니라 공동체가 처한 문제의 의사결정을 할 목적에서 진리 검증의 역할을 맡은 양측이 찬반으로 충돌하는 단일 명제를 검증하기 위해 협력하는 담화 유형이다. 토론이 성립하기 위해서는 어떠한 명제에 대하여 찬성 또는 반대의 양 극단에서 경쟁하고 충돌하는 두 진영이 있어야 한다(Freeley & Steinberg, 2014). 이러한 토론은 단일 명제를 검증하기 위해 양측에 공방의 역할을 부여한 것이므로 합의를 지향하지 않는다. 그러므로 교육토론에서 대립 구도의 설정 취지를 갈등을 유발하는 적대적 경쟁 구도의 조성으로 받아들이는 것은 바람직하지 않다. 교수자는 충돌로써 진리를 검증한다는 대립성의 본질에 대해 학습자에게 명확하게 설명함으로써 토론의 대립적 속성의 철학적 기원에 대해 학습자와 공유해야 한다.

토론은 학생 스스로 만들어 낸 지적 놀이이다

다양한 이론적·실증적 연구는 토론의 경쟁적 속성에 대한 학습자 차원에서의 장점을 제기하고 있다. 맥아서 외(MacArthur, Ferretti & Okolo, 2002)에서는 학습 부진 청소년의 토론 참여가 동등하게 이루어지는 원인을 토론의 대결적 성격으로 보고 이를 잠재적인 이익이라고 하였다. 프릴리와 스타인버그(Freeley & Steinberg, 2014)에서는 교육적 차원에서 경쟁이 중요하다는 점을 고려하여야 한다며, 많은 학생이 토론을 즐기는 주된 이유로 토론의 경쟁적 속성을 적시하고 있다. 즉, 학생들은 경쟁할 때 동기 부여를 강하게 받으며 학업에 몰입한다는 것이다. 또한 경쟁은 좀 더 중요한 교육 목적을 달성하기 위한 수단에 불과하다는 점을 기억해야 한다고 언급하였다.

최근에는 토론의 경쟁적 속성을 '지적 놀이(intellectual play)'로 규정한 관점들이 제시되고 있다. 바태넌과 리틀필드(Bartanen & Littlefield, 2015: 160)에서는 경쟁적인 토론이 참여자들이 즐거움을 느끼는 중요한 지적·사회적·개인적 유익을 제공하는 놀이의 형태로 정당화되어야 한다고 주장하였다. 이들은 고도의 지적 놀이로서의 경쟁적 토론 형태에 대해, 20세기 이전의 따분하고 지루한 토론 수업을 극복하려고 학습자들이 경쟁적 토론 모임을 자체적으로 구성하였다는 문헌 증거로 입증하고 있다. 그러므로 교수자는 과열된 경쟁 분위기의 부정적 측면은 최소화하고 경쟁으로 인한 잠재적 이익은 극대화하는 방향으로 토론 수업을 이끌어야 한다.

02 / 승패 판정

토론 교육과 관련된 두 번째 쟁점은 승패 판정에 대한 것이다. 이는 첫 번째 쟁점인 찬반 대립형 소통 구도와 직결되는 것인데, 토론 시행 후 승패를 판정하는 것에 대한 부정적 관점과 긍정적 관점으로 구분된다.

① 부정적 관점 — 승자가 옳다는 인식을 심어 주지 않을까요?

무의미한 경쟁을 지속하게 한다

승패를 가르는 토론 방식에 대해 부정적인 생각을 하는 사람들은 승리로 인한 상대적 우월감이든 우승을 위한 경쟁이든, 학생들로 하여금 무의미한 경쟁을 지속하게 한다며 비판한다. 승패를 결정하는 토론 방식은 대회에서는 유용하지만 교실 수업에 일률적으로 적용하는 것은 문제가 있으므로, 찬반 대립형만 고수하지 말고 토의 과정을 추가하여 함께 대안을 모색하는 합의를 지향해야 한다고 주장한다.

학습자들에게 잘못된 인식을 심어 준다

승패 판정에 부정적인 입장의 교수자들이 주목하는 폐해는 토론의 승패 판정이 학습자에게 잘못된 인식을 심어 준다는 것이다. 즉, 승리와 패배를 전제한 토론은 은연중에 승리는 옳고 패배는 그르다는 인식을 내면화시킨다는 것이다. 김현주(2011: 135)에서는 승패를 판정하는 행위를 '타자를 자신과 동일시하고 집단적 표상이나 공동의 이상으로 묶으려는 행위'로 규정하고, 판정을 통해 일방적 합의를 강제적으로 요구하는 방식은 타자와의 차이를 용납하지 않는 것이라며 승패 판정을 강력하게 비판하였다. 또한 실제 사회에서는 찬반 대립 현상이 논리적으로만 해소되기 어려운데, 토론의 승패 판정은 이러한 실제 사회 현상을 왜곡시키는 비교육적 효과를 낳는다고 지적한다.

② 긍정적 관점 — 판정에 승복하는 경험도 필요하지 않을까요?

판정 승복은 교육적으로 의미 있는 경험이다

반면에 승패 판정에 긍정적인 입장에서는 판정에 대한 승복 경험이 지닌 교육적 의미에 주목한다. 토론은 스포츠나 게임과 같이 규칙을 준수해야 하는데 자기 팀과 상대 팀의 논리적 우위의 차이를 인정하고 토론의 결과에 승복해야 한다는 것이다. 엄격한 절차와 규칙을 지켜 토론을 하며 결과에 승복하고 합의를 이행하는 자세에 대한 지도는 이러한 체계적인 교육토론을 통해 가능하며 판정 승복 경험이 교육적으로 의미 있다고 주장한다.

판정을 통해 시비를 가려 합의를 요구하는 것은 아니다

교육토론에서 판정은 교육적인 목적에서 이루어지는 것이지 승패 판정으로 시비를 가려 승리한 팀의 입장으로 강제적인 합의를 요구하는 것은 아니다. 이광모(2007: 38)에서도 교육토론의 목적은 완전한 합일에 도달하고자 하는 것이 아니며, 적어도 문제 해결의 가능성과 한계를 양측이 분명하게 인식하는 데 의미가 있다며 토론을 하는 이유가 일방적인 합의 요구는 아니라고 주장하였다.

③ 승패 판정은 교육적으로 어떤 의미가 있을까요?

승패 판정을 우려하는 입장에서는 토론의 승패 판정이 학습자들로 하여금 무의미한 경쟁을 지속하게 하며, 승리는 옳고 패배는 그르다는 인식을 내면화시키고, 승자의 논리를 강제하여 일방적 합의를 강요하는 등의 폐해가 있음에 주목하여 비교육적이라고 주장하였다. 물론 학습자들은 승패 판정 후에 감정적으로 우월감이나 좌절감을 일정 부분 느끼기 마련이다. 하지만 학습자들은 승리 입장에 대한 수용을 강제한다고 인식하기보다는 판정이 정당하면 충분히 승복할 수 있으며 이러한 경험이 교육적으로 의미가 있다고 여긴다. 박재현(2017a)에 의하면 '토론의 승패 판정은 승리는 옳고 패배는 그르다는 인식을 갖게 만든다.'는 항목에 29.6%만이 '(매우) 그렇다'고 답하였다. '토론의 승패 판정은 승리 팀의 입장에 대한 일방적 합의를 강요한다.'는 항목에도 16.6%만이 '(매우) 그렇다'고 답하였다.

학생 의견

- 패배는 주장과 근거의 부적절성으로 인한 것으로 생각되므로 승리 팀의 일방적인 합의를 강요한다고 생각하지 않는다.

- 승리는 옳고 패배는 그르다는 극단적 표현보다는 승리한 팀의 의견이 설득력 있다고 느껴진다.

- 오히려 승패 판정이 있기 때문에 학생들이 토론에 더 열심히 참여하는 것 같다. 그렇지만 실제로 패배를 했을 때 눈물을 흘리거나 뒤에서 화를 낸 친구들도 더러 있었다. 하지만 이런 과정을 통해서 학생들이 패배를 받아들이는 방법도 배우게 된다고 생각한다.

- 우월감이나 성취감은 다른 표현인 것 같다. 내가 열심히 조사해서 성취감을 느끼고 뿌듯한 것뿐이지 상대 팀을 이겼다고 우월감을 느끼는 것은 아니다.

판정에 대한 승복 경험은 교육적으로 의미가 있다

토론 후 승패 판정에 대한 승복 경험의 교육적 의의를 환기할 필요가 있다. 프릴리와 스타인버그(2014)에서는 대회나 교실에서의 토론 경쟁에서 학생들은 승패를 의연하게 수용해야 하며 어떤 결정이든 심판의 평가에 예의 있게 반응해야 한다는 것을 배우게 된다며, 사회적 성숙도를 높이는 토론의 교육적 의의를 강조하였다.

박재현(2017a)에 의하면 '토론의 승패 판정이 정당하면 승복할 수 있다.'는 항목에 85.5%가 '(매우) 그렇다'고 답하였으며, 60.7%가 판정 승복 경험이 민주 사회 시민성 함양에 도움이 된다고 답하였다. 특히 이 설문 항목의 경우 남학생의 평균은 3.89, 여학생은 3.49로 통계적으로 유의한 차이가 확인되었다. 학습자들은 승패 판정에 대해 승자와 패자로서의 감정적 반응은 느끼지만 판정이 정당하면 승복할 수 있으며 그러한 경험이 교육적 차원에서 도움이 된다고 인식하였다.

승패 판정은 공정해야 한다

승패 판정의 부정적 차원을 극복하고 교육적 의의를 찾으려면 승패 판정이 공정해야 한다. 학습자들이 판정에 승복할 수 있는 경우는 승패 판정이 공정할 때이다. 토론 교수자는 직접 판정을 하든 동료 학습자에게 배심원이나 판정단의 역할을 부여하여 판정을 하도록 하든 판정의 공정성에 세심한 주의를 기울여야 한다. 또한 단순히 판정 결과만 통보하는 것이 아니라 분명한 근거를 들어 승리와 패배의 이유를 설명해야 한다. 즉, 승패 판정은 공정해야 하며 판정의 결과를 근거를 들어 설명해 줄 때 승패 판정으로 인한 부작용을 최소화할 수 있다.

학생 의견

- 판정 과정을 객관적으로 제시하여 준다면 결과에 승복할 수 있겠지만 그렇지 못하다면 승패 판정을 안 하는 것이 더 좋다고 생각한다.

- 토론이 끝난 후 학생들이 일반적으로 승리 팀의 입장만이 옳다는 결과만을 안고 가기 쉬운데 승리한 팀이 어떠한 논리와 타당성, 신뢰성 있는 근거로 승리를 하게 된 것인지 또 패배한 팀에서는 토론하는 과정에서 어떤 점이 미흡했는지를 꼭 짚고 넘어가야 할 것이다.

- 토론 승패 판정의 기준이 확실하지 않으면 오히려 상대 팀 의견과 상대 팀에 반감을 가질 수도 있으므로 정확한 기준과 공정한 판정이 필요하다.

03

규칙과 절차

토론 교육과 관련된 세 번째 쟁점은 토론의 규칙과 절차에 대한 것이다. 교육 토론의 엄격한 규칙과 절차가 교육적으로 부정적인 영향을 미친다는 관점과 긍정적인 영향을 미친다는 관점으로 구분된다.

❶ 부정적 관점 — 너무 복잡하고 부자연스럽지 않은가요?

토론의 규칙과 절차가 너무 복잡하다

교육토론의 규칙과 절차에 대해 부정적인 입장에서는 CEDA 토론(반대 신문식 토론)이나 칼 포퍼식 토론과 같은 교육토론은 학생들의 토론으로 활용하는 데 한계가 있다고 주장한다. 절차가 복잡하고 단계마다 시간이 제한되어 학생들이 토론을 준비하는 데 시간과 노력이 많이 들어 부담이 크기 때문이다.

엄격한 규칙과 절차는 의사소통 과정을 경직화시킨다

또한 대립적인 구도로 엄격한 규칙의 틀 안에서 행하는 의사소통이 토론의 과정을 경직화시키는 문제가 있다고도 비판한다. 이와 더불어 형식과 절차를 강조하는 토론은 실제 현실과 유리된 형식적인 의사소통 방식이라는 비판도 있다. 이런 맥락에서 토론의 절차에 의해 한쪽은 말하고 한쪽은 듣기만 하는 일방적 과정이 아니라 양방향의 역동적이고 순환적인 과정으로 토론 교육을 전환해야 한다고 주장한다.

❷ 긍정적 관점 — 규칙과 절차는 번거롭기만 한 것일까요?

토론의 규칙과 절차는 어렵지 않고 토론 학습에 적합하다

반면에 토론의 규칙과 절차가 교육적으로 필요하다는 긍정적 관점에서는 다음과 같이 주장한다. 토론의 규칙은 복잡한 것이 아니라 단지 학생들에게 낯설 뿐이라는 것이다. 학생들이 어려서부터 하는 보드게임 등의 설명서도 매우 복잡한데, 토론의 규칙은 절차 정도만 간단하게 설명하면 학생들이 이를 어렵지 않게 시행할 수 있기 때문이다. 또한 학생들은 엄격한 규칙이 있는 토론에 대해 오히려 토론답고 재미있다는 반응을 보인다고 한다.

토론의 규칙과 절차는 균등한 발언 기회를 보장한다

엄격한 규칙과 절차가 있는 교육토론을 시행해야 한다는 입장에서는, 토론 규칙이 단지 어렵고 쉬운가의 문제가 아니라 그 나름의 중요한 교육적 가치가 있음을 주장한다. 민주사회에서 갈등을 해결하기 위한 의사소통을 할 때 필요한 규칙의 중요성을 깨달을 수 있다는 것이다. 즉, 토론의 전제 조건은 모든 토론 참여자에게 발언 기회를 균등하게 제공하는 것이므로, 토론은 민주주의 원칙인 절차의 평등성을 유지하여 다양한 의견을 표현할 수 있는 기회를 보장한다. 이러한 관점을 취하며 토론을 교육할 때 우리는 절차적 평등성이 갖는 의미를 학생들에게 분명히 제시할 수 있다. 정현숙(2012: 56)에서도 기회 균등 원칙에 따라 동등한 의사표현의 자유를 갖는 토론 방식이 민주 시민의 소양을 길러준다며, 엄격한 절차와 형식을 따르는 교육토론은 토론 참여자의 기본적 소양을 함양하는 장점이 커서 전인교육에 적합하다고 하였다.

토론의 규칙과 절차는 약자나 소수자의 발언 기회를 보장한다

균등한 발언 기회와 관련하여 토론의 규칙과 절차가 약자나 소수자의 발언 기회를 보장한다는 관점도 있다. 얼핏 민주적으로 인식되는 협력적 토의에서는 소수의 의견이 다수의 의견에 묻히며, 권위자의 의견이 약자의 의견을 압도할 수 있다. 나은미(2011: 246)에서는 협력적 대화의 경우 다수결의 원칙과 신속한 의사결정이라는 미명 아래 소수의 의견 표출이 봉인되는 단점이 있는 데 반해, 토론은 힘에 의해 기회가 배분되지 않도록 절차가 의견 표출의 기회를 보장하는 장점이 있다고 하였다. 황지원(2013: 575)에서도 토론 공간은 본질적으로 모든 참여자가 평등한 공적인 공간으로서 성별, 나이, 지위, 역할 등이 권위를 갖지 못하고, 합리적이고 객관적 증거에 의해서만 결정이 이루어진다며 토론이 오히려 민주적 가치를 지니고 있음을 언급하였다. 이와 유사한 맥락에서 황혜영(2011: 152)에서는 형식과 절차에 따른 교육토론이 토론 참여자에게 공평한 기회와 발언 시간을 부여하여 소극적이거나 내성적인 학생도 적극적으로 참여하도록 유도한다며 토론의 절차가 갖는 교육적 장점을 언급하였다.

토론의 규칙과 절차는 경청의 중요성을 인식시킨다

이는 정해진 발언 절차가 번거롭고 부자연스러운 소통 방식이 아니라 학습자로 하여금 상대 의견에 대한 경청의 중요성을 인식하게 하는 중요한 교육적 장치라는 관점이다. 백미숙(2009: 337-338)에서는 CEDA 토론과 같은 교육토론의 경우 발언 시간과 기회를 동일하게 부여하는 장치로 인해 상대의 말에 경청하는 훈련을 하게 된다며, 토론 규칙을 준수하고 상대를 존중하며 경청하는 자세는 시민성과 직결된다는 점을 강조하였다. 황지원(2013: 571)에서도 토론의 요건으로 타인의 의견을 존중하고 상대의 발언을 끝까지 경청해야 한다는 점을 들어 경청의 교육적 의미를 강조하였다.

❸ 규칙과 절차는 교육적으로 어떤 의미가 있을까요?

토론의 규칙과 절차에 대해 교수자들은 교육토론의 형식이 과도하게 어렵고 복잡하여 준비에 시간이 많이 소요되고, 일방적 말하기 방식이 현실과 괴리되어 있으며, 의사소통 과정을 경직화시키는 단점이 있다고 비판하였다. 하지만 학습자들이 토론 규칙과 절차를 어렵고 복잡하게 여기는지는 따져 보아야 할 문제이다. 물론 논제를 분석하고, 다양한 자료를 수집하여 입론을 구성하고, 상대의 주장을 논박하고, 반대 신문할 준비를 하는 일련의 과정은 매우 많은 노력과 시간을 필요로 한다. 하지만 토론을 시행하는 규칙은 간단한 게임이나 스포츠 규칙과 같이 잠깐의 설명이면 학생들이 어렵지 않게 익힐 수 있다. 또한 토론의 규칙과 절차가 복잡하게 여겨진다고 해서 자유로운 발언 형식의 토론을 중시하면 중구난방이 되며 소수가 발언을 독점할 수 있다. 토론의 규칙과 절차에 담긴 교육적 가치를 되새길 필요가 있다.

토론의 규칙은 보드게임 규칙보다 쉽다

여기에서 교육적으로 얻을 수 있는 시사점은 규칙과 절차의 의미를 학습자에게 충분히 설명한다면 교수자들이 우려하는 부작용은 상당 부분 해소된다는 것이다. 또한 교수자들이 염려하는 만큼 학습자들은 규칙과 절차를 어렵게 여기지 않으므로 이에 대해서도 크게 우려할 필요가 없다. 현재 초·중등 국어과, 도덕과, 사회과 교육과정에는 토론과 관련된 성취기준이 있으며, 해당 교과서에도 토론을 다룬 단원과 관련 학습 활동들이 제시되어 있다. 교수자들은 현재 학생들이 초·중등 교육을 통해 토론에 상당 부분 노출된 상태이므로 규칙과 절차를 낯설고 복잡하게 여기지 않는다는 점을 간과하면 안 된다.

2015 개정 국어과 교육과정에 제시된 토론 관련 성취기준은 다음과 같다.

> - 초등학교 〈국어〉 5~6학년군: 절차와 규칙을 지키고 근거를 제시하며
>   토론한다.
> - 중학교 〈국어〉: 토론에서 타당한 근거를 들어 논박한다.
> - 고등학교 〈국어〉: 논제에 따라 쟁점별로 논증을 구성하여 토론에
>   참여한다.
> - 고등학교 〈화법과 작문〉: 상대측 입론과 반론의 논리적 타당성에 대해
>   반대 신문하며 토론한다.

박재현(2017a)에 의하면 학습자들은 토론의 엄격한 규칙과 절차에 대해 그리 어렵게 느끼지 않았다. 또한 토론의 규칙과 절차가 현실과 괴리되어 있다거나 의사소통 과정을 경직화시키는 것으로 여기지 않았다. '의사소통 과정을 경직

시킨다.'에 17.3%, '현실 의사소통과 괴리된 형식적 의사소통 환경을 만든다.'에 16.7%만이 '(매우) 그렇다'는 답변을 하였다. 반면에 형식을 갖춘 토론이 복잡하고 어렵다는 항목에는 22.3%만이 '(매우) 그렇다'고 응답하였다. 또한 56.0%가 실제 토론답다는 느낌이 든다는 항목에 '(매우) 그렇다'고 응답하였다. 특히 형식을 갖춘 토론에 대해 남학생(3.87)이 여학생(3.45)보다 실제 토론답다는 느낌을 더 갖는 것으로 확인되었다.

소수자나 약자의 발언 기회를 보장한다

박재현(2017a)에 의하면 학습자들은 발언 기회의 균등이라는 토론의 규칙과 절차의 취지를 잘 알고 있었다. 토론의 규칙과 절차가 '기회 균등을 보장하기 위한 장치이다.'에 83.4%, '권위자나 다수가 아닌 약자나 소수자의 발언 기회를 보장한다.'에 71.3%, '내성적인 학생도 발언할 수 있는 기회를 보장한다.'에 71.8%, '상대의 의견에 경청해야 하는 중요성을 인식시킨다.'에 86.6%가 '(매우) 그렇다'는 긍정적인 답변을 하였다. 이러한 반응은 학생들의 응답에서도 확인할 수 있었다.

학생들은 균등한 발언 기회 보장으로서의 규칙과 절차의 취지를 충분히 이해하고 있었다. 또한 약자나 소수자에게 도움이 되며, 경청에 도움이 된다는 점도 경험을 통해서 알고 있었다. 학습자들도 충분히 인식하듯이 규칙과 절차의 엄격성이 자유로운 소통의 모습을 저해하는 것이 아니다. 학습자들도 규칙이 없는 토의가 더 민주적이지 않을 수 있음을 언급하였다. 규칙과 절차가 없다면 권위자, 다수, 강자의 발언 기회가 소수자나 약자의 발언 기회를 빼앗을 수 있다.

강태완 외(2010: 85)에서는 이러한 맥락에서 동등한 기회를 바탕으로 서로를 존중하며 갈등을 해결하는 것을 '합리성의 원칙'이라고 명명하여 교육토론 평가 원칙으로 제시하였다. 설문 결과 학습자들은 토론의 규칙과 절차에 대해 그리 복잡하게 여기지 않는다는 점이 명확해졌으므로 검증된 교육토론 모형을 포함하여 일정한 규칙과 절차가 있는 토론 모형을 적용할 필요가 있다.

- 오히려 토론을 할 때 규칙과 절차가 있기 때문에 원활한 토론 활동이 이루어질 수 있었고, 소극적인 친구도 마음잡고 제대로 발언할 수 있는 기회를 제공해 주었다고 생각한다. 반대 신문식 토론을 하면 조금 더 전문적인 토론이라는 느낌이 든다.

- 토론의 규칙과 절차를 준수하는 것은 양측의 공평한 발언 기회 배분을 위해 매우 중요하며, 평소 발언 기회가 많지 못해 자기주장을 펼치는 데 어려움을 겪던 사람들도 토론에 적극적으로 참여하도록 유도하는 데 도움을 줄 수 있다고 생각한다.

- 형식을 갖춰서 이야기하다 보니 내가 고등 지식을 갖춘 지식인이 된 것 같은 느낌이 든다. 발언 기회를 보장한다는 점에서는 오히려 형식이 주는 최대의 장점이라고 생각한다. 본인이 가지고 있는 생각을 전달하고 싶은데 발언권을 얻기까지 용기가 많이 필요한 친구에게 도움이 되는 공평하고 균등한 기회 보장인 것 같다.

- 학교에서 토론 수업을 진행할 때 토론 절차에 대한 안내만 할 것이 아니라 토론의 참 의미에 대해 알려줘야 한다고 생각한다.

정해진 입장

토론 교육과 관련된 네 번째 쟁점은 토론자의 신념과 무관하게 입장이 정해진다는 것이다. 교육토론은 준비 단계에서 찬반 양측 입장을 모두 조사하지만 실제 토론 수행 단계에서는 동전 던지기 등의 방법으로 자신의 신념과 무관한 입장이 지정된다. 이러한 입장 지정으로 인해 자신의 신념과 배치되는 주장을 하는 토론의 장치에 대해서도 부정적 관점과 긍정적 관점이 존재한다.

❶ 부정적 관점 — 왜 자신의 신념과 무관한 입장을 억지로 정해 주나요?

상대 의견의 타당성을 무시하고 자기 입장만 고수하게 된다

입장 지정을 부정적으로 바라보는 측에서는 다음과 같은 이유를 제시한다. 김현정(2016: 308)에서는 CEDA 토론은 준비 과정에서 양측의 강점과 약점을 모두 알게 되지만, 토론 규칙상 한쪽 입장만 옳다는 것을 극명하게 드러내야 하므로 바람직한 시민 사회 구성원을 양성하는 교육의 목적에 맞지 않다고 비판하였다. 이러한 토론은 상대 의견의 장점과 타당성을 무시한 채 자신의 입장만 고수하게 하여 사회적 분열과 갈등을 초래할 소지가 있다고 하였다.

자유로운 생각의 변화를 반영할 수 없다

토론의 과정에서 변화하는 자신의 자유로운 생각을 반영하지 못하고 끝까지 하나의 입장을 억지로 고수하는 단점에 대한 논의도 있다. 황혜영(2011: 153)에서는 칼 포퍼식 토론을 적용한 후, 심정적으로 지지하는 입장을 학생들이 자신의 소신에 따라 주장할 수 없고, 중간에 입장을 변경하지 못하고 고수해야 하며, 즉흥적으로 떠오른 발상을 자유롭게 표현할 수 없는 점이 교육토론의 한계라고 비판하였다. 이러한 문제를 방지하기 위해 김현주(2011: 149)에서는 찬성조와 반대조를 구성할 때, 토론자의 입장이 자율적으로 조정되지 않는다면 교수자의 적극적인 개입이 필요하지만 그렇지 않을 경우에는 교수자가 학생의 역할을 일방적으로 지정하지 말 것을 강조하였다.

❷ 긍정적 관점 ─ 반대편의 입장에 서 보는 경험을 언제 할 수 있을까요?

양측의 입장을 모두 고려할 수 있다

반면에 자신의 신념과 무관하게 지정된 입장을 옹호하는 경험을 긍정적으로 평가하는 견해는 다음과 같다. 교육토론의 경우 찬반 입장이 결정되지 않은 상태에서 양측의 입장에 대해 모두 준비해야 하는데, 이는 논제에 대해 복수의 관점에서 파악하도록 하는 교육적 의도가 담긴 것이다. 즉, 토론 시행 단계가 아니라 준비 단계에서 양측 의견을 모두 살피도록 하는 것은 자신의 입장만 고수하는 게 아니라 열린 사고로 논제의 양면에 대해 균형 잡힌 시각을 갖도록 하여 역기능보다 순기능이 크다는 것이다.

역지사지의 태도를 배울 수 있다

평소 자신의 신념과 반대되는 입장을 옹호하는 경험을 통해 역지사지의 태도를 배운다는 관점도 있다. 사회심리학에서는 상대의 주장을 옹호하는 경험이 개인의 신념 체계를 흔드는 가장 강력한 도구라고 한다. 자신의 신념과 반대되는 입장에 강제로 서도록 하는 데 토론의 교육적 장치가 있다. 평생을 살면서 전혀 서 보지 않을 반대 입장에 서서 그들의 입장에서 그들의 주장을 옹호해 보는 과정은 역지사지의 태도를 배우고 자신의 완고한 신념 체계를 흔들어 볼 수 있는 의미 있는 교육적 경험을 제공한다. 이는 자신이 옳다고 여기는 입장에 서서 반대 입장의 주장을 글이나 말로 대하며 단순히 이성적으로 이해하는 것과는 다른 매우 강력한 경험이다. 나은미(2011: 246)에서는 자신의 관점에서 보이지 않았던 문제들이 다른 관점에서 볼 때 드러나는 것을 통해 타인을 수용하고 자신에 대해 반성하는 태도를 배우게 된다고 하였다. 황지원(2013: 592)에서도 토론이 서로의 차이를 깨닫고 인정하여 다양한 가치관과 합리성을 체험하는 장을 만든다며 교육적 의미를 부여하였다.

❸ 정해진 입장은 교육적으로 어떤 의미가 있을까요?

일부 교수자들은 교육토론 형식이 학생들로 하여금 자신의 신념과 배치되는 입장을 옹호하도록 하는 경험을 강제로 부여하는 것에 상당히 회의적이다. 소신대로 주장할 수 없고 한쪽 입장만 고수하는 것은 분열과 갈등을 초래하며 자유롭고 창의적인 발상을 막는 부작용이 있다며, 교수자에 의한 일방적이고 강제적인 역할 배정을 경계하였다. 학생들이 느끼는 심리적 불편함에 대해서는 인정하나 반대 입장에서 옹호하도록 하는 교육토론의 본질적인 교육적 가치를 이해할 필요가 있다.

박재현(2017a)에 의하면 학습자들은 자신의 주장과 일치되었을 경우에는 편함을, 배치되었을 경우에는 불편함을 느끼는 것으로 확인되었다. '토론할 때 나의 신념과 일치하는 주장을 하는 것이 마음이 편하다.'에 79.3%, '반대되는 입장이 되면 마음이 불편하다.'에 64.0%가 '(매우) 그렇다'는 답변을 하였다. 하지만 학습자들은 토론 준비 과정에 대해 언급하며 양측을 모두 조사하면서 다각도로 쟁점을 분석하는 폭넓은 시야를 확보할 수 있었으며, 나와 다른 입장을 옹호해 보는 경험을 통해 역지사지의 태도를 기를 수 있었다는 반응을 보였다. '나와 다른 생각을 이해하게 되었다.'에 90.6%가, '역자시자의 태도를 배울 수 있었다.'에 72.7%가 '(매우) 그렇다'는 응답을 하였다. 응답 내용이 특히 토론을 수행한 경험에서 나온 진술이라는 데 교육적으로 의미가 있다. 즉, 학습자들은 정해진 입장을 옹호하는 것에 대해 그러한 경험이 충분히 의미가 있다고 인식하였다. 이러한 반응은 학생들의 의견에서도 확인할 수 있었다.

- 나의 신념과 같은 입장을 주장하는 게 훨씬 마음이 편한 것은 사실이지만, 반대 측을 옹호하면서 내 신념의 허점을 찾아 반박해 보는 과정도 재미있었고, 오히려 조사 과정을 통해 내 신념에 변화를 가지게 된 적도 더러 있었다. 신념과 반대되는 의견을 펼치다 보면 상대적으로 논리가 부족해질 수 있으나 스스로의 의견과 토론을 통해 부족한 점을 보완해 갈 수 있었다.

- 자신의 신념과 반대되는 입장을 맡는 것이 처음 토론 경험을 하는 학생에게는 다소 힘들겠지만, 그러한 경험은 자신과 반대되는 입장에 대한 공감과 이해를 넓히는 데 좋은 경험이 될 것 같다.

- 우리는 여기까지 생각하지 못했는데, 이 입장에 대해서는 다른 사람들은 이런 생각을 하는구나 하면서 이해가 되고, 나와 다른 의견에 대해 수용하는 과정은 교육에 꼭 필요하다고 생각한다. 다른 의견에 대해 공감할 수 있고 이해할 수 있는 과정은 교육적으로 의미 있는 경험이었다.

- 토론의 논제에 대해 찬성하고 반대하면서 신념과 가치관이 흔들리는 과정 자체가 교육적으로 필요하다. 나이가 들면 생각이 굳어서 다른 사람이 아무리 이야기해도 잘 안 들리는데, 학생일 때는 토론을 하면서 상대방의 의견을 듣고 유연하게 생각할 수 있기 때문에 훨씬 교육적이라고 생각한다.

찬반 입장을 지정하는 것은 확증 편향과 선택적 노출을 극복하는 장치이다

교육토론에서 찬성과 반대를 임의로 지정하는 것은 자신의 신념만 고수하는 것이 아니라 다른 견해를 조사하고 이에 대해 옹호해 보는 경험을 제공하여 공감 능력과 타인을 수용하는 태도를 기르게 하기 위함이다. 이러한 장치 없이 자신의 신념에 의해 입장을 정하도록 하면 자신의 신념과 일치하는 정보는 받아들이고 신념과 일치하지 않는 정보는 무시하는 경향인 '확증 편향(confirmation bias)'이 발생하기 마련이다. 교육토론은 개인의 신념에만 함몰되는 것을 극복하고, 자신의 신념과 다른 입장을 함께 조사하고 이를 옹호하는 경험을 제공해야 한다. 프릴리와 스타인버그(2014)에서는 아무리 객관적이고 공평해지려고 하더라도 불편을 느끼는 메시지나 자신의 삶의 방식, 흥미, 호기심, 편견, 소속감, 신념과는 다른 메시지를 회피하는 경향성인 선택적 노출을 문제시하고, 이를 성공적으로 극복한 사례로 토론 교육을 제시하였다.

토론은 관점 수용을 통한 이성적 공감의 기회를 제공한다

교육토론을 통해 자신의 신념과 배치되는 입장을 옹호해 보는 경험을 하면 확증 편향을 극복할 수 있으며, 양쪽 입장을 고루 조사하게 되어 균형 잡힌 시각으로 진리를 검증하는 진리의지가 높아지기 마련이다. 이러한 일련의 과정은 토론의 교육적 효능에서 다소 등한시되어 왔던 공감 능력과 직결된다. 일반적으로 토론은 비판적 사고력과 의사소통 능력을 신장하는 것으로 알려져 왔다. 이러한 능력의 연장선상에서 상대 입장에 서서 옹호하는 경험을 통해 신장되는 능력은 바로 공감 능력이다.

토론이 학습자에게 공감의 기회를 제공한다는 연구는 다음과 같다. 워커와 워허스트(Walker & Warhurst, 2000: 40)에서는 학습자가 토론의 양면을 경청하며 한 관점이 아닌 사안의 다면성을 확인했다는 진술을 근거로 토론이 공감의 기회를 열어준다고 주장하였다. 필립(Phillip, 1998: 18-19)에서는 토론이 공감적 추론을 촉진한다는 점을 간과해 왔다고 언급하였다. 즉, 토론을 통해 타인의 감정 상태에 대한 상징적 구성(symbolic construction)과 미래의 행위에 대한 정서적 반응을 얻을 수 있는데, 이는 기호의 도움으로 구성한 가상 경험으로서 감정을 활성화하는 능력이라는 것이다.

이러한 교육적 장치가 본연의 순기능을 발휘하려면 교수자는 학생들에게 자신의 신념과 무관한 다른 입장까지 포함하여 양측을 모두 조사하며, 찬성과 반대 입장을 무작위로 동시에 경험하도록 하는 교육토론의 교육적 함의를 충분히 설명할 필요가 있다. 제비뽑기나 동전 던지기 방식의 입장 결정은 언뜻 보기에는 비교육적으로 보이지만, 다른 신념을 옹호해 보는 경험을 통해 공감 능력을 신장하고 다각도로 문제를 분석하는 비판적 사고력을 신장하기 위한 것이라는 교육적 함의를 충분히 인식할 필요가 있다.

1장
교육토론의 이해: 오해와 쟁점

▶▶▶ **토론의 본질은 '충돌을 통한 진리 검증'이다**

토론을 잘하기 위해서는 토론의 기본 원리를 이해해야 한다. 토론은 하나의 논제에 대해 이를 긍정하는 찬성 측과 부정하는 반대 측으로 나뉘어 자신의 논리가 상대의 논리보다 우위에 있음을 주장, 질문, 반박 등의 의사소통을 통하여 입증하는 것이다. 그리고 이러한 입증에 대해 심판의 판정으로 승패를 가리게 된다. 마치 스포츠나 게임과 같이 양측이 정해진 절차와 규칙 내에서 경쟁을 하며 승패 판정을 한다. 이러한 경쟁과 판정의 속성이 주는 부정적인 느낌으로 인해 찬반 토론의 교육적 가치에 대해 의심하는 경우가 있는데, 이는 토론의 본질을 충분히 이해하지 못했기 때문이다.

▶▶▶ **찬성과 반대의 구분은 진리 검증을 위한 것이다**

찬성과 반대를 무조건 구분하는 것은 흑백논리의 오류에 빠질 우려가 있다며 걱정하는 경우도 있다. 그러나 교육토론에서 찬성과 반대를 구분하는 근본적인 목적은 논제에 대해 단순히 의견을 교환하는 것이 아니라 찬성과 반대로 나누어 논제를 면밀히 분석하고 검증하는 데 있다. 이를 위해서는 입장과 시각을 달리하여 양쪽에서 상대의 관점이 갖는 장점과 단점을 분석하며 논의가 전개되어야 한다. 그러므로 찬반 입장의 구분은 토론의 성립에 필수적이다.

▶▶▶ **경쟁적 소통 구도에서 오히려 민주적인 의사소통이 발생한다**

대부분의 스포츠가 양측으로 구분하여 경쟁을 하고 승패를 구분하는데, 토론도 이와 마찬가지이다. 정해진 규칙을 준수해야 하고 상대를 존중하며 경쟁해야 한다. 팀 간의 경쟁 구도는 최선을 다하도록 동기를 부여하며, 팀 내에서는 참여자들의 협동 정신과 리더십을 고취할 수 있다. 경쟁적 소통 구도는 승패 그 자체가 중요한 것이 아니라, 논리의 우위를 입증하기 위한 과정에서 참여자의 능력치를 최대한 끌어 올리게 하여 사고력과 의사소통 능력을 훈련하는 데 매우 효과적이다. 농구나 축구와 같은 공을 이용한 스포츠뿐 아니라 상대를 직접 가격하는 권투나 태권도 같은 스포츠도 규칙을 철처히 준수하여 경기를 치르며 경기 후에는 서로를 격려하며 존중하듯이, 토론 역시 치열한 공방 후에는 오히려 서로를 이해하고 존중하는 마음이 생기기 마련이다. 결국 토론에서 승패는 과정의 일부일 뿐이다. 토론은 서로의 입장과 시각을 이해하여 공감대를 넓히는 긍정적 목표를 지향해야 한다.

▶▶▶ 타인의 입장에 서 보는 의미 있는 활동이다

확증 편향이란 자신의 신념과 일치하는 정보는 받아들이고 신념과 일치하지 않는 정보는 무시하는 경향을 말한다. 토론을 통해 자신의 신념과 배치되는 입장에 서 보는 경험은 이러한 확증 편향을 극복하고 역지사지의 태도를 기를 수 있는 매우 의미 있는 교육적 장치이다. 자신이 옳다고 여기는 편에 서서 상대를 이해하려고 하는 것이 아니라, 자신의 입장과는 다른 반대편으로 직접 옮겨 가서 그들을 옹호하는 행위는 개인의 내적 신념 체계를 흔드는 가장 강력한 경험을 제공한다. 이 경험에서 상대의 안으로 들어가 동일한 감정을 느끼는 '공감'이 일어난다. 따뜻한 소설을 읽거나 감동적인 영화를 보는 것으로 공감 능력을 기를 수도 있지만, 양측 입장을 모두 조사하고 때로는 자신의 신념과 반대되는 편에 서서 그들을 옹호하는 경험은 공감 능력을 기르는 매우 강력한 교육적 장치이다.

토론 준비하기

교육토론을 준비할 때는 앞에서 다룬 교육토론의 교육적 의의를 잘 살려야 합니다. 좌석 배치부터 찬반 입장 결정까지 교육토론의 장치마다 교육토론의 교육적 의의가 담겨 있습니다. 토론을 지도하는 교사는 이러한 원리에 따라 토론 수업을 준비해야 합니다.

Q1 토론 좌석 배치는 어떻게 하나요?

교육토론의 경우 토론자들이 앉는 책상을 나란하게 놓아 모두 심판이나 청중을 바라보게 해야 합니다. 교실에서 하는 토론의 경우 양측 책상을 정면으로 마주보게 배치하거나 'A'자 형으로 마주 보면서도 청중을 향하도록 비스듬하게 배치하는 경우가 있는데, 이것은 토론의 본질에 맞지 않습니다.

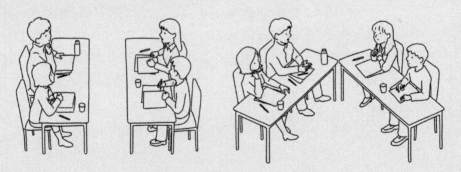

그림 1-1 정면으로 마주 보게 한 배치(왼쪽)와 'A'자 형 배치(오른쪽)

교육토론에서 설득의 대상은 상대편이 아니라 심판과 청중입니다. 양측이 청중을 바라보도록 일자로 좌석 배치를 해야 합니다. 좌석 배치만 수평으로 해도 경쟁적 소통 구도가 상당히 완화됩니다. 토론자는 중앙에 서서 심판과 청중을 바라보며 말하기 때문에 청자가 누구인지 확연하게 인식할 수 있습니다.

사회자는 가운데 있는 경우가 많으나 구석에서 진행할 수도 있습니다. 사회자가 시간 관리를 직접 하기도 하며 시간을 관리하는 인원을 별도로 운영할 수도 있습니다. 사회자는 토론 절차를 안내하고 시간을 통제하는 역할만 하면 됩니다. 방송 토론에서처럼 토론자들의 논의를 요약하거나 질문을 하지 않습니다. 교육토론은 엄격한 절차와 시간에 의해 진행되므로 사회자가 개입할 필요가 없습니다. 심판과 청중은 토론자들과 마주 보도록 교실 절반 정도 뒤쪽에 자리 잡으면 됩니다.

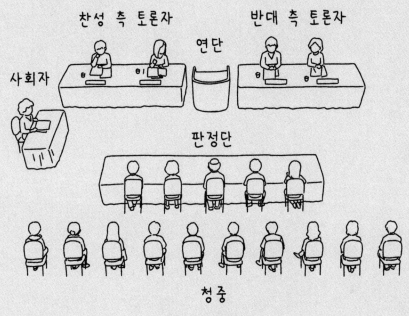

그림 1-2 일자 배치

대표자들을 구성하여 토론을 할 때는 위와 같이 하면 됩니다. 교실에서 토론을 하면서 지적되는 대표적인 단점은 토론자 외에 나머지 학생들이 단지 구경만 한다는 것입니다. 모든 학생이 토론을 경험할 수 있는 좋은 방법은 여러 모둠이 한 교실에서 동시에 토론을 하는 것입니다. 사회자 한 명과 네 명의 토론자로 다섯 명을 한 모둠으로 구성하여, 사회자가 시간을 관리하면서 순서를 진행하도록 하면 한 차시 동안 모든 학생이 토론을 경험할 수 있습니다. 경우에 따라 다른 모 둠이 판정단으로 참여하여 양측의 승패를 판정할 수도 있습니다. 승리한 팀끼리 토너먼트를 진행하여 결승전을 대표 토론으로 진행하면 모든 학생이 토론을 경험 하면서도 경쟁으로 인한 흥미를 배가할 수 있습니다.

그림 1-3 한 교실 동시 토론

Q2 의사소통 불안이 심한 학생은 어떻게 하나요?

의사소통 불안이 심한 학생은 공적인 환경의 경쟁적 소통 구도에서 아무래도 심리적인 어려움을 겪기 마련입니다. 토론이 필요하다고 해서 불안감을 느끼는 학생을 무조건 경쟁 구도로 밀어 넣는 것은 바람직하지 않습니다.

우선 의사소통 불안을 겪는 학습자에 대해 준비 과정 없이 바로 경쟁적 대립 구도의 토론을 수행하도록 하기보다는 단계적으로 접근할 필요가 있습니다. 수업 초기에 간단한 설문이나 상담을 통해 성향적으로 의사소통 불안을 겪는 학습자를 파악하여 순차적으로 적응을 시키거나 배심원이나 심판 역할을 부여하는 등 학습 자의 성향에 따른 배려가 필요합니다.

또 다른 방법으로는 같은 모둠의 최전선이 아니라 이진(후방)에서 지원하는 역할을 맡길 수 있습니다. 모둠에서 토론 준비는 함께 하지만 토론에 참여할 때 같은 모둠의 토론자 바로 뒤에서 지원하는 역할을 맡는 것입니다. 준비 시간(숙의 시간)에 뒤로 돌아서 조사한 자료를 지원하고, 모둠원이 놓친 토론의 흐름을 파악하여 논점을 짚어 주도록 합니다. 이렇게 하면 토론이 주는 현장의 긴장감을 느끼면서도 토론으로 인한 불안감을 줄여 줄 수 있습니다.

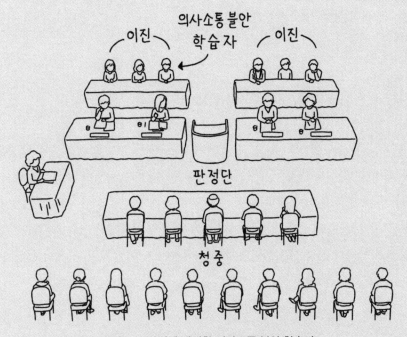

그림 1-4 이진에 배치한 의사소통 불안 학습자

Q3 토론은 앉아서 하나요, 서서 하나요?

발언을 할 때는 중앙으로 나가서 서서 하도록 하면 교육적 효과가 큽니다. 교실에서 이루어지는 토론의 경우 서로 마주 보며 앉은 자리에서 발언을 하기도 합니다. 앞서 설명한 바대로 모둠별로 동시에 토론을 할 경우에는 마주 앉아서 할 수도 있습니다. 하지만 의사소통 능력을 기르기 위해서는 가운데로 나와서 청중을 바라보며 서서 연설을 해야 합니다. 이때 자세, 몸짓, 손짓, 시선, 성량, 속도 등 비언어적 의사소통 요소가 중시됩니다. 반대 신문을 할 때도 신문을 하는 자와 받는 자 모두 중앙으로 나와 서서 발언을 해야 합니다.

이렇게 중앙에 서서 연설조로 발언을 하면 학습자의 어조가 달라짐을 알 수 있습니다. 마주 앉아 상대 토론자에게 대화하듯이 작은 목소리로 말하는 것과 서서 교실 뒤편까지 들리도록 연설조로 발성하는 것은 말하기의 전달 방식이 확연하게 다릅니다. 일어서서 연설을 하게 하는 것은 토론을 통해 구어 전달 능력을 기르는 데 매우 효과적인 방법입니다.

Q4 찬성과 반대 입장은 어떻게 정하나요?

토론의 찬성과 반대는 토론 시작 전에 동전 던지기 등을 이용하여 결정합니다. 찬성과 반대를 토론 전에 미리 고지하여 한쪽 편의 입장만 준비하도록 하는 경우도 있는데, 이는 잘못입니다. 토론자들은 주어진 논제의 양쪽을 모두 준비하여 토론 시작 전에 결정된 입장에 따라 토론해야 합니다. 즉, 교육토론의 경우 찬반 입장은 자신의 신념과는 무관하게 이루어집니다. 이를 통해 양쪽의 입장을 이해하고 시각을 공유하는 교육적 효과를 달성할 수 있습니다.

Q5 토론의 준비 시간(작전 타임)은 어떻게 활용하나요?

양 팀은 각각 2~3분씩의 준비 시간을 사용할 수 있습니다. 마치 배구나 농구 경기의 작전 타임처럼 토론자가 사회자에게 요청하면 팀원끼리 상의할 수 있는 시간을 확보하게 됩니다. 상대측이 준비 시간을 요청하면 반대편에서도 서로 상의를 하면 됩니다. 준비 시간을 요청한 팀은 주어진 시간을 효율적으로 나누어 사용해야 합니다. 사회자는 남은 시간을 잘 기록하며 토론을 진행해야 합니다.

Q6 토론 평가는 어떻게 하나요?

학습자가 토론 판정에 승복하게 하기 위해서는 공정한 판정이 이루어져야 합니다. 교사가 직접 판정하는 경우도 있지만, 동료 학습자에게 심판 역할을 부여하여 판정을 하면 동료 평가의 장점을 살릴 수 있습니다. 교사가 최종 강평을 할 수도 있고 동료 평가로 마칠 수도 있습니다. 청중 역할을 맡은 학생들은 시간이 가용하다면 질의응답을 할 수도 있고, 작은 메모지를 활용하여 찬반 투표를 하고 간단한 동료 피드백을 할 수도 있습니다.

토론 평가표는 토론의 유형마다 다르지만, CEDA 토론에서 보편적으로 사용하는 다음 장의 토론 평가표를 적절하게 활용하면 됩니다. 토론의 단계에 따라 개인별 평정을 하고, 같은 팀의 두 토론자의 점수를 합산하여 팀 점수를 산출하여 팀 점수가 높은 팀이 승리하게 됩니다. 토론 대회의 경우 우승 여부와 무관하게 본선 라운드에서 우수한 개인 토론자를 선정하여 '베스트 스피커상' 등 개인상을 수여하여 동기를 유발하기도 합니다.

토론 평가표

	찬성 측		반대 측	
	첫 번째 토론자	두 번째 토론자	첫 번째 토론자	두 번째 토론자
입론 (20점)				
반대 신문 (10점)				
반박 (10점)				
토론 태도 규칙 준수 (10점)				
개인 점수 (50점)				
잘한 점				
개선할 점				
팀 점수 (100점)				

심사 결과 : (   ) 측 승   심사위원: (서명)

2 /

교육토론의 목표

인재상

"서구 것 말고
한국형 토론 모형이 필요해요."

경기도 의 한 고등학교에서 열린 대규모 토론 교육 컨퍼런스에 참가한 적이 있다. 교실 현장에서 토론을 지도한 경험을 바탕으로, 학생들이 서로 이기려고 기를 쓰고 공격하는 모습을 교육적으로 바람직하지 않다고 여겨 경쟁 구도를 완화하고 합의를 모색하는 따뜻한 토론을 주창하는 사람이 많았다. 서구의 비인간적 경쟁과 대립의 토론을 그렇지 않아도 과도하게 경쟁적인 교실에 도입하는 것은 문제가 크다며 예의와 존중의 한국형 토론 모형을 만들어야 한다는 말이었다. 컨퍼런스를 마치고 돌아오는 길에 다소 유치한 질문이 머릿속에 떠올랐다.

그러면서 초등학생들 피구는 왜 시키는 거야. 공으로 몸을 맞히는 지극히 비인간적인 경기를 어린이들에게 시키다니. 얼굴에 공을 맞고 우는 아이의 모습, 서로 속임수 동작으로 패스를 하다가 이를 악물고 사람을 향해 공을 던지는 모습은 교육적인가? 한국형 야구, 한국형 농구는 왜 안 만드는가? 왜 그것은 한국적으로 재해석하려 하지 않고 국제 표준을 따져 운동장의 규격을 맞추나? 한국 사람의 신장에 맞추어 농구 골대 높이를 왜 낮추지 않는가?

스포츠든 예술이든 교육의 장으로 들여오는 것들은 나름의 교육 철학과 교육적 기능을 가지고 있다. 영국과 미국이 주도한 현대식 교육토론 모형은 100년이 넘었지만 그 원형은 기원전 토론의 시조로 불리는 히포크라테스까지 이어진다. 소크라테스의 산파술, 헤겔의 변증법, 밀의 자유론, 포퍼의 비판적 합리주의 등 토론의 철학적 전통은 짧지 않다. 우리나라의 사단칠정 논쟁도 토론 철학과 직접 맥이 닿아 있다. 무엇이 서구 것이고 무엇이 한국의 것인가? 토론은 충돌을 통해 진리를 드러내고자 하는 인류의 정신적·언어적 활동의 흐름인 것이다.

유형별 교육토론의 정형화된 형식은 나름의 교육 철학이 내재된 것이며, 수십 년의 시행착오를 통해 다듬어진 것이다. 특히 경쟁 구도로 '놀이'의 장치를 주도한 것은 교수자가 아니라 학생들이었다. 교육 철학을 통해 경험의 과정에서 빚어진 교육토론 모형을 표면만 보고 서구의 것이고 우리 정서에 맞지 않다고 배척하는 것은 바람직하지 않다. 물론 그것만이 정답이라거나 교육적 적용을 위한 고민을 중단해야 한다는 말은 아니다. 시행착오를 통해 정립된 기존의 교육토론 모형을 온전하게 적용해 보지도 않고, 성급하게 한국형 토론 모형을 찾아 나서는 것은 비효율적이라는 것이다. 2장에서는 토론의 교육적 기능을 살펴보고 개별 교육토론 모형이 어떤 교육 철학을 가지고 토론의 형식을 설계했는지 알아보고자 한다.

01 / 교육토론의 목표와 기능

❶ 교육토론이란 무엇인가요?

광의의 토론과 교육토론은 차이가 있다

토론은 넓은 의미에서 '함께 논의함'이라는 뜻을 갖지만 좁은 의미에서는 '어떤 논제에 대해 찬반으로 입장을 나누어 자신의 논리가 우세함을 겨룸'이라는 뜻을 갖는다. 찬성과 반대의 구분이 핵심인 이 좁은 의미의 토론은 여러 가지 교육적 목적을 가지고 있어서 교육의 장에서 널리 사용되고 있다. 그래서 이를 '교육토론(academic debate)'이라고 한다.

이 책에서 주로 다루고 있는 교육토론은 교육 목적으로 특화시킨 토론 모형을 의미한다. 현재 학교 현장에는 다양한 토론 수업 방법이 활용되고 있다. 하브루타 토론도 인기이고 방과 후 독서토론 프로그램도 다채롭게 활용되고 있다. 수업 방식의 혁신이 필요하다는 공감에서 만들어진 다양한 토론형 교수학습 방법도 있다. 이러한 각양각색의 토론은 모두 의미가 있으며 필요에 따라 다양하게 활용되어야 한다. 어떤 것이 옳고 어떤 것만 되고 그러한 규정은 의미가 없다. 다만 이 책에서 다루는 교육토론 모형은 교수학습 방법이나 독후 활동 방법으로 토론을 활용하는 것과는 차원이 다르다. 이는 고대 히포크라테스부터 소크라테스, 칼 포퍼, 존 스튜어트 밀에 이르기까지 충돌을 통한 진리 검증의 철학을 바탕으로 여러 교육적 목적을 달성하기 위해 다양한 교육적 장치를 진화시켜 오랜 시간의 시행착오를 거쳐 완성한 토론 모형이다. 학교 현장에서는 다양한 토론 모형을 필요에 따라 자유롭게 사용하되, 토론 교육의 효과성과 효율성을 높이기 위해서 이 책에서 소개한 교육토론 모형을 사용하는 것이 바람직하다.

❷ 왜 교육토론인가요?

교육토론의 주작용과 부작용을 이해해야 한다

교육토론의 대립적 경쟁 구도에서 이루어지는 소통의 과정은 적대감의 유발과 같은 단점이 있을 수 있으나, 이는 대립하는 반대 의견을 충돌시켜 명제를 검증하고자 하는 토론의 주작용에 대한 부작용이다. 마치 감기약의 주작용으로 해열과 소염이 있지만 부작용으로 졸음을 유발하는 것과 같은 이치이다. 부작용을 크게 인식하여 주작용을 포기한다면 병을 치료할 수 없다. 이렇듯 부작용에 대한 우려로 인해 교육적으로 추구하는 주작용을 불신한다면 주작용으로 얻을 수 있는 교육적 효용은 포기하게 된다. 물론 부작용을 최소화할 수 있는 다양한 대안을 찾을 수 있으나 부작용에 대해 올바르게 인식한다면 검증된 주작용을 수용하는 것이 이치에 맞는 방법이다. 이러한 관점에 대해 몇 가지 확인해야 할 점이 있다. '대립', '충돌'은 바람직하지 않은 것인가?

교육토론은 교육적 목적으로 대립하는 소통 구도를 만들어 상대와 충돌하도록 한다. '대립'의 의미에는 '반대'와 '모순'이 포함되므로 양측은 갈등의 현상을 보이기 마련이며 논리적 우위를 점하기 위해 경쟁한다. 마치 피할 곳이 없는 공간을 만들어 놓고 양측이 전진하여 충돌하게 하는 펜싱 경기와 같다. 이와 달리 여럿이 모여 양보와 배려가 담긴 대화와 타협으로 충돌하지 않고 갈등을 해소해 나가 합의에 이르는 장은 치열함이 아닌 조용함과 조화로움이 있다. 사회생활을 한 교사나 부모 입장에서는 당연히 후자를 바람직하다고 여기기 마련이다. 시비를 가리는 것도 중요하지만 관계를 고려하는 것도 중요하다는 것을 체험을 통해 깨달았기 때문이다. 공격적 소통의 모습을 띠는 전자는 누가 보기에도 비교육적으로 여겨진다.

교육토론은 절대 진리에 도달할 수 없는 인간이 앎에 대해 인식론적으로 고찰하는 데서 비롯된 것이다

교육을 목적으로 하면서 왜 '대립, 충돌, 갈등, 경쟁' 등과 같이 비교육적으로 여겨지는 장치들을 사용했을까? 모든 교육은 그것을 통해 길러 내고자 하는 인재상을 상정한다. 교육토론을 통해 길러 내고자 하는 인재의 모습은 무엇인가? 자신의 주장을 고수하며 상대와 대립하고 충돌하여 갈등을 조장하는 인재인가? 유창하게 자기의 주장을 논리적으로 펼쳐서 상대를 제압하는 인재인가? 적대감과 경쟁심으로 충만하여 승리에 우월감을 갖고 패배에 좌절감을 경험하는 인물인가? 이러한 우려는 너무도 자연스러운 것이어서 교수자들이 찬반 대립 토론을 교실로 끌어들이는 데 상당한 심리적 걸림돌로 작용하고 있다.

교육토론이라는 장치를 통해 길러 내고자 하는 인재상에는 그러한 우려를 불식할 만한 다른 우월한 것을 가지고 있는가? 교육토론의 근원적 목표는 단지 비판적 사고력과 화법 능력을 신장하는 것이 아니다. 교육토론은 절대 진리에 도달할 수 없는 인간이 앎에 대해 인식론적으로 고찰하는 데서 비롯되었다. 교육토론은 한 사람의 생각이 지식이나 진리로 검증되기까지 거쳐야 할 내적·외적 과정에 주목한다.

❸ 교육토론의 역사적 기원은 어떠한가요?

프로타고라스, "인간의 앎이란 인간 내면에서 내재적으로 찬성[正]과 반대[反]의 이성적 관점을 통해 형성된다."

그리스의 소피스트 프로타고라스(Protagoras)는 인간의 앎이란 인간 내면에서 내재적으로 찬성[正]과 반대[反]의 이성적 관점을 통해 형성된다는 관점을 가지고 있었다. 이러한 내적 대립을 통해 깨달은 개인의 앎은 공공장소에서 다른 앎을 가진 타인과 토론을 하며 겪는 외적 대립을 통해 진정한 앎이 된다는 것이다. 이러한 관점이 토론의 철학적 기원으로 받아들여져 프로타고라스는 토론학의 시조로 불린다(강태완 외, 2010). 이러한 관점은 제논의 변증법과 소크라테스의 문답법에서도 찾아볼 수 있다.

교육토론은 진리란 생각의 충돌에서 출현한다는 철학적 배경을 가지고 있다. 교육토론은 개인이 경험하고 생각하며 깨달은 앎을 다른 사람의 생각과 충돌시켜 옳고 그름을 따지는 진리 탐구와 검증의 과정을 중시한다. 즉, 진리를 검증하는 방법으로 '충돌'이 최선의 방법이라는 견해를 받아들여 이를 교육 목적에 도입한 것이다. 하나의 주장에 그와 반대되는 주장을 충돌시켜 살아남는 주장을 진리라고 받아들이는 것이 능력이 유한한 인간이 가질 수 있는 진리 검증의 유일한 방법이라는 것이다.

존 스튜어트 밀, "진리가 제시될 유일한 기회는 반대 의견과의 충돌뿐이다."

존 스튜어트 밀(1806~1873)

의견의 반박을 통한 진리 탐구의 정신을 계승한 대표적인 사상은 존 스튜어트 밀(John Stuart Mill)의 『자유론』에서 찾을 수 있다. 밀은 어떤 주제에 관한 일반적이거나 유력한 의견은 전체적 진리가 거의 혹은 전혀 아니기 때문에, 진리의 나머지 부분이 제공될 기회는 오직 반대 의견들과의 충돌에 의해서뿐이라고 하였다(Mill, 1859; 이종훈 편역, 2012: 142). 밀에 의하면 어떤 의견에 대해 논쟁 기회가 여러 번 있었지만 논박되지 않았기 때문에 이를 진리로 가정하는 것과 논박을 허용하지 않기 위해 진리라고 가정하는 것은 엄청난 차이가 난다. 의견을 반박할 완전한 자유야말로 의견의 진리성을 가정하여 우리를 정당화시키는 조건이며, 이러한 조건 이외에는 인간의 능력을 지닌 존재자가 자신의 의견이 옳다는 어떠한 합리적 확신도 가질 수 없다(앞의 책: 66).

밀은 이러한 진리 검증의 정신을 인류 공동체의 혜택과 결부하여 토론의 필요성을 역설하고, 어떠한 힘에 의해 합의로 가장된 침묵을 경계하였다. 밀은 표현의 자유에 대해 논하면서 어떤 의견이 표현되는 것을 침묵시키는 특유의 해악은 현세대뿐 아니라 미래 세대를 포함한 인류의 기본권을 강탈하는 것이라고 하였다. 즉, 어떤 의견이 진리라면 그 전의 오류를 대체하는 기회를 잃는 것이고, 그 의견이 오류라면 진리와 충돌함으로써 산출된 기존 진리에 대한 보다 명백한 인식과 생생한 인상을 상실하게 된다고 하였다. 특히 후자는 오류를 진리로 대체하는 전자만큼이나 인류에게 엄청난 혜택이라고 하였다(앞의 책: 60-61).

칼 레이먼드 포퍼, "이성은 항상 오류를 범한다. 반박을 통한 합리적 비판을 통해 부단히 진리에 접근할 수 있다."

이러한 사상은 칼 레이먼드 포퍼(Karl Raimund Popper)의 반증 원리에서도 그대로 드러난다. 포퍼는 이성은 항상 오류를 범한다며 반박을 통한 합리적 비판을 통해 부단히 진리에 접근할 수 있다고 보았다. 포퍼는 '우리의 이성은 항상 실수를 저지르고 잘못을 범할 가능성을 가지고 있다.'는 오류 가능주의와 '우리의 이성이란 본래 오류를 범할 가능성을 갖고 있기 때문에 우리의 앎은 독단에 호소해서가 아니라 비판적 시험과 논의에 의해서 증진되고 개선될 수 있다.'는 합리적 비판이라는 명제를 토대로 다음과 같이 비판적 합리주의를 주장하였다.

칼 레이먼드 포퍼(1902~1994)

나는 알지 못한다. 나는 단지 추측할 뿐이다. 그러나 나는 나의 추측을 비판적으로 검토할 수 있다. 그 추측이 엄격한 비판을 잘 견뎌 낸다면, 이것은 그 추측을 지지할 충분히 합리적인 이유가 될 수 있다(Popper, 1966; 이한구, 2014).

❹ 진리 검증의 장인 교육토론의 속성은 무엇인가요?

의견 충돌은 대립되는 입장을 각각 옹호하는 진정한 토론을 통해 가장 잘 실현된다

의견을 검증하기 위해서는 발견할 수 있는 가장 설득력 있는 근거와 논리에 의해 뒷받침되는 가장 강력한 반박 논증에 직면해야 하는데, 이러한 의견의 충돌은 대립되는 입장을 서로 다른 진영에서 각각 옹호하는 진정한 토론을 통해 가장 잘 실현된다. 주장이 충돌되는 장(場)을 마련하기 위해서는 찬성과 반대의 대립적 소통 구도를 설정해야 한다.

교육토론의 목적은 '논제'라고 불리는 단일 명제의 검증이며, 이를 위해서 찬성과 반대의 대립 구도를 설정한다. 공동의 숙고 과정을 거쳐 여러 대안 중 최적의 대안을 선택하기 위해 타협과 합의의 과정을 거치는 토의와는 그 목적이 본질적으로 다르다. 토의와 토론은 장단점을 논하며 교육적 우선순위를 가리는 비교의 대상이 아니라 다른 목적을 갖는 성격이 상이한 담화 유형이다. 토의에는 이른 바 쟁점 충돌이 없기 때문에 이를 토론이라고 할 수 없다. 좋은 토론이 되기 위한 가장 기본적인 원리는 쟁점 충돌이다. 주장이 서로 부딪치는 점이 없다면 서로 비교하고 판단하는 일은 불가능하다. 토론은 서로 직접적으로 대립하는 주장을 다룬다.

갈등은 토론자 간의 갈등이 아니며, 설득 대상은 청중과 심판이다

대립적 소통 구도 속에 충돌하는 양측의 주장은 필연적으로 경쟁의 속성을 유발하며 외면적으로는 갈등의 양상을 보인다. 토론에는 다른 입장과 시각으로 인한 갈등이 존재해야 한다(Freeley & Steinberg, 2014; 이두원, 2005: 3). 하지만 교육토론에서 발생하는 갈등은 토론 참여자의 갈등이 아니다. 대립적 소통 구도로 갈등의 모습이 보이나 토론 참여자는 이해 당사자가 아니므로 개인적 갈등이 아니다(임칠성, 2011:106-107). 그러므로 상대에게 적대감을 표시할 필요도 없고 해서도 안 된다. 토론은 적대적일 수밖에 없으나 토론자들이 서로에게 적대적일 필요는 없다. 또한 토론은 상대를 설득하는 것이라기보다 청중이나 심판 등 제삼자를 설득하는 것이다. 그래서 서로 마주보며 토론하는 것이 아니라 청중이나 심판을 보며 말한다. 서로 마주보고 말싸움을 하는 것이 아니라 정해진 차례와 시간에 제삼자를 대상으로 말하는 것이므로 말싸움과 같은 갈등을 원천적으로 차단하는 장치를 가지고 있다(Meany & Shuster, 2003; 허경호 역, 2008: 20).

토론에서 나타나는 갈등에 대해 박승억 외(2011)에서는 특정한 문제에 초점이 맞추어져 있는 '문제 중심 갈등'과 당사자들의 감정적 대립을 골자로 하는 '적대적 갈등'으로 구분하였다. 문제 중심 갈등은 합리적인 대화와 타협으로 조정될 수 있는 것이며, 적대적 갈등은 합리적인 대화나 타협을 통해 직접적으로 해결하기 어려우며 원인을 제거하여 해소하거나 치유해야 한다고 하였다. 토론은 적대적 갈등이 아니라 문제 중심의 갈등을 해결하는 방식이다.

토론자들은 자신의 이익이 아니라 공익을 전제로 공동체의 문제를 다룬다

교육토론에서는 이해 당사자가 아니라 찬성과 반대 입장을 옹호하는 역할을 맡은 토론자들이 자신의 이익이 아닌 '공익'을 전제로 하여 공동체의 문제를 다룬다. 그러므로 개인적 이해관계에 의해 서로 말싸움을 하는 갈등과는 근본적으로 다르다. 이두원(2005: 18-19)에서는 찬반 논쟁의 이러한 과정을 '양측이 공익에 근거한 유사성을 뿌리로 하여 이질성에 의해 창출되는 다양성의 수많은 나뭇가지들을 연결하는 과정'이라고 하였다. 즉, 입장과 시각의 이질성은 서로 볼 수 없는 부분을 보여 주는 역할을 하며, 유사성은 공익을 원천으로 한다는 것이다. 임칠성(2011: 122-123)에서 토론 지도의 원리로 제시한 '조화를 통한 갈등 해결의 원리'는 이 대목과 맥이 닿아 있다.

토론은 단일 명제를 검증하기 위해 양측에 공방의 역할을 부여한 것이므로 합의를 지향하지 않는다. 토론 중에 입장을 바꾸거나 포기해서는 안 되며 마지막까지 공격과 방어의 주어진 역할을 최선을 다해 수행해야 한다. 존 스튜어트 밀도 의견 통합의 결과가 모두 반드시 유익하다고 결론지을 필요가 없다고 하였다. 그러면서 어떤 것이 더 이상 의심스럽지 않을 때 그것에 대한 생각을 포기하는 인류의 치명적 경향은 인류가 저지른 과오의 원인 중 절반이나 된다고 하였다. 즉, 이러한 상태는 꼬리를 물고 제기되는 문제들에서 논쟁이 정지된 것으로서 참이면 유익하지만 악이면 위험하고 해롭다는 것이다(Mill, 1859; 이종훈 편역, 2012: 121).

물론 대립적 구도 내에서 충돌하며 경쟁하는 토론의 의사소통 과정은 적대적으로 갈등하는 소통의 모습과 유사해 보이며, 이는 양보와 타협을 통해 합의에 이르는 의사소통의 과정과는 커다란 차이가 있다. 이로 인해 교육토론이 교육적으로 부적합하다는 견해가 적지 않다. 왜냐하면 학습자에게 자기의 주장만 옳다며 양보와 타협을 거부하는 독선적인 소통, 상대를 이해하고 공감하기보다 논리적 우위를 점하려는 경쟁적인 소통, 조화와 합의를 추구하기보다 갈등과 충돌을 추구하는 소통의 과정을 경험하도록 하면 이러한 소통 태도가 습관화될 수 있다고 여기기 때문이다.

⑤ 교육토론이 지향하는 인재상은 무엇인가요?

교육토론에서는 진리 검증이라는 가치를 우선시하므로, 양보와 타협으로 합의를 지향하는 소통 양식보다는 대립과 충돌의 소통 구도를 조성한다. 이러한 교육토론에서 상정하는 인재상은 개인 내적으로는 진리를 탐구하기 위해 비판적 사유를 할 수 있으며, 자신의 의견을 논박이 허용되는 충돌의 장에 내어 놓아 타인의 검증을 수용하는 사람이다. 또한 자신이 속한 공동체가 진리에 입각한 의사결정을 하도록 논박의 장에서 다양한 의견을 비판적으로 검토하는 역할을 기꺼이 감당할 수 있는 사람이다.

양측의 주장을 면밀히 고찰하고 이를 논박의 장에 내어 놓아 치열한 검증의 과정을 거치고자 하는 사람은 오히려 그러한 우려를 불식시키는 내적 자질을 기를 수 있다. 내면에는 적대감과 경쟁심이 있지만 외적으로는 양보와 타협의 가면을 쓴 사람과는 달리, 진리 검증을 위해 서로 논박의 과정을 거치는 사람은 역지사지의 태도를 지니고 오히려 진리 앞에 겸손하여 자기의 입장만 고수하거나 상대를 공격하는 어리숙함을 벗어날 것이라는 전제가 깔려 있다.

❻ 교육토론의 교육 목표는 무엇인가요?

자신의 의견을 부정적 비판에 노출하여 오류를 검증한다

존 스튜어트 밀은 지식이나 확신을 획득하는 수단인 부정적 비판을 체계적으로 훈련받기 전에는 수학이나 물리학을 제외한 어떤 사색의 영역에서도 위대한 사상가는 거의 배출되지 않을 것이라고 하였다. 반대론자들과 활발한 논쟁을 수행하는 데 요구되는 동일한 정신적 과정을 스스로 겪지 않는 한 누구의 의견도 지식이라는 이름에 걸맞지 않는다는 것이다(Mill, 1859; 이종훈 편역, 2012: 125). 이선영(2015: 245-247)에서는 대립되는 가치에 대한 끊임없는 탐구의 과정을 교육과 연결시킨 소크라테스와 포퍼의 논의를 바탕으로 토론 교육의 본질에 대해 살피면서 '경쟁을 통해 논박하기'를 들고 있다. 상대를 제압하는 적대적 경쟁은 바람직하지 않지만, 토론 교육의 경쟁은 비적대적 경쟁으로서 자신과 상대를 정확하게 이해하여 자기주장의 모순과 단점을 보완하고 점진적으로 수행해 나가는 과정이라는 것이다.

대립되는 의견의 양측 면을 이해한다

미국의 토론 교육자인 로버트 브랜엄(Robert Branham, 1991: 22)은 진정한 토론의 네 가지 요소로, 논증을 제시하고 뒷받침하는 '전개', 이 논증을 적절히 반박하는 '충돌', 반박에 대해 논증을 옹호하는 '확장', 개별 논증을 더 큰 논제와 직접 관련짓는 '조망' 단계를 제시하였다. 이 중 두 번째 단계는 상대 의견을 비판적으로 검토하여 약점, 결함, 비일관성을 지적한다. 이를 '충돌(clash)'이라고 부르는 이유는 단지 상대의 의견에 동의하지 않는 것이 아니라 상대 의견을 거부하는 특정한 이유를 제시해야 하기 때문이라고 하였다(Snider & Schnurer, 2006: 31 재인용). 프로타고라스는 이런 관점으로 동일한 논제에 대해 오전에는 찬성 입장에서, 오후에는 반대 입장에서 토론하도록 제자들을 훈련하였다(강태완 외, 2010).

대립 구도에서의 경쟁적 소통으로 논증 능력을 신장한다

학생들은 자기 입장을 논증할 때보다 그들이 자신을 방어할 책임을 질 때 더 깊이 있는 논증을 할 수 있다(Snider & Schnurer, 2006: 70-71 재인용). 즉, 찬성과 반대의 대립 구도에서 공격뿐 아니라 방어의 책임을 지는 의사소통 구도는 가장 견고한 논증 메시지를 만드는 기반이 된다. 임칠성(2011: 124-125)에서 제시한 토론 지도의 원리 중 '경쟁적 대화의 원리'가 이와 관련된다.

경쟁을 위한 협동을 통해 협동심을 배양한다

교육토론에서는 진정한 소통을 위해 토론 참여자 간에 치열하게 경쟁하며, 이를 통해 더 나은 생각과 주장과 가치를 향해 협동한다. 경쟁만 있는 세상은 삭막하고 협동만 있는 세상은 나태하다. 경쟁과 협동이 맞물려야 경쟁은 경쟁다워지고 협동의 미덕 또한 발휘된다. 이러한 경쟁과 협동의 긍정적 가치를 모두 가지고 있는 것이 토론이다. 특히 토론에서 협동의 미학은 개인 혼자서 생각하는 것보다 다각적 접근이 가능하고 다양한 견해와 해결책을 찾는다는 점에 있다(박인기 외, 2014: 32-33).

⑦ 토론의 교육적 기능에는 어떤 것들이 있나요?

토론을 통해 현대 사회에 필요한 다양한 역량을 기를 수 있다

토론을 준비하는 과정에서 자료를 찾고 분석하면서 비판적 사고력을 기를 수 있다. 상대의 의견을 경청하며 자신의 의견을 설득력 있게 전달해야 하므로 의사소통 능력을 기를 수 있다. 토론은 혼자 하는 경우보다 두세 명이 한 팀을 이루는 경우가 많은데 자연스럽게 팀워크와 리더십을 기를 수 있다. 또한 상대의 의견을 존중하며 규칙에 따라 소통하는 민주 시민의 소양도 기를 수 있다.

토론은 의사소통 능력과 더불어 사고력과도 매우 밀접한 관계가 있으므로 말하기 능력뿐 아니라 글쓰기 능력을 기르는 데도 매우 효과적이다. 즉, 말할 때 청자를 고려하여 전략적으로 말해야 하듯 글을 쓸 때도 예상 독자를 고려하여 전략적으로 글을 써야 하는데, 토론은 상대를 고려한 소통 능력을 기를 수 있는 훌륭한 기회를 제공한다. 또한 토론을 준비하면서 찬성 측과 반대 측의 첫 번째 입론을 작성하게 되는데 이 입론은 하나의 온전한 연설문이다. 토론을 앞두고 입론을 작성하는 것은 글쓰기를 연습하는 가치 있는 기회가 될 것이다. 토론을 마치고 상대측의 반론과 질문을 모두 듣게 되면 나의 논리의 허점을 파악하여 보완할 수 있어 논증의 완성도를 높일 수 있다. 쓰고 토론하고, 토론하고 쓰는 절차를 반복하는 것은 의사소통 능력을 기르는 첩경이다.

교육토론의 교육적 기능에 관해서는 토론 교육의 가치, 의의, 효용 등에 대한 여러 논의가 있다. 콜버트와 비거스(Colbert & Biggers, 1985)에서는 토론 교육의 발전을 위한 기금 조성의 필요성을 주장하면서 토론 교육의 이점을 다음과 같이 설명하고 있다. 첫째, 토론 교육은 의사소통 기능(분석, 전달, 조직)을 향상시키고 이는 학습자의 다른 의사소통 상황에도 도움이 된다. 둘째, 당시의 중요한 사회적 사안을 다루는 심도 있는 교육적 경험을 통해 비판적 사고력이 신장된다. 셋째, 공공 연설을 경험하는 전문적인 훈련을 제공함으로써 논증 기능, 내용 조직 기능, 논리력, 리더십이 향상된다. 비판적 사고력과 의사소통 능력의 신장에 중점을 두고, 연설 경험을 통해 길러지는 다양한 능력들을 제시하였는데 '리더십'까지 토론 교육의 이점으로 본 것이 특징적이다.

메르카단테(Mercadante, 1988)에서는 대학에 중점을 두어 교육적 수단으로

서 토론의 가치는 비판적 사고력, 분석력, 종합력, 연설 능력 네 가지이며, 이는 의사소통이 중요한 현대 민주 사회에서 대학생이 갖추어야 할 필수적인 능력이라고 하였다.

에릭슨 외(Ericson, Murphy & Zeuchner, 2011)에서는 토론의 가치를 개인적 이점과 사회적 이점으로 구분하면서, 특히 토론은 민주사회에서 공동체가 대안을 선택하는 합리적인 방법이므로 사회 전체에도 이익이 된다고 주장한다. 좋은 아이디어가 수용되고 합리적으로 결정되어 사회 발전이 이루어지기 위해서는 토론이 필요하다. 그런데 효과적으로 말하지 못하는 시민은 좋은 아이디어를 입 밖으로 꺼내지 못하는 말 없는 시민이 된다. 따라서 토론은 개인에게뿐만 아니라 사회 전체에도 이익이 된다는 것이다. 토론을 통해 신장할 수 있는 능력에 대해서는 ① 아이디어를 수집하고 조직하는 능력, ② 아이디어를 위계화하는 능력, ③ 증거를 평가하는 능력, ④ 논리적 연결을 파악하는 능력, ⑤ 개요를 생각하고 말하는 능력, ⑥ 명료하면서도 영향력 있도록 설득력 있게 말하는 능력, ⑦ 새로운 아이디어에 적응하는 능력 등 일곱 가지로 구분하였다. 즉, 토론 교육을 통해 개인의 사고 능력과 의사소통 능력의 발달을 기대할 수 있고 이렇게 교육된 개인은 사회 전체의 합리적 의사결정에 기여하게 되므로 개인과 사회 모두에 토론이 유익하다고 보고 있다.

국내에서도 토론 교육의 의의에 대한 여러 논의가 있는데 대표적인 것으로 이상철·백미숙·정현숙(2006)에서는 ① 질의응답을 통한 비판적 사고력, ② 의사소통 능력, ③ 글쓰기 능력, ④ 지식 통합 능력, ⑤ 비판적 듣기 능력, ⑥ 민주적 의사결정의 자세, ⑦ 공동체에 대한 이해 확대 등을 언급하였다.

⑧ 토론의 교육적 효과는 실증적으로 검증되었나요?

토론 교육이 확산되고 토론 대회 참가가 늘면서 토론의 교육적 효과를 실증적으로 검증하려는 노력도 계속되었다. 콜버트(Colbert, 1987)에서는 대학 간 토론 대회를 분석하여 토론 대회 참여자의 비판적 사고력 신장을 'Watson Glaser Critical Thinking Appraisal(WGCTA) test'를 사용하여 사전-사후 비교 방식으로 측정하였다. 연구 결과, 토론에 참여한 실험 집단의 비판적 사고력 점수가 토론에 참여하지 않은 통제 집단의 점수보다 높은 것으로 밝혀졌다.

콜버트(1993)에서는 고등학생의 토론 참여 경험이 논증 능력과 말하기 능력에 미치는 영향을 검증하였다. 구체적으로는 토론 교육을 통해 ① 문제를 정의하는 능력, ② 문제 해결을 위해 연관된 정보들을 선택하는 능력, ③ 명시적으로 나타나거나 암시적으로 내포된 논리적 전제를 인식하는 능력, ④ 연관되거나 유력한 가설을 선택하는 능력, ⑤ 타당한 결론을 끌어내거나 추론의 타당성을 판단하는 능력 등이 신장된다고 하였다.

랜서 외(Rancer, Whitecap, Kosberg & Avtgis, 1997)에서는 7학년을 대상으로 토론 프로그램을 적용한 후 학생들의 의사소통 능력이 향상되었음을 증명하였다. 연구 결과 일주일 정도 집중적인 토론 학습을 받은 학생은 논증 능력이 향상되었고 모든 사안에 대해 논증적으로 접근하려는 태도가 배양됨을 입증하였다.

국내에서도 대학교와 고등학교에서 행해진 토론 교육의 효과를 실증적으로 검증하려는 시도가 있었다. 이준웅 외(2007)에서는 '공공 화법과 토론' 수업인 서울대학교의 '말하기' 수업 결과에 대한 교육 효과를 설문 조사 방법으로 검증하였다. 토론 교육의 효과를 ① 의사소통 능력, ② 토론 효능감, ③ 시민성으로 조작적으로 정의하고 이 셋을 독립변인으로 설정하여 CEDA 토론의 교육 효과에 대한 연구를 수행하였다. 변인들의 세부 구성을 보면 '의사소통 능력' 변인은 상대방을 이해하고 수용할 수 있는 능력인 '수용성', 의사소통 상황에 대한 효과적인 통제 능력(예: 조작적 기술, 전략적 능력, 협력 획득, 상호작용 관리)인 '통제성', 주어진 상황에 적절하게 대처할 수 있는 능력(예: 사회적 능력, 행위 유연성)인 '적절성'의 하위 변인을 설정하였다. '토론 효능감' 변인은 '자기 효능감'과 '집단 효능감'으로 구분하였다. '시민성' 변인은 개인이 공동체 내의 타인, 특히 의견이 다른 타인과 상호작용을 잘 할 수 있도록 돕는 인지적·동기적·행동적 성향으로 보고 하위 변인으로 '관용'과 '신뢰'를 설정하였다. 연구 결과 의사소통 능력의 하위 변인인 '통제성'과 '적절성'에서, 토론 효능감에서는 '집단 효능감'에서, 시민성에서는 '신뢰' 변인에서 통계적으로 유의한 향상이 발견되었다.

양적 검증과 더불어 토론 대회 참가 후 소감문을 분석하여 토론 학습자의 토론 효능감을 확인하려는 질적 접근도 이루어졌다. 이선영(2010b)에서는 제1회 서울시 고등학생 토론 대회에 참여한 학생을 대상으로 소감문과 인터뷰 내용을 분석하여 토론 효능감을 연구하였다. 연구 결과 토론 효능감 중 정서적 효능감에서는 '자신감'과 '재미'가 가장 많이 언급되었고, 인지적 효능감에서는 '논증 훈련', '토론 전략 습득', '배경지식 확대' 등이 언급되었다. 사회적 효능감에서는 '협력적 상호작용'이나 '진로 탐색'에 대한 언급이 있었으며, '민주 시민성 함양'이나 '사회적 관심 증가'에 대해서는 거의 언급이 없는 것으로 나타났다. 교사나 전문가 입장에서는 장기적으로 민주 시민의 소양이 토론의 중요한 교육적 기능으로 인식하나 학생들 입장에서는 민주 시민성 등에 대해서는 아직 체감하지 못하는 것을 간접적으로 확인할 수 있다.

⑨ 토론의 교육적 기능을 정리하면 어떻게 되나요?

비판적 사고력, 의사소통 능력, 민주 시민의 소양을 기를 수 있다

앞선 논의를 정리하면 토론의 교육적 기능에 대한 실체를 영역으로 구분하여 나타낼 수 있다. 우선 '지식·기능' 차원과 '태도' 차원을 구분할 수 있다. 논증의 방법이나 의사소통 방법은 지식과 기능을 엄밀히 구분하기 어려우므로 '지식·기능' 차원으로 구분하고, '논증적 접근 태도', '관용과 신뢰의 자세', '자신감과 재미' 등 정의적 영역을 가리키는 것들은 '태도' 차원으로 구분할 수 있다. 그다음 선행 연구에서 언급한 내용을 종합하면 개인의 인지적 발달 차원의 '비판적 사고력', 자신의 생각을 효과적으로 전달하는 '의사소통 능력', 사회적 사안에 대해 공동체의 구성원으로서 민주적으로 결정할 수 있는 '민주 시민 소양'의 세 차원으로 크게 구분된다.

그런데 이 세 차원은 각각 독립되어 있다기보다는 서로가 영향을 주고받는 것으로 보는 것이 타당하다. '비판적 사고력'에 초점을 맞춘 콜버트(1987)의 실험 연구가 있으나 이는 독립적으로 존재한다기보다 '의사소통 능력' 차원과 함께 작용한다고 볼 수 있다. 콜버트와 비거스(1985)에서 '의사소통 기능'을 설명하면서 '정보의 분석, 전달, 조직'을 제시하였듯이, '비판적 사고력'은 결국 말로 표현되기 전에 말할 내용을 준비하기 위한 사고 단계이므로 독립 범주로 설정하되 '의사소통 능력' 범주와 영향을 주고받는 관계로 보는 것이 타당하다.

　토론의 교육적 기능은 개인 내적 차원의 '비판적 사고력' 범주와 이것이 말로 실현되어 타인과 상호작용하는 단계인 '의사소통 능력' 범주가 개인의 차원을 넘어 공동체의 범위까지 미치면 '민주 시민 소양' 범주까지 확산된다. 즉 '의사소통 능력'이 개인 차원의 듣고 말하는 단순한 기능의 수행에서 그치는 것이 아니라 공동체의 문제를 협력하여 해결하는 사회 공동체의 문제 해결 맥락에서 발현되는 것이므로, 이 역시 '민주 시민 소양'이라는 범주와 영향을 주고받는 관계로 보는 것이 타당하다.

　기존 연구들에서 설명하고 있는 토론의 교육적 기능들 여섯 차원으로 구분하여 그 예시를 들면 다음과 같다.

차원①(비판적 사고력−지식·기능): 정보 선택과 통합 능력, 아이디어 위계화 능력, 근거 평가 능력, 논증 능력 등

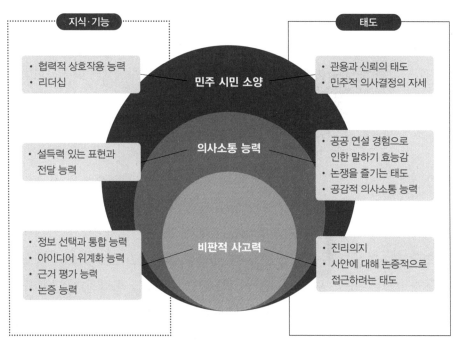

그림 2-1 토론의 교육적 기능

차원②(비판적 사고력-태도): 진리의지, 사안에 대해 논증적으로 접근하려는 태도 등

차원③(의사소통 능력-지식·기능): 설득력 있는 표현과 전달 능력 등

차원④(의사소통 능력-태도): 공공 연설 경험으로 인한 말하기 효능감, 논쟁을 즐기는 태도, 역지사지의 공감적 의사소통 능력 등

차원⑤(민주 시민 소양-지식·기능): 협력적 상호작용 능력, 리더십 등

차원⑥(민주 시민 소양-태도): 관용과 신뢰의 태도, 민주적 의사결정의 자세 등

⑩ 토론 교육의 또 다른 지향점은 무엇인가요?

토론 교육은 리더십을 기르는 데 효과적이다

토론 이론이나 형식을 선도하며 계속 진화하는 토론 유형을 깊이 살펴보면 토론 교육의 최종 종착점이 민주 시민 소양을 넘어선다는 것을 알 수 있다. 인간의 삶의 본질적 문제를 다루는 가치문제에 대한 심도 있는 사유 능력, 공동체가 처한 문제에 대해 실효성 있는 정책적 대안을 제시하고 입증 책임을 지는 자세, 이를 대중에게 설득력 있게 전달하는 의사소통 능력, 입장을 달리하는 상대의 주장을 경청하고 포용하는 태도 등은 단순히 민주 사회에 필요한 건전한 시민의 소양 수준을 넘어서는 것이다.

깊은 철학적 고민과 치밀한 논리적 사고, 문제를 보는 다양한 시각, 역지사지의 공감 능력, 타인을 설득하는 소통 능력 등은 기실 '강력한 지도력(리더십)'을 훈련하기 위한 것으로 보는 것이 타당하다. 즉, 토론 교육의 기능을 단순히 학습자의 사고력 신장이나 의사소통 기술 숙달 등으로 제한하여 보는 것은 그 본질을 정확히 통찰하지 못한 것이다.

집단 협의에 의한 공동체의 의사결정 체제를 유지하고 발전시키기 위해서는 그 체제에 적합한 인간상을 양성할 필요가 있다. 토론 교육은 이러한 사회 체제 유지의 초석으로서의 역할을 감당하고 있는 것이다. 여기서 주목할 것은, 토론 교육은 그 체제를 구성하는 다수의 대중을 길러 내는 것도 중시하지만 몇 가지 단서들은 토론 교육의 시스템이나 전국 단위의 찬반 경쟁 토너먼트 방식이 강력한 리

더십을 갖춘 지도자의 육성을 지향한다는 것을 알 수 있다.

토론 토너먼트 우승자는 정치계 스카우트 대상이며 따라서 대회의 우승이 정치 입문의 지름길인 점, 승패를 가리고 경쟁하는 것의 교육적 폐해가 명백히 존재함에도 계속 경쟁적 토너먼트 방식을 고수하는 점 등은 패자에 대한 배려보다는 사회를 이끌어 갈 경쟁력 있는 지도자의 성장을 바라고 있는 중요한 단서로 볼 수 있다. 에드워즈(Edwards, 2008)에서는 토론의 가치 중 '리더십 훈련'을 언급하였고, 에릭슨 외(2011)에서는 케네디, 닉슨, 존슨, 카터, 클린턴, 오바마 등 미국의 수많은 대통령들이 학생 때 토론 대회를 거쳤다며 토론의 중요성을 주장하였다.

비판적 사고력, 의사소통 능력, 민주 시민 소양은 토론 교육의 독립적 기능이 아니다. 이들은 독립적이지 않을뿐더러 통일체(unity)로서 일정한 방향성을 지닌다. 물론 토론이 시민성을 갖춘 사회 전체의 구성원에 대한 소양 교육의 역할을 감당하지만 궁극적인 방향은 '리더십을 갖추고 구성원들과 공감하고 소통하는 지도자 양성'을 가리키고 있다고 판단된다. 수당, 당수와 같은 정치계의 직위를 그대로 사용하는 의회식 토론을 소개하면서 언급한 다음 내용에서 그 단서를 발견할 수 있다.

민주주의 사회의 정치에서 논쟁적 주장은 생명체의 피와 같은 역할을 한다. 시민들이나 그들이 선출한 대표들은 시민들의 요구를 반영하는 최고의 정책을 만들기 위해 논쟁을 멈추지 않는다. 이러한 상황에서 효과적인 논쟁적 주장을 펴는 방법을 모르는 사람들은 뒤처지거나 논쟁에서 제외되는 경우가 잦게 된다. 왜냐하면 이들은 자신과 가족, 동업자, 혹은 자신이 속하는 다른 집단의 이익을 대변해서 주장을 펼칠 수가 없기 때문이다(Meany & Shuster, 2003; 허경호 역, 2008: 3).

02 / 교육토론의 유형

앞서 토론의 교육적 기능이 어떻게 자리매김이 되는지에 대해 살펴보았는데, 이러한 여섯 차원은 각각의 토론 유형이 지향하는 바에 따라 교육적 기능의 무게 중심이 놓이는 좌표가 된다. 지금까지 우리나라의 학교 교육에서 화법 교육의 내용으로 제공되었던 토론의 형식은 단순히 참여자의 수나 절차 등에 대한 이해에 그쳤다고 볼 수 있다. 물론 이러한 토론 형식의 이해는 올바른 토론 수행을 위한 기초 지식으로 작용하므로 중요하지 않다고는 할 수 없다. 하지만 토론 유형에 따른 형식적 특성을 발언 횟수나 절차와 같은 외적 특성에 주목하는 것으로는 토론의 본질을 이해하기에 부족하다. 초·중·고등학교와 대학교에서 시행되고 있는 토론은 각각의 형식적 유형에 따라 철학적 전제가 있으며 이로 인해 교육적 기능에 대한 일정한 방향성을 갖게 된다.

앞서 정리한 토론의 교육적 기능 여섯 차원을 개별 토론 유형의 방향성을 확인하는 좌표로 삼고 논의를 전개하고자 한다. 토론 유형에 따른 형식을 이해하는 것은 절차를 숙달하는 차원을 넘어 해당 토론 유형의 철학을 이해하는 데까지 이르러야 한다. 토론을 지도하는 교사나 토론 대회의 운영자의 경우 유행하는 토론 유형을 무비판적으로 도입하거나 지도와 운영이 용이하다는 이유로 토론 유형을 선택하는 것은 바람직하지 않다. 토론 지도나 토론 대회 개최가 표방하는 교육적 철학을 토대로 하여 토론 참여자가 갖추기를 바라는 토론 교육의 목표로서의 인간상을 상정하고 그에 적합한 토론 유형을 선택해야 한다.

초·중·고등학교와 대학교 등 학교 현장이나 학생을 대상으로 한 토론 대회에서 최근 가장 많이 행해지고 있는 대표적인 토론 유형에는 'CEDA 토론(반대 신문식 토론)'[1] '칼 포퍼식 토론(Karl Popper Debate)', '의회식 토론(Parliamentary Debate)', '링컨 더글러스 토론(Lincoln-Douglas Debate)', '퍼블릭 포럼 토론

(Public Forum Debate)'이 있으며, 여기에서는 이 다섯 가지 토론 유형의 차이점을 살펴보겠다. 미국 고등학교의 경우에는 CEDA 토론, 링컨 더글러스 토론, 퍼블릭 포럼 토론이 주된 토론 방식이다(Edwards, 2008: 63). 전통적으로 국어과 교육 과정에 소개되었던 고전적 토론이나 직파식 토론은 학교 현장이나 토론 대회에서 거의 시행되지 않고 있으므로 소개에서 제외하였다.

❶ CEDA 토론은 어떻게 하나요?

정책 논제에 대해 토론하며 반대 신문이 중요하다

각각 찬성 측 첫 번째, 두 번째 토론자와 반대 측 첫 번째, 두 번째 토론자의 역할을 맡는다. 즉, 현재 상태의 정책적 변화를 주장하는 찬성 측과 이를 반대하는 반대 측이 2 : 2로 입론, 반대 신문, 반박의 발언을 개인별 1회씩 하게 된다. 4명의 토론자가 각각 '입론' 1회, '반대 신문' 1회, '반박' 1회, 도합 3회의 발언을 하므로 토론 과정에는 모두 12번의 발언 기회가 있다. 대학생 토론의 경우 입론을 8분간 하는 것이 원칙이나 초·중등 학생 등 입문자의 경우에는 2~5분 정도로 줄여서 할 수 있다. 반대 신문은 2~3분 정도로 정해서 한다.

찬성 측은 문제, 해결 방안, 이익/비용 등 필수 쟁점에 대해 모두 입증해야 하므로 여러 쟁점 중 하나의 쟁점만 효과적으로 반박해도 승리하는 반대 측에 비해 입증 책임이 크다. 교육토론의 경우 사회자는 토론자의 발언을 일일이 정리하는 것이 아니라 대개 시간을 관리하고 진행 순서를 알리는 역할을 한다.

첫 번째 발언은 반드시 찬성 측에서 시작한다. 반박[2]이 시작되는 아홉 번째 단계에서는 반대 측이 먼저 발언을 시작하여 마지막 열두 번째는 찬성 측의 발언으로 한 라운드의 토론을 마친다. 찬성 측이 먼저 토론을 시작하는 이유는 논제가

---

1   CEDA 토론의 공식 명칭은 '정책 토론(Policy Debate)'이다. 정책 토론이라고 하면 정책 논제를 다루는 토론을 통칭한 것과 혼동되므로, CEDA 토론이라는 익숙한 용어를 사용하였다.

2   반박(rebuttal)은 용어가 주는 느낌 때문에 무조건 상대 의견에 반대하는 말을 해야 한다고 생각하는 경우가 많다. 반박은 이미 논의된 쟁점 중 유리하다고 판단되는 쟁점을 위주로 최종 발언을 하는 것이다.

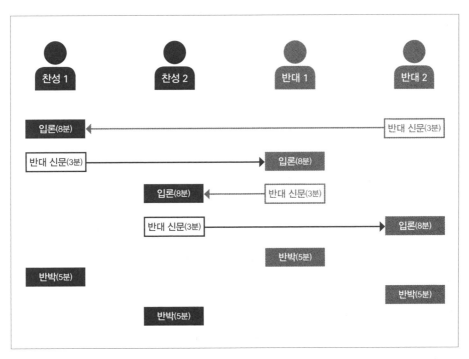

그림 2-2 CEDA 토론의 절차

현재 상태의 변화를 주장하기 때문이다. 변화에 대한 주장이 없는 상태에서 반대 주장을 먼저 한다는 것이 성립되지 않는다. 이로 인해 현재 상태의 변화를 주장하는 찬성 측의 부담이 반대 측보다 상대적으로 크다. 토론의 마지막 발언은 청중에게 영향력이 큰데 부담으로 인 한 균형을 맞추기 위해 찬성 측에게 마지막 발언 기회를 부여하게 된다.

논제는 1년에 하나의 정책 논제가 제시된다

CEDA 토론의 경우 미국 토론 대회에서는 1년에 하나의 논제가 제시되며 참가자들은 1년 동안 해당 주제를 연구한다. 1995년에 CEDA협회에서는 정책 논제만 다루기로 결정하였다(Stanfield & West, 1995).

CEDA 토론에서는 사회 제도나 정책의 '변화'를 주장하는 데 필요한 철저한 자료 조사와 증거가 필요하다. 토론 명칭이 가리키듯 '반대 신문'이 활성화되어 있는 것이 특징이다. 기존의 토론 방식으로는 자신의 이야기만 하게 되는 것에 대한 반성으로 상대 논의에 대한 경청을 중시하게 되었다. 반대 신문은 상대 주장의 논점을 명확히 하고 상대의 오류나 뒷받침되지 않은 주장을 드러내는 기능을 하는데, 발언의 순서와 시간이 명확히 정해져 있는 것이 특징이다.

CEDA 토론은 자료 조사와 빠른 전달이 중요하다

CEDA 토론의 경우는 다른 토론 방식에 비해 논제와 관련된 많은 증거를 수집하여 이를 효율적으로 제시하는 것이 중요하다. 상대 측도 충분한 준비 기간을 거쳤고 심판이나 청중도 해당 논제에 대해 충분한 배경지식이 있다고 판단하므로 제한된 시간 내에 많은 정보를 전달하는 것이 관건이다. 첫 입론에서 논제와 관련된 핵심어를 정의하는 것 외에는 가능하면 전문 용어를 그대로 사용하는 것이 효과적이며, 이에 대한 상세한 설명을 하기보다는 관련 증거를 빠르게 제시할 필요가 있다.

제한된 시간에 많은 증거를 효율적으로 제시해야 하는 CEDA 토론의 경우 다른 토론 유형에 비해 발화 속도가 매우 빠르다. 토론 교육의 목표로 '의사소통 능력'을 중시한다면 CEDA 토론보다는 연설 능력이 중시되는 의회식 토론, 링컨 더글러스 토론, 퍼블릭 포럼 토론을 선택하는 것이 바람직하다.

로슨과 스캐스(Lawson & Skaggs, 1994)에서는 CEDA 토론과 링컨 더글러스 토론의 발화 속도를 측정하였다. 토론 대회 준결승전의 양측 첫 번째 입론의 분당 단어 수를 측정한 결과는 표 2-1과 같은데, CEDA 토론의 발화 속도가 매우 빠름을 확인할 수 있다. 과거 전미토론대회(National Debate Tournament: NDT) 결승전의 경우 1968년도에는 분당 200단어, 1970년대 중반에는 245단어, 1980년대에는 270단어, 1985년대에는 300단어의 속도로 분당 단어 수가 급증하고 있으며, 300단어를 넘게 되면 이해가 불가능한 수준이라고 하였다.

표 2-1 분당 단어의 수

	CEDA 토론	링컨 더글러스 토론
찬성 측 입론	261	196
반대 측 입론	217	170

또한 빠른 발화 속도는 CEDA 토론에서는 고득점으로 이어질 수 있지만 의

회식 토론에서는 감점의 요인이 된다고 하였다. 의사소통 능력을 중시하는 토론 대회의 경우 이러한 이유 때문에 CEDA 토론을 중단하고 다른 토론으로 전환하는 추세이다. NEDA 위원 20명에게 설문 조사를 실시하였는데 CEDA 토론을 중단하는 가장 큰 이유로 빠른 발화 속도를 꼽았다. 최근 5년 간 토론 교육 프로그램에서 CEDA 토론보다 의회식 토론을 선택하는 주된 원인으로 CEDA 토론의 빠른 발화 속도와 과도한 자료 조사에 대한 준비 부담이 언급되고 있다(Kuper, 2000).

② 칼 포퍼식 토론은 어떻게 하나요?

비판적 합리주의를 바탕으로 하며 반박이 중요하다

칼 포퍼식 토론은 칼 포퍼의 비판적 합리주의(Critical Rationalism)에 기반하여 실수의 계속적인 교정을 통해 학습이 이루어진다는 전제를 가지고 있다. 주로 고등학생들에게 비판적 사고력, 자기표현 능력, 다른 의견에 대한 관용적 포용 등의 자세를 길러주기 위해 1994년에 협회가 설립되어 토론이 시행되고 있다.

CEDA 토론과는 달리 찬성과 반대 측의 부담이 균등한 논제가 선정된다. CEDA 토론의 경우 반대 측이 상대방의 논리적 부당성만 입증해도 승리하는 반면, 칼 포퍼식 토론에서는 양측 모두 주장의 논리적 정당성을 입증해야 하므로 양측에게 입증 책임이 균등하게 적용되는 것이 특징이다. 즉 양측 모두 상대방의 입론을 적극적으로 반박하지 않으면 상대방의 주장을 인정하는 것으로 간주되므로, 상대 주장에 대한 반박이 다른 토론 유형에 비해 상대적으로 중시된다.

세 명이 한 팀이 되어 협력과 팀워크가 중요하다

세 명이 한 팀이 되어 각 팀이 입론 1회(6분), 반대 신문 2회(3분×2회=6분), 반박 2회(5분×2회=10분)를 한다. CEDA 토론이 2회의 입론과 1회의 반박을 하는 것과는 달리 입론보다 반박 횟수가 더 많은 것이 특징이다. 또한 다른 토론 형식과는 달리 마지막 반박의 순서에서 찬성 측이 먼저 반박을 한다. 입증 책임이 찬성 측에게만 부과되지 않고 양측에 균등하게 부과되기 때문에 특별히 찬성 측

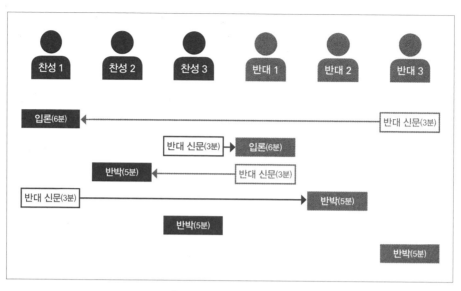

그림 2-3 칼 포퍼식 토론의 절차

에게 유리하게 발언 순서를 정하지 않아도 되기 때문이다. 반박 시간에도 반대 신문이 허용되며, 마지막 반박을 제외하고는 매 발언 때마다 반대 신문을 하는 것도 다른 토론과는 다른 특징이다.

세 명이 한 팀이므로 서로 간의 협력과 팀워크가 중시된다. 특히 입론이 1회이기 때문에 세 명이 함께 입론을 철저히 구성해야 한다. 1, 3번 토론자의 발언 기회가 두 번씩인 것에 비해 2번 토론자의 발언 기회는 1회이다. 한상철(2006)에서는 발언 횟수가 적은 2번 토론자의 경우 비중이 작다고 보기보다는 토론 중 상대 발언을 분석하고 대응 방안을 마련하는 리더의 역할을 맡는 것이 효과적일 수 있다고 하였다. 칼 포퍼식 토론에서는 많은 것을 주장하기보다 상대방 주장에 대한 철저한 검증과 효과적인 반박이 중요하다.

❸ 의회식 토론은 어떻게 하나요?

의회를 배경으로 정부 팀과 야당 팀이 참여한다

근대 의회 토론은 14세기 영국의 하원(House of Commons)에서 시작된 공식적인 의회 토론에 뿌리를 두고 있다. 영국 통치에서 의회의 영향력이 커지면서 토론의 영향력이 커졌고 이는 미국 대륙에도 전해졌다. 의회식 토론은 세계적으로 가장 널리 알려져 있고 빠르게 확산되고 있는 토론 유형이다. 영국식 8인 방식이나 '세계식 토론(world style)'이라고 불리는 토론 유형도 있지만, 전 세계적으로 급성장하고 있는 것은 4인 방식의 미국 방식이며 이를 통칭하여 '의회식 토론'이라고 한다. 1991년에 전미의회식토론협회(National Parliamentary Debate Association: NPDA)에서 토너먼트를 시작하여 1994년에 52팀이 참가한 전국 대회가 개최되었다. 많은 학교가 CEDA 토론을 중단하고 의회식 토론으로 전환하여 1999년에는 200팀이 참가할 정도로 성장하였다(Kuper, 2000).

의회를 배경으로 하므로 가치 논제보다 정책 논제를 주로 다룬다. 의회식 토론의 논제는 'proposition(제안)'이라고 하며, 이는 미국의 경우 국민투표를 위한 '법률 개정안'을 의미한다. 논제는 대회 직전에 제시되는데, 심사위원이 논제가 적힌 심사 용지를 받고 토론장에 도착한 토론 팀에게 알려 주면 15분의 준비 시간이 시작된다. 다른 토론 대회와 달리 매 회(round) 논제가 변경된다. 즉석 토론이 일반적이어서 미리 작성한 발언 내용을 읽을 수 없고 교사의 지도를 받을 수 없으며 대부분의 경우 인용된 증거의 사용이 금지된다(Meany & Shuster, 2003; 허경호 역,

그림 2-4 의회식 토론의 절차

2008). 1명(수상과 야당 당수)은 두 번, 나머지 1명(여당 의원과 야당 의원)은 한 번만 발언하는 것이 특징이다.

입론 중에 발언권을 요청한다

의회식 토론의 고유한 특징 중의 하나는 '발언권 요청'이다.[3] 의회에서 국회의장이나 위원장으로부터 발언권을 부여받듯이 상대의 입론 중에 15초 동안 짧은 질문이나 진술을 한다. 발언권 요청의 예시는 다음과 같다(Meany & Shuster, 2003; 허경호 역, 2008: 37).

발언자: 그렇기 때문에 우리는 패스트푸드 프랜차이즈를 학교에 도입하여 학생들에게 점심을 제공하도록 해야 합니다.

상대방: (자리에서 일어나며) 그 점에 대해 (**On that point!**)

발언자: 요청을 받아들입니다.

상대방: 그렇지만 패스트푸드 점심은 영양분이 많지 않기 때문에 학생들 건강에 좋지 않습니다.

상대가 발언권 요청을 해도 이를 수락할지 여부는 현재 입론을 하고 있는 토론자가 결정한다. 반박 연설 때에는 발언권 요청이 허용되지 않으며, 발언권 요청과 이에 대한 질의응답 시간은 전체 발언 시간에서 제하게 된다. 이 발언권 요청은 입론 연설의 중간 5분 동안만 허용된다. 입론 연설의 첫 1분과 마지막 1분 동안에는 허용되지 않으며 이 2분을 '보호 시간(protected time)'이라고 한다. 보호 시간에 발언권을 요청하면 규칙 위반이다.

수사적 설득 능력이 중요하다

의회식 토론의 경우에도 주로 정책 논제를 다루기는 하지만 '의회'라는 상황 맥락을 구체적으로 설정하고 '수상', '야당 당수' 등 행정 관료나 정치인의 직위를 그대로 사용하여 토론 참여자의 정체성을 규정하므로 다분히 수사적인 설득 방식

----

3   한상철(2006: 197)에서는 '보충 질의(Point of Information)'라고 하였다.

이 중요하게 된다. 얀센(Jensen, 1998)에서는 '효과적인 주장'에 대한 개념이 상이하다며, CEDA 토론에서는 정교한 논증이 중요하고 의회식 토론에서는 예시나 비유 같은 수사적 장치도 중요하다고 하였다. 즉, 사실 증거의 빠른 나열이 아니라 심판과 청중을 설득하기 위한 완성된 연설이 중요하다.

④ 링컨 더글러스 토론은 어떻게 하나요?

역사적 배경은 링컨과 더글러스의 토론이다

링컨 더글러스 토론(Lincoln–Douglas Debate)은 일반적으로 LD토론이라고 부르는데 미국 고등학교에서는 1970년대부터 시작되었다. 1858년의 대통령 선거를 위한 중간 선거(일리노이주 상원의원 선거)에서 민주당의 스티븐 더글러스(Stephen Douglas)와 공화당의 에이브러햄 링컨(Abraham Lincoln)이 봄부터 가을까지 일리노이주 7개 도시에서 7회에 걸쳐 벌인 토론에서 유래했다.

노예 제도를 인정할 것인지 문제는 각 지방 정부에 일임하는 것이 옳다고 주장한 더글러스의 '주민투표론'에 대하여 링컨은 노예 제도를 폐지해야 한다며 반대했다. 링컨은 미국 독립선언서의 "모든 인간은 동등하다."라는 규정에 흑인도 포함되므로 노예 제도는 폐지되어야 한다고 주장하였으며, 더글러스는 "독립선언서에서 언급한 인간은 백인을 가리킨다."라며 흑인의 배제를 주장하였다. 링컨은

에이브러햄 링컨(1809~1865)과 스티븐 더글러스(1813~1861)

이때 연방 상원의원 선거에서 패배하였다. 그러나 모든 토론 결과를 편집하여 책으로 발간하였고, 실제 토론 내용을 광범위하게 다룬 이 책의 인기로 인해 1860년 공화당 대통령 후보에 지명되었다.

주로 가치 논제를 다룬다

논제는 두 달에 한 번씩 변경되며 주로 가치 논제를 다룬다. 링컨 더글러스 토론에서 추구하는 가치 논제는 구체적이고 복잡한 것이 아니라 '자유가 평등보다 더 가치 있다.' 또는 '사형제도는 도덕적으로 정당화될 수 있다.'와 같이 일반적이고 보편적인 주제를 다룬다. 가치에 대한 딜레마성 논제로서 대안에 대해 찬성하거나 반대하는 방식이 아니라 하나의 선호하는 대안을 선택하는 방식이며, '~이 ~보다 우선한다.', '~이 ~보다 낫다.', '~이 ~보다 바람직하다.', '~은 정당하다.'의 형태로 논제가 제시된다(한상철, 2006). 링컨 더글러스 토론에서 추구하는 핵심적인 가치는 '자유, 안전, 정의, 개인주의, 공동체, 지식, 미(美), 민주주의, 생명의 존엄, 생활의 질, 프라이버시, 자아실현' 등이며(Edwards, 2008), 가치 논제를 다루므로 용어에 대한 정의가 매우 중요하다(Phillips, Hicks & Springer, 2006). 링컨 더글러스 토론의 절차는 다음과 같다(Seth & Cherian, 2006).

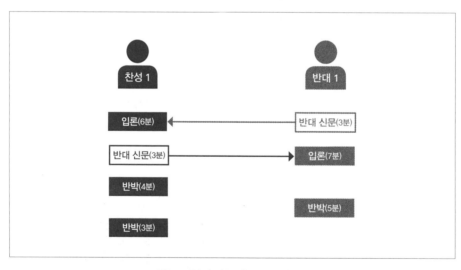

그림 2-5 링컨 더글러스 토론의 절차

팀을 구성하는 것이 아니라 1 : 1로 토론하는 것이 특징이다. 두 번째, 네 번째, 여섯 번째 순서 뒤에 준비 시간이 있으며, 한 쪽에서 사용하는 준비 시간의 총합은 3분이다. 이로 인해 설득에 대한 책임은 온전히 개인에게 부과된다. 즉, 자신이 생각한 가치가 다른 가치보다 우월함을 증명해야 한다. 반대 신문의 비중이 상대적으로 높으며 반대 측 반박이 1회 적은 것이 발언의 특징이다.

호소력 있는 연설 능력이 중요하다

링컨 더글러스 토론은 가치 논제를 다룸으로써 CEDA 토론에 비해 사실적 증거를 제시하는 정도가 상대적으로 덜하다. 로슨과 스카스(1994)에서는 CEDA 토론과 링컨 더글러스 토론의 분당 증거 제시 수를 측정하였다. 설득적으로 가장 완성도가 높은 양측의 첫 번째 입론의 평균을 분석한 결과, CEDA 토론은 32개의 증거를 사용(2.275개/분)하였고, 링컨 더글러스 토론은 25개의 증거(1.535개/분)를 사용하였다. CEDA 토론은 수사적 전략보다는 다분히 증거 의존적이며 특히 증거의 양에 의존하는 경향이 있다고 지적하였다. 그러므로 링컨 더글러스 토론은 본래 링컨과 더글러스의 정치 연설에서 유래하였듯이 치밀한 자료 조사에 의한 사실 정보의 언급보다는 호소력 있는 연설 능력이 중요하다. 물론 링컨 더글러스 토론에서도 구체적인 증거를 사용하지만 가치의 문제는 누가 최신 통계를 많이 가지고 있느냐로 결정되는 것이 아니기 때문에 자신의 신념에 대해 심판과 청중을 설득하기 위한 설득력 있는 주장이 가장 중요하게 된다.

❺ 퍼블릭 포럼 토론은 어떻게 하나요?

입문 단계 학생들이 쉽게 할 수 있도록 최근 만든 토론이다

퍼블릭 포럼 토론은 가장 최근에 생긴 토론 형식으로 2002년에 첫 전국대회가 개최되어 미국의 고등학교를 중심으로 빠르게 확산되고 있다. 원래 명칭은 '논쟁(Controversy)'이었다가 '테드 터너 토론(Ted Turner Debate)'으로 바뀌었다. 토론 형식이 CNN 뉴스 프로그램인 '크로스파이어(Crossfire)'와 비슷하여 이 프로그램의 진행자인 테드 터너의 이름을 붙였던 것이다. 2003년 11월 전미토론리

그(National Forensic League: NFL)에서 CEDA 토론, 링컨 더글러스 토론과 함께 미국 고등학교 토론의 대표 종목으로 설정하고 토론 명칭을 '퍼블릭 포럼 토론'으로 확정하였다(Edwards, 2008).

NFL에서 매달 논제를 변경하며 대회 시작 며칠이나 몇 주 전에 논제를 발표한다. '미국은 테러와의 전쟁에서 지고 있다.'와 같은 사실 논제나 '카지노의 도박을 합법화하는 손실이 이익보다 크다.'와 같은 가치 논제도 다루지만, 대부분은 사회적으로 논란이 되는 정책 논제를 다룬다. NFL에서 다룬 논제는 다음과 같다.

> 미국은 불법 체류자에게 초청 노동자 비자를 발급해야 한다. (2005. 4.)
> 처방전이 필요한 약품을 다른 나라에서 구입하는 것을 허가해야 한다. (2004. 11.)
> 학생의 적성은 표준 테스트를 통해서 평가되어야 한다. (2005. 3.)

동전 던지기로 찬반 입장과 발언 순서를 결정한다

토론 참여자는 양 측의 주장에 대한 준비를 하고 동전 던지기를 통해 찬성/반대의 입장과 발언 순서를 정하게 된다. 예를 들면 동전 던지기에서 이긴 팀이 찬성/반대의 입장을 정했다면 진 팀은 발언 순서를 정한다. 그러므로 다른 토론 유형과 달리 반대 측이 먼저 발언할 수도 있다. 주제에 대한 찬성과 반대에 초점이 있으므로 CEDA 토론에 비해 입증 책임이 덜 하다. NFL이 2009년 10월 개정한 최근 토론 형식에서는 토론 중 2분의 준비 시간이 포함된다. 토론의 절차는 그림 2-6과 같다.

반대 신문 단계에서 질문자와 응답자가 고정되지 않아 서로 질의응답을 한다

반대 신문을 'Crossfire'라고 부르는데, 다른 토론의 경우 질문자와 응답자의 역할이 정해져 있는 데 비해 퍼블릭 포럼 토론에서는 두 토론자 모두에게 발언권이 있어서 상호 질의가 가능한 것이 특징이다. '요약' 단계에서는 새로운 쟁점을 제시해서는 안 되며 자기 측에 유리한 핵심 쟁점만 정리하고 불리한 쟁점은 방어

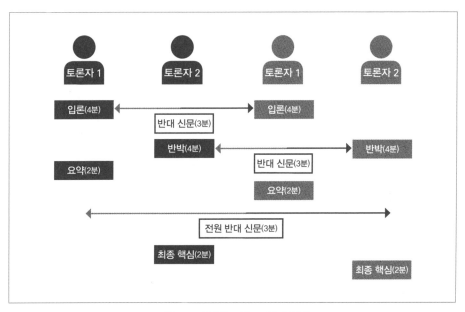

그림 2-6 퍼블릭 포럼 토론의 절차

한다. '전원 반대 신문(Grand Crossfire)'에서는 4명 모두 질의응답의 발언권을 갖는다. '최종 핵심'에서는 양측 모두 핵심 쟁점에 집중한다. 자기 팀이 토론에서 승리해야 할 이유를 설득력 있게 최종 발언한다.

일반인 대상 의사소통 능력이 중요하다

퍼블릭 포럼 토론의 경우 전문 용어를 사용하지 않고 일상적인 용어를 사용하여 일반인을 설득할 수 있는 자료 조사 능력, 근거 확보 능력, 설득적 의사소통 능력이 중요하다. 토론 단계가 다양하여 학생의 지적 호기심을 자극하는 데 용이하고, 초·중·고 학생 모두에게 적용할 수 있다. 일반인을 대상으로 한 이해가 중시되기 때문에 전문적인 정보를 빠르게 나열하는 것은 토론자의 미덕이 되지 못한다. 에드워즈(2008)에서도 CEDA 토론은 증거 중심, 연구 중심인 데 비해 퍼블릭 포럼 토론은 청중과의 의사소통이 핵심이라고 하면서 연설 능력 향상을 원한다면 퍼블릭 포럼 토론을 할 것을 권장하였다. 즉, 의사소통 능력에 중점을 둔다면 CEDA 토론보다는 이와 같은 토론 유형을 선택하는 것이 바람직하다.

2장
교육토론의 목표: 인재상

▶▶▶ 교육토론은 비판적 사고력을 기른다

논제가 제시한 문제를 해결하기 위해 논점을 잡고 이에 필요한 근거 자료를 수집하는 행위를 통해 비판적 사고력을 기를 수 있다. 토론을 잘하기 위해서는 다양한 자료에서 정보를 수집하여 증거를 찾는 사실적 읽기, 여러 정보들을 논리적으로 연결하는 추론적 읽기, 옳고 그른지를 따지며 읽는 비판적 읽기가 중요하다. 자료를 읽고 입론을 작성하고 상대 주장을 비판적으로 듣고 논증을 구성하는 모든 논증 행위의 과정은 비판적 사고력을 기르는 첩경이다. 또한 태도적 차원에서는 충돌을 통해 진리를 검증하고자 하는 진리의지를 기를 수 있으며, 모든 사안에 논증적으로 접근하려는 태도를 기를 수 있다.

▶▶▶ 교육토론은 의사소통 능력을 기른다

토론은 자신의 주장을 공적인 상황에서 제한된 시간에 설득력 있게 전달해야 하므로 의사소통 능력을 기르는 데 매우 효과적이다. 상대편을 설득하는 것이 아니라 판정단과 청중을 설득해야 하므로, 청자를 고려하여 청자의 관심사, 수준, 요구, 기존 입장 등에 따라 실시간으로 메시지를 구성하여 설득력 있게 전달하는 수사적인 기술이 필요하다. 이러한 말하기 능력뿐 아니라 자료 읽기와 쓰기, 반대 신문 장치를 통한 듣기 능력을 동시에 기를 수 있다. 태도적인 차원에서는 주어진 시간 동안 의무적으로 말해야 하므로 의사소통 불안을 극복할 수 있는 기회를 부여하며, 이러한 경험이 축적되면 말하기 효능감을 기를 수 있다. 무엇보다 자신의 신념과는 다른 입장을 옹호해 보는 직접적인 역지사지의 경험은 공감적 소통 능력을 기를 수 있는 최고의 교육적 장치이다.

▶▶▶ 교육토론은 민주 시민의 소양을 기른다

토론은 경쟁하기 위해 협력해야 하므로 협력적 상호작용 능력을 기를 수 있다. 또한 공동체의 문제에 대해 해결 방안을 마련하여 구성원들에게 설득력 있게 전달하는 능력은 리더십의 요체이다. 태도적 차원에서는 상대를 존중하며 소통하는 관용과 신뢰의 태도, 판정에 승복하는 민주적 의사결정의 자세도 기를 수 있다.

▶▶▶ 교육토론의 유형에 따라 나름의 교육적 기능을 가지고 있다

- CEDA 토론에서는 주로 정책 논제를 다루며, 토론자는 2 : 2로 토론에 참여한다. 충실한 자료 조사를 바탕으로 입론을 구성해야 하며, 반대 신문으로 상대 입론을 검증하는 단계가 중요하다.
- 칼 포퍼식 토론은 칼 포퍼의 비판적 합리주의 철학을 바탕으로 한다. 토론자는 3 : 3으로 토론에 참여하며, 상대 입론에 대한 적극적인 반박이 중요하다.
- 의회식 토론에서는 주로 정책 논제를 다룬다. 토론자는 2 : 2로 토론에 참여하며, 논제가 대회 직전에 제시되는 즉석 토론이 많아 의사소통 능력이 중요하다.
- 링컨 더글러스 토론에서는 주로 가치 논제를 다룬다. 토론자는 1 : 1로 토론에 참여하며, 가치문제를 다루므로 설득력 있는 소통 능력이 중요하다.
- 퍼블릭 포럼 토론에서는 주로 정책 논제를 다룬다. 토론자는 2 : 2로 토론에 참여하며, 일상적인 용어를 사용하여 일반인을 설득하는 소통 능력이 중요하다.

교육 목표에 맞는 토론 유형 적용하기

Q1 교육 토론 방법이 각각의 특성을 지니고 있지만 수업 시간에
학생들이 실제로 모든 유형을 경험해 보기는 힘듭니다. 어떤 것을
중점으로 가르치는 것이 좋을까요?

앞서 소개한 바와 같이 교육토론의 개별 유형은 각각의 철학을 바탕으로 나름의 교육적 지향점을 가지고 있습니다. 그럼에도 불구하고 입론, 반대 신문, 반박 등 보편 요소를 충실히 갖추고 있고, 규칙 정비가 잘 되어 있는 CEDA 토론을 하면 다른 토론에 대한 전이력이 강해 효과적입니다. 최근 자료 조사에 대한 부담이 크고 많은 정보를 빨리 말하게 되는 CEDA 토론의 단점으로 인해 퍼블릭 포럼 토론 등이 대안으로 제시되고 있지만, 기본 뼈대는 CEDA 토론이기 때문에 이것을 익힌다면 다른 토론도 어렵지 않게 할 수 있습니다. 물론 여러 면에서 입문자에게 적합하게 설계된 퍼블릭 포럼 토론을 먼저 하고 자료 조사 부담이 큰 CEDA 토론을 순차적으로 하는 순서도 권장할 만합니다.

Q2 토론이 엘리트 지도자를 양성하는 목표를 가지고 있다면 어린
학생들과는 어떤 관계가 있나요?

엘리트나 지도자란 말을 들으면 대부분 대통령이나 기업의 CEO 등을 떠올립니다. 리더는 거대한 정부 조직의 수장이나 대기업의 총수만을 의미하지 않습니다. 초등학생의 모둠에도 리더가 있고, 고등학교 학생회에도 리더가 있습니다. 대학생이 되거나 입사를 해서도 크고 작은 공동체에 속하게 되며, 여기에는 여러

리더가 있기 마련입니다. 또한 리더는 한 명이더라도 리더십은 구성원 모두가 공유하는 것입니다. 가정에 가장이 한 명이더라도 아버지로서의 리더십과 어머니로서의 리더십이 따로 존재합니다. 즉, 리더와 리더십은 다른 것입니다. 미래를 짊어질 어린 학생들은 리더가 되어 주도적으로 집단을 이끌든 구성원으로서 이에 협력하든 모두 리더십이라는 소양을 필수적으로 갖추어야 합니다. 리더십은 혼자 책을 많이 읽거나 방학 때 캠프에 참여하는 것보다는 구성원이 실제 협력하고 공동체가 처한 문제를 해결하기 위해 고민하고 소통하는 경험을 통해 길러집니다. 교육토론은 이러한 리더십을 기르는 최적의 교육 프로그램입니다.

Q3 토론을 준비하는 과정에서 교사는 어떤 역할을 해야 하나요?

토론을 준비할 때 교사가 학생들에게 구체적인 피드백을 제공하며 적극적으로 개입하면 자칫 교사의 생각이 답이라는 인식을 갖게 할 것 같고, 한편으로는 교사가 피드백을 전혀 제공하지 않고 학생들에게 모든 결정권을 주면 토론의 논의 흐름이 엉뚱하게 흐를 것 같아 걱정이 될 수 있습니다. 토론을 준비할 때 교사의 역할 중 가장 핵심적인 것은 토론 논제를 설정하고, 토론 규칙과 절차 등 방법을 설명하는 것입니다. 물론 이 방법에 입론 구성 방법, 반박 방법, 반대 신문 방법 등이 포함됩니다. 이러한 일련의 과정을 모두 지도하고 토론하는 것이 좋을 수도 있지만, 일단 익숙한 논제로 실제 토론을 하면서 필요한 부분을 지도하는 것이 더욱 효과적입니다. 교사들 중에는 이러한 토론 준비 과정이 복잡하고 지난하다고 여겨 교육토론을 꺼리는 경우가 있는데, 일단 학생들이 토론에 참여하면 스스로 재미를 느껴 막상 토론을 지도하는 데 커다란 어려움을 느끼지 않으실 겁니다.

Q4 토론에 참여하지 않는 나머지 학생들은 토론을 보고 어느 팀의 주장이 설득력 있는지를 판단하는 것 외에 혹시 다른 역할이 있나요?

1장에서도 소개했듯이 한 교실에서 모둠별로 동시에 토론을 해도 됩니다. 이 경우 다소 소란스러울 수 있지만 모든 학생이 토론에 참여할 수 있습니다. 혹은 청중 역할을 맡은 학생들이 토론자에게 질의응답을 하는 시간을 부여하거나, 찬반 투표를 하고 토론자에게 줄 피드백을 메모하게 할 수도 있습니다. 학생들의 적성이나 진로에 따라 언론 보도 팀을 꾸려 토론 내용을 신문기사로 만들거나 방송영상으로 제작할 수도 있고, 문집으로 편집할 수도 있습니다. 그림을 잘 그리는 학생은 이를 웹툰이나 만평처럼 시사적인 메시지를 담은 그림으로 그릴 수 있고, 음악을 잘 하는 학생은 랩 가사를 쓸 수도 있습니다.

Q5 토론이 팽팽하게 진행되어 승패 판정을 결정짓기가 어려울 경우에도 승자와 패자를 가려야 하나요?

많은 선생님들이 토론 판정이나 평가에 어려움을 호소합니다. 사실 토론 판정도 학생들로 구성된 판정단을 운용하면 교사의 부담을 덜 수 있습니다. 교사를 설득하는 것보다 또래 학생들에게 설득력 있게 자신의 주장을 전달하는 것이 더욱 효과적이라는 관점에서 보면, 판정이 다소 미숙하더라도 동료 판정단이 토론의 승패를 결정하는 것이 교육적으로 적합하기도 합니다.

또한 많은 분들이 토론을 마친 후에 교사가 마지막에 정리를 해야 한다는 강박을 호소합니다. 교육을 하는 입장에서는 교육적 경험이 제공된 후, 무엇인가 의미를 되새기고 교훈점을 강조하고 싶을 것 같습니다. 하지만 학생들끼리 수업 시간 동안 집중해서 전력을 다해 토론에 임한 경험으로 충분하다고 생각하셔도 좋습니다. 축구 경기에 비유하면 전후반 45분 동안 재미있게 축구를 마친 양 팀을 불러 세워 전후반 경기 장면을 복기하면서 교훈을 설명하는 것과 같습니다. 이미 학생들은 교육토론을 준비하고 또 실제 토론에 참여하면서 각자의 역할에 따라 충분한 경험을 통해 필요한 지식과 기능을 학습하고 태도를 지니게 되었습니다. 필요하다면 반드시 언급할 점만 간단하게 짚고 토론 수업을 마치면 됩니다.

토론 지도에 대한 지식과 경험이 부족하여 학생들의 토론을 평가하고 피드백을 하는 데 어려움을 느낀다는 말씀도 많이 듣습니다. 물론 교원양성기관에서 토론 교육에 대한 교육과정이 편성되어 토론 지도 능력을 체계적으로 신장하고, 현직에서도 다양한 연수 과정을 통해 토론 지도와 평가에 대한 능력을 기를 수 있으면 가장 이상적일 것 같습니다. 그러나 학교 현장의 교단에 서 계신 모든 선생님들은 교과와 무관하게 학생들의 토론을 지켜본 후 잘한 점과 개선이 필요한 점을 별도의 연수 없이도 짚어 낼 수 있는 충분한 실력을 이미 보유하고 있을 것입니다. 불필요한 두려움을 떨치고 자신이 맡은 학생들의 토론을 직접 지도하면, 학생들은 토론 능력이 신장되고 교사는 토론 지도 능력이 신장되는 교학상장(教學相長)의 경험을 어렵지 않게 느끼실 수 있을 겁니다.

3

교육토론에서 태도의 문제

인신공격

"토론은 싸움이고
싸움의 대상은 상대 아닌가요?"

이| 장의 교정을 도운 한 대학생은 다음과 같은 의견을 적어 보냈다.

> 실제로 저는 학창 시절에 토론 교육을 제대로 받아보지 못했습니다. 그런데도 선생님은 주제만 주고 토론을 하라고 했습니다. 저는 텔레비전 방송 토론만 보고 토론 교육을 받은 셈이었기 때문에, 정말 심한 말들을 제외하고 거기서 나오는 말들이 인신공격인지 모르고 있었고, '토론은 싸움'이라고만 생각했습니다. 그래서 교묘하게 상대방을 비꼬면서 자신의 우위를 보여 주는 사람이 토론을 잘하는 것이라고 착각하였습니다. 토론을 할 때도 토론의 본질적인 목적을 알지 못하고, '상대편은 적'이라고만 생각하고 무조건 이기기 위해 노력했습니다. 이번 단원을 읽으면서 제일 인상 깊었던 부분이 "토론을 교육할 때는 토론의 본질적인 기능이 진리 검증이라는 것과, 설득 대상이 상대가 아니라 청중이라는 것을 지도해야 한다."라는 것이었습니다.

학교 현장에서 교육토론이 비판을 받는 대목이 여실히 담겨 있다. 대립 구도 속에서 승리를 목적으로 경쟁적인 말하기를 할 때 상대를 공격하는 발언이 자연스럽게 묻어나기 마련이다. 특히 논증 훈련이 부족하거나 감정 조절이 미숙할수록 이러한 경향이 더 크기 마련이다. 상대 토론자에게 공격적인 언사를 하면 한 사람도 그렇고 이 말을 들은 사람도 그렇고 토론을 마친 후 마음에 불편한 감정이 남는다. 서로 불편한 감정을 느끼는 학생들의 표정을 너무나도 정확하게 감지하는 선생님들은 비경쟁 토론을 찾아봐야겠다는 결심을 굳힌다. 조화와 관계를 중시하는 우리나라에서 대립 구도의 토론 문화가 정착하기 어려운 이유이다.

또한 '토론에서 인신공격은 상대를 논박하는 전략적인 장치이다.'라는 의식을 갖고 있는 사람도 있다. 이 생각은 토론에서 인신공격 발언은 자연스럽고 정상적이며 경우에 따라 논박의 효과를 높이므로 전략적으로 선택해서 사용할 수 있다는 전제를 담고 있다. 특히 선거 방송 토론은 그러한 경우에 해당한다. 하지만 일반적인 교육토론에서 인신공격은 토론의 본질을 훼손하는 치명적인 역기능을 유발한다. 3장에서는 인신공격 발언의 양상과 개선 방안에 대해 알아보고자 한다.

01

토론 인신공격 발언의 속성

① **토론에서 인신공격 발언이 어떤 문제를 야기하나요?**

토론은 공동체가 직면한 문제에 대해 공론장을 제공해야 한다

토론은 사회 공동체가 처한 문제에 대해 사실관계를 확정하고 옳고 그름을 치열하게 검증해야 한다. 이러한 과정을 통해 정책 행위에 대한 상호 이해의 폭을 넓히고, 바람직한 정책 방향을 설정하는 데 기여해야 할 책무성을 지닌다. 이분법적으로 선과 악을 구분할 수 없는 미래의 정책 행위에 대해 양측이 치열한 검증을 할 때 기본적으로 전제해야 할 태도는 상대에 대한 존중이다. 여러 면에서 장단점을 갖는 정책의 시행에 대해 흑백 논리의 독선적 자세와 자기 입장 고수의 태도로는 토론의 순기능을 발휘할 수 없으므로, 최종 판단은 청중에게 맡긴 채 자신의 의견이 완벽하다는 생각을 내려놓고 서로의 의견을 경청하며 논의를 전개해야 한다.

인신공격 발언은 토론의 공론장 기능을 훼손한다

토론에서 인신공격 발언은 정상적인 논박의 과정에서 자연스럽게 묻어나며 발언의 분량도 많지 않아 명확하게 구분하기 쉽지 않다. 또한 상대 토론자와 경쟁적 대화 구도에서 비교우위를 입증하기 위한 전략적 장치로 여겨지거나 심지어는 상대의 억지 주장을 차단해야 하므로 필요악으로 인식되기도 한다. 이렇듯 전체 발언에서 차지하는 비중이 미미하고 정상적인 토론 발화에 전략적 장치로 둔갑하여 묻어나지만 토론이 사회의 공론장 기능을 하는 데 심각한 피해를 야기하는 인신공격 발언에 주목할 필요가 있다.

토론의 본질인 대립성에 따라 토론에서도 양측의 의사소통 구도는 대립적으로 설정되며, 주장과 이에 대한 논박이 전체 의사소통에서 커다란 비중을 차지한다. 논박에는 당연히 '공격성'이 내재되어 있다. 정상적인 논박의 경우 공격의 대상은 상대 토론자가 아니라 상대 토론자의 발언에 담긴 거짓과 오류이다. 충돌을 통해 진리를 검증하는 토론의 속성에 따라 의견의 충돌 장면에서 자연스럽게 공격 양상이 발생한다. 토론자가 상대의 주장을 반박하지 않는 것은 의사소통 계약을 위반하는 것이며 토론자의 지위를 포기하는 것이다(김진무, 2009: 46). 즉, 논박이 없는 토론은 본질적 기능을 수행하는 데 결정적 한계를 갖는다.

하지만 인신공격 발언은 상대를 공론장의 파트너의 위치에서 밀어내어 논리의 대립을 통한 검증의 기능이 작동할 수 없도록 만든다. 김현주(2005: 76-77)에서도 일상의 토론 문화 부재가 방송의 토론 프로그램에 거의 그대로 복제되어 나타난다며, 대화의 순서를 무시하고 남의 발언 가로채기, 인신공격성 발언하기, 상대의 말은 듣지 않고 자기주장만 고수하기 등 합리적 공론장의 모습을 찾아보기 어렵다고 비판하였다.

❷ 인신공격 발언의 공격 대상은 어떻게 구분하나요?

공격 목표가 상대 토론자에게 귀착되어야 한다

토론에서 인신공격 발언은 문자 그대로 상대 토론자인 사람을 공격하는 발언이다. 이때 공격의 의미는 상대를 무시, 비하, 조롱하여 상대의 공적 이미지나 자존심에 상처를 주는 행위를 의미한다. 인신공격 발언의 공격 대상인 상대 토론자는 세 가지로 구분된다. 첫째는 상대 토론자의 성격, 사상, 인식 등 개인 내적 속성, 둘째는 개인 내적 속성이 밖으로 표출된 언행, 셋째는 상대 토론자가 속한 집단의 사상 및 과거 행위 등이다. 간단하게 정리하면 상대 토론자, 상대 토론자의 발언, 상대 토론자의 소속 집단으로 구분된다(김관규·김춘식, 2008: 58; 이금진, 2010: 65-66).

❸ 인신공격 발언을 구분하는 다른 기준은 무엇인가요?

공격적인 성격의 발언을 구분하는 기준으로 중요한 것은 공격 발언의 근거 유무이다. 김연종(2009: 265)에서는 베노이트와 웰스(Benoit & Wells, 1996)의 구분을 준용하여 토론 대화를 주장, 공격, 방어로 구분하고, 공격의 세부 유형으로 사실이나 근거를 제시하여 객관적으로 상대방을 공격하는 '사실적 공격', 이념적·시각적 차이를 강조하거나 감정적으로 상대방을 평가하는 '주관적 공격', 객관적 사실에 근거하지 않은 중상에 가까운 표현인 '비방'으로 분류하였다.

이금진(2010: 41)에서도 근거의 유무를 기준으로 상대 토론자의 주장을 논리적 근거나 이유를 가지고 공격하는 '근거에 기반을 둔 책략'과 그렇지 않은 '근거에 기반을 두지 않은 책략'으로 대별하였다. 이 중 근거에 기반을 두지 않은 책략은 '비난하기, 비꼬기, 유감 표명하기, 우기기'로 분류하였다.

- 비난하기: 상대방의 결점이나 잘못을 발견하여 공격자 자신의 감정을 여과 없이 표출함으로써 상대방에게 정신적인 충격이나 상처를 주고자 하는 것.
- 비꼬기: 공격 대상자의 주장이나 논리가 잘못되었음을 나타내기 위하여 논리를 공격하는 대신 감정적인 도발을 일으키는 것.
- 유감 표명하기: 토론 참여자가 자신의 논리가 가진 정당성에 대하여 상대 토론 참여자나 청중이 알아주지 않는 데에 대한 섭섭함을 토로하는 것.
- 우기기: 적절한 근거 없이 무조건적으로 자신의 논리의 정당성만을 주장하는 것.

김연종의 공격 발언의 구분에서 사실이나 근거를 제시하여 객관적으로 상대방을 공격하는 '사실적 공격'은 상대의 논리를 검증하기 위한 것이므로 앞서 논의한 토론의 순기능에 속하여 여기에서 논의하는 인신공격 발언의 범위에 속하지 않는다. 감정적으로 상대를 평가하는 '주관적 공격'과 객관적 사실에 근거하지 않는 '비방'이 인신공격 발언에 해당한다. 이금진의 구분에서는 '근거에 기반을 두지 않은 책략' 중 '유감 표명하기'와 '우기기'는 공격의 귀착점이 상대 토론자에게 있다고 보기 어려우므로 '비난하기'와 '비꼬기'가 직접적인 인신공격 발언에 해당

한다고 볼 수 있다.

　선행 연구의 논의를 종합하여, 토론의 역기능으로 작용하는 문제적 발언으로 상정한 인신공격 발언을 정의하면 다음과 같다. 토론 대화에서 인신공격 발언이란 '사실적 근거에 대한 기반 없이 상대 토론자, 상대 토론자의 발언, 상대 토론자의 소속 집단을 언급하여 상대 토론자를 비난하는 행위'를 의미한다. 여기에서는 주로 정책이나 시사적인 현안을 다룬 토론에 초점을 두었다. 선거 토론의 경우에는 선거 후보 당사자나 정책에 대한 공적 이미지를 훼손하는 공격 행위가 주요 전략으로 사용되므로 여기에서의 논의와는 차별성을 갖는다.

❹ 방송 토론에서는 왜 인신공격 발언이 많이 나오나요?

방송 토론의 경우 인신공격 양상이 두드러진다

　방송 토론은 응용 토론의 일종으로서 방청객을 포함한 토론 참여자 외에도 시청자라는 보이지 않는 참여자가 존재하기에 이중의 소통 구도를 갖는다. 또한 방송 프로그램의 특성상 흥미나 시청률 등 토론 외적 변인의 영향도 받는다. 방송 토론에서 토론자의 상호 논박은 살아 있는 논박을 보기 원하는 시청자의 시청 동기와 관련이 있으며 토론의 흥미와 긴장감을 높여 토론 구성에 중요한 역할을 한다(강태완, 2002).

　하지만 정상적인 주장과 논박의 소통 과정에서 서로를 비방하며 공격하는 장면에 대해서는 지속적으로 문제가 제기되었다. 특히 방송 토론에서 이러한 양상이 많이 노출되었다. 방송 토론에서 상대의 체면을 손상하는 사회자의 발언을 분석한 김병길(2004: 209)에서는 토론 상대의 체면을 손상하는 말은 상대의 성격을 비난하거나 상대의 품위를 손상하거나 상대의 능력을 무시하는 것으로, 방송 언어의 공손성을 저해한다고 규정하고 다음과 같은 사례를 제시하였다.

(1) 그런데 경찰이 부르면 안 떨리세요? 강심장이신 것 같네요.

(2) 오늘 말씀을 못하셨기 때문에 주제가 사실은 허 박사님하고 다른
주제였습니다.

김지연(2014: 112-116)에서는 토론 중 서로 갈등을 조정하는 과정에서 상대 토론자의 공적 이미지를 위협하는 체면 위협 행위가 '말차례 뺏기 전략'과 '화제 변화 전략'에 의해 나타남을 분석하였다. 상대를 모욕하거나 지위를 폄하한다고 제시한 사례는 다음과 같다.

(3) 그것도 오류예요. 자꾸 왜 방송에서 오류를 얘기하면 안 되는 게.

(4) 그렇게 해서 어떻게 변호사 되셨어요?

(5) 그 80조 그거부터 허위 산수입니다. 초등학교 때부터 산수 제대로 하면
80조란 말 안 나와요. 자꾸 그렇게 선동하는 얘기를 하면 안 되죠.

이은희(2011: 169-171)에서는 주로 말차례 뺏기라는 언어 현상에 주목하였다. 토론에서는 상대 토론자의 의견을 논박하기 위한 의도에서 말차례 뺏기 현상이 일어나는데, 이는 경쟁적 대화에서 상대를 반박하는 가장 핵심적인 현상이라고 하였다. 그러면서 다음 토론자4의 발언을 말차례 뺏기 현상으로 보고 표면상으로는 요청을 목적으로 발화하였지만 실제 언어 행위는 반박임을 설명하였다.

(토론자2) 정보화 시대 유비쿼터스 시대의 역설 중의 하나가 도리어
대도시로 집중이 되고 세계화가 되면서 대도시 경쟁력이 더
중요해지는 시기가 어, 되거든요.

(토론자4) 교수님, 주장만 하지 마시고 근거를 좀 제시해 주십시오,
학자시니까.

이러한 양상에 대해 강태완(2002: 9-10)에서는 '토론이 아니라 말싸움', '말의 과잉을 통한 무의미한 소음 생산의 도구화'라고 비판하며 토론의 질을 논리와 논증의 대결로 설정하여 평가할 틀을 마련해야 한다고 주장하였다. 김현주(2005: 76-77)에서도 토론 참가자들이 사실 또는 의견에 대한 검증이나 반박을 통해 합의에 도달하기보다는 특정 사실 또는 의견을 일방적으로 제시하는 데 그친다며, 실질적인 토론 과정은 사라지고 프로그램 전반에 걸쳐서 토론의 형식만이 남았다고 비판하였다. 임칠성(2011: 115)에서도 방송 토론의 소통 방식으로 인해 토론을 말싸움의 장으로 이해하게 하여 우리 사회에 막대한 악영향을 끼치고 있다고 비판하였다.

이러한 지적에도 불구하고 방송 토론의 인신공격 현상은 지속되어 방송통신심의위원회의 '방송심의에 관한 규정' 중 '방송통신심의위원회규칙 제113호'(2015. 10. 15. 일부 개정)에서 형평성, 균형성, 공정성을 중요한 요건으로 제시하였으며, 2014년에는 상대 토론자에 대한 조롱과 희화화를 금지하는 규정을 신설하였다. 이는 방송 토론에서 상대에 대한 공격과 비방을 심각한 문제로 인식했기 때문으로 판단된다.

제2장 일반기준 제1절 공정성

제13조(대담·토론프로그램 등)

① 대담·토론프로그램 및 이와 유사한 형식을 사용한 시사프로그램에서의 진행은 형평성·균형성·공정성을 유지하여야 한다. (2014. 1. 9. 개정)

⑤ 대담·토론프로그램 및 이와 유사한 형식을 사용한 시사프로그램에 서의 진행자 또는 출연자는 타인(자연인과 법인, 기타 단체를 포함한다. 이하 같다)을 조롱 또는 희화화하여서는 아니 된다. (2014. 1. 9. 신설)

방송 토론은 토론 교육에도 부작용을 야기하고 있다. 방송 토론은 초등학교부터 대학교에 이르기까지 가장 실제성이 높은 토론 교육 자료가 된다. 김혜련·이남주(2009: 7)에서는 방송 토론이 국어교육의 생생한 메타적 교재로서 기능할 수 있으며, 비판적 사고를 함양하는 데에도 효과적임을 주장하였다. 하지만 방송 토론을 교육적으로 적용하는 차원에는 순기능과 더불어 역기능도 적지 않다. 토론을 지도하는 교사들은 접근의 용이성 때문에 방송 토론을 교육용 영상 자료로 사용하지만, 방송 토론이 마치 말싸움을 중계하는 것 같아 학습자에게 좋지 않은 영향을 미치는 경우가 많아서 교육 목적을 달성하기에는 매우 제한적인 측면이 크다고 한다. 김주환(2009: 27)에서도 합리적 토론 문화의 정착을 위해 방송을 통해서 진정한 의미의 토론 프로그램을 다양하게 선보여야 할 뿐만 아니라 학교에서도 내실 있는 토론 교육을 통해서 미래의 민주 시민을 길러 나가도록 해야 한다고 주장하였다.

토론 인신공격 발언의 양상

토론에서 인신공격 발언은 언어 표현의 형식에서 명시적으로 드러나는 공격 대상을 일차적 기준으로 사용하여 분류할 수 있다. 발언자를 직접 언급한 경우인 '상대 토론자를 직접 언급하여 상대를 비난한 발언', 발언 내용을 메타적으로 언급한 경우인 '상대 토론자의 발언을 언급하여 상대를 비난한 발언', 소속 집단을 언급한 경우인 '상대 토론자의 소속 집단을 언급하여 상대를 비난한 발언'으로 범주화된다.

이차적으로는 발언자의 공격 의도를 기준으로 분류할 수 있다. 언어 표현의 형식이나 공격의 내용에 대한 기준보다 발언자의 공격 의도에 따른 분류가 개선 방안을 마련하여 교육 내용으로 제시하는 데 유용하다. 왜냐하면 단순하게 비난 조의 부정적 표현에 대한 사용을 삼가라는 언어 순화 차원의 개선 방안보다는 발언자의 의도에 따라 해당 표현을 토론의 본질에 부합하게 순기능으로 전환하는 방향으로 제시할 수 있기 때문이다.

❶ 상대 토론자를 직접 언급하며 비난한 경우는?

상대 토론자인 사람을 공격 목표로 직접 언급한 인신공격 발언은 발언자의 사고방식이나 인식 등을 비난한 경우, 상대 토론자의 전문성을 의심하는 경우, 공정성을 의심하여 편향되어 있다고 단정하는 경우로 구분된다.

당신은 사고방식에 문제가 있다

상대 토론자의 사고방식에 대해서 상대를 직접 언급하면서 (1)에서는 사고 구조가 의심스럽다는 표현을, (2)에서는 인식에 문제가 있다는 표현을 사용하며 상대 토론자를 공격하였다.

> (1) 찬성 측 토론자의 사고 구조가 좀 의심스럽습니다. 여기서 에너지 얘기가 나올 데가 아니고요.
> (2) 찬성 측 토론자는 지금 무엇이 문제인지 인식조차 못하고 있어요.

상대 토론자와 대립하는 의견이 있는 것은 토론의 기본적인 성립 요건이다. 상대와 자신의 생각 차이를 인정하지 않고, 상대 토론자를 주어로 하여 "당신은 어떠하다."와 같은 평가적 발언을 하는 것은 변증법적 대화로 진리를 검증하는 토론의 본질에서 벗어난 것이다. 상대 토론자를 직접 언급하는 이러한 인신공격 발언은 상대 토론자에게 강한 불쾌감을 유발하여 상호 비방하는 말싸움의 소지가 될 수 있다.

당신은 전문성이 부족하다

상대 토론자의 전문성에 대해서 (3)에서는 북한 전문가가 아니라는 단정적인 표현을 사용하여 상대의 공신력을 부정하였다. (4)에서는 상대 토론자의 경험의 부재를 지적하였고, (5)와 (6)에서는 상대의 전공 분야를 언급함으로써 사안에 대한 전문성의 부족을 공격하였다. 특히 자신의 면접 경험 횟수나 전공 분야를 상대와 비교하여 논증 자체의 우위보다 경험이나 전공 적합성의 비교우위를 강조하였다.

> (3) 토론자님은 북한 전문가는 아니라는 생각이 듭니다.
>
> (4) 제가 알기로 백 교수님은 단 한 번도 로스쿨 면접 위원으로 가 보신 적은
> 없을 겁니다. 저는 네 번이나 갔습니다.
>
> (5) 지금 고용 효과라고 하셨나요? 경제학 전공하셨어요?
>
> (6) 박 교수님은 학과를 바꾸셔야 할 것 같아요. 원자력에 대해서 너무나
> 잘못 알고 계시네요.

이러한 사례의 경우 토론자는 상대 토론자의 공신력을 훼손하여 발언 효과를 무력화하려는 전략적 차원의 의도가 있을 수 있다. 하지만 상대 토론자의 지위, 경험, 전공, 경력 등을 근거로 하여 발언 내용에 문제가 있다는 논리를 펴는 것은 토론을 보는 사람들에게 왜곡된 정보를 제공할 소지가 있다. 또한 해당 세부 쟁점에 대한 정보가 부족함을 지적하는 것일 수도 있지만 토론 논제 전반에 대해 "당신은 북한 전문가가 아니다."와 같은 방식으로 상대의 전문성을 일축하는 것은 바람직하지 않다. 물론 선거 토론에서는 후보자 자체가 검증의 대상이므로 그 사람의 경력과 과거의 언행까지 모두 논평할 수 있지만, 시사적인 쟁점을 다루기 위해 각계 전문가를 초빙한 토론에서는 토론자의 개인적 속성을 근거로 상대 논증을 무력화하려는 시도는 인신공격의 오류(*ad hominem*)로 판단할 수 있다.

당신은 편향적이다

상대 토론자의 편향성에 대해서 (7)에서는 북한을 신뢰하고 있다며 이념적 편향성을 공격하고 있다. (8)에서는 혼자 애국자처럼 군다며 역시 편향적임을 언급하고 있다.

> (7) 우리 국민들께서는 북한을 믿지 못하고 계십니다. 근데 우리 홍
> 의원님께서는 북한을 굉장히 신뢰하고 계시는 것 같아요.

(8) 양 위원 혼자만 애국자인 것처럼 이야기하지 마세요, 우리도 잘 알고 있습니다.

이러한 사례와 같이 현재 논의되는 해당 쟁점에 대해 객관적인 근거가 아니라 상대의 편향성을 특정하여 일축해 버리면 논리의 우위를 입증해야 하는 토론의 기본 규칙을 위반하는 것이다. 이렇듯 "당신은 어떠하다."라며 편 가르기를 하면 토론 전반에 대해 상대의 발언 의도를 의심하게 하는 매우 심각한 역기능을 초래하게 된다.

② 상대 토론자의 발언을 언급하며 비난한 경우는?

상대 토론자의 발언을 통해 상대를 비난한 경우는 토론 정보에 대한 이해의 부족을 문제 삼은 경우, 부적절한 발언 태도를 지적하는 경우, 발언의 비논리성을 주관적인 감정을 실어 비하하거나 조롱한 경우로 구분된다.

당신은 잘 모르고 있다

상대의 발언 내용 중 구체적인 근거를 제시하지 못하거나 정보가 부정확한 경우 이를 공격의 대상으로 삼은 사례이다. (1)의 '조금 더 자세히 읽어 보시기 바랍니다.'라든가 (2)의 '정확하게 좀 알고, 제발 팩트에 근거를 해서' 등의 발언에서는 짜증을 내는 듯한 감정이 섞인 언어 표현을 사용하였다.

(1) 현대경제연구원의 자료에 대해서는 조금 더 자세히 읽어 보시기 바랍니다. 보시면 현대경제연구원이 만든 자료가 그냥 뽑은 수치가 아니고 권익위원회에서 만든 수치를 인용한 거예요.

(2) 보험 부분은 정확하게 좀 알고… 제발 팩트에 근거를 해서 말씀을 좀 해 주세요.

(3) 지금 안전 관리 규정을 너무 모르시는 것 같아요.

　

토론에서 상대의 발언에 근거가 없거나 정보가 부정확할 경우 이를 논박하는 것은 마땅한 일이며 토론자에게 주어진 임무이다. 근거의 정확성이나 충분성을 문제 삼을 때 정상적인 반대 신문 발언처럼 자료 출처의 신뢰성이나 근거의 타당성 등을 질문을 통해 오류나 허점을 확인하면 된다. 위의 사례의 경우 '조금 더 자세히, 정확하게 좀 알고, 제발' 등은 상대 토론자를 대등한 파트너가 아니라 마치 어린아이를 대하는 것처럼 여기는 표현으로, 상대의 자존감에 상처를 줄 소지가 있다.

당신은 발언 태도가 부적절하다

상상대 토론자의 발언 태도를 공격하는 경우도 있다. (4)~(6)의 사례는 핑계를 대거나 말을 돌리거나 고집을 부리는 등 상대 토론자의 비정상적인 발언 태도로 인해 정상적인 토론 진행에 문제가 있음을 지적하고 있다.

　

(4) 자꾸 그렇게 핑계대지 마시고요.

(5) 계속 그렇게 말 돌리지 마시고요. 그렇게 고집부리지 마십시오.

(6) 지금 하시는 말씀 굉장히 오만하신 말씀입니다. 감히 그런 말씀 하실 수가 없습니다.

　

또한 (4)와 (5)를 보면 '~하지 마시고요'라는 표현을 사용하여 상대의 토론 태도에 대해 불만 사항을 시정하라고 강요하여 상대에게 심리적 부담을 주고 있다. 이러한 비난성 발언은 심판이나 청중 등 토론의 외부 참여자에게 상대 토론자의 발언이 토론 전개에 미치는 부정적 영향을 인식하게 하여 자신의 논증이 더욱 강력함을 부각하고자 하는 의도에서 기인한 것으로 추정된다. 물론 상대 토론자의 부적절한 발언에 대해 불쾌감을 느낄 수 있고, 이를 언급하여 정상적인 토론을 하고자 하는 의도를 드러내고자 하는 마음을 가질 수 있다. 하지만 이러한 부적절한 언행을 지적하고 바로잡을 책임은 토론의 진행을 맡은 사회자에게 있다. 상대의 토론 태도에 대해 부정적인 감정을 실어 비난하고 시정을 강요하는 것은 상대의 체면을 위협할 뿐더러 토론 파트너가 할 발언의 수위를 넘어선 것이다.

당신은 논리적이지 않다

상대 토론자의 논증이 타당하지 않음을 지적하는 것은 반드시 필요한 일이다. 상대의 주장이 이치에 맞는지, 근거가 주장을 뒷받침하는 데 적절한지는 엄정하게 점검해야 한다. 하지만 (7)~(9)의 경우는 상대의 논증을 언급하고는 있지만 언어 표현 차원에서 상대에 대한 비난이 상당 부분 담겨 있다.

> (7) 지금 기업의 자금 사용에 대해서 아무런 생각 없이 말씀하시는 거예요.
> (8) 말이 되는 말을 해야 안 끼어들죠. 말이 되는 비유를 하셔야죠.
> (9) 여러 가지 쟁점들을 논리를 비약하면서 많이 들어 주셨습니다.

(7)에서는 상대 토론자가 아무런 생각 없이 말한다고, (8)에서는 말도 안 되는 말을 한다고 직접적으로 비난하고 있다. (9)에서는 상대가 제시한 논증들을 논리의 비약이라고 일축하였다.

특히 다음 (10)~(12)의 사례는 상대 토론자의 논증을 공격하는 것처럼 보이지만 상대의 발언을 비아냥거리는 태도로 조롱하는 언어 표현을 사용하고 있다. 이는 이금진(2010: 41)에서 말한 근거 없는 책략 중 '비꼬기'에 해당한다.

> (10) 토론자님이 사람이 너무 좋으셔가지고 되게 낭만적으로 늘 말씀을 하셔요.
>
> (11) 그거는요, 초등학교 교과서에나 나올 내용을 이야기하시는 거예요.
>
> (12) 토론자께서 잘 나가다가 엉뚱하게 빠진 게, 의견이 좁혀질 줄 알았는데 실망스럽습니다.

상대 토론자의 논증에 대해 타당성을 논박하는 것 자체는 토론 과정에서 필수적이다. 하지만 이와 같이 상대를 조롱하는 언어 표현을 사용하는 것은 상대 토론자를 존중하는 태도가 아니다.

❸ 상대 토론자의 소속 집단을 언급하며 비난한 경우는?

공격 대상자가 속한 집단에 대한 공격성 발언으로는 상대의 소속 집단에 문제가 있으므로 그 집단에 속한 상대 토론자에게도 문제가 있다는 식으로 상대 토론자와 그가 속한 집단을 동일시한 경우가 있다.

당신의 소속 집단에 문제가 있다

> (1) ○○○당도 좀 중재해 보십시오. 탄압만 하지 마시고. ○○○당이 그렇게 평화 집회를 원한다면 차벽 세우겠다고 하지 말고 인간벽 세우겠다고 해야죠.
>
> (2) 저는 사실 이런 논란이 제기된 건 특정 집단의 이기주의 때문이라고 생각합니다. … 지금 현재 나 변호사님도 4년 만에 서울지방변호사회 회장이 됐어요. … 자기들의 기득권 유지하기 위해서 변호사회를

> 유지해야 하는데 로스쿨과 사시제도 대립을 강조해야 합니다.
>
> (3) 두 분 말씀이 참, 너무, 원자력 공학자인지 의심스러운데, 이거 사업자가
>   뒤에서 도와주는 것인지. 죄송합니다. 그거 아니겠지만.

(1)에서는 상대 토론자가 속한 정당의 문제를 상대 토론자와 동일시하고 있다. (2)에서는 상대 토론자가 변호사회 회장이므로 기득권 유지를 위해 특정 주장을 펼치고 있다고 비난하고 있다. 이 경우는 상대 토론자의 논증 자체를 문제 삼기보다 상대가 속한 집단의 이익을 대변하는 것으로 몰아서 상대를 공격하고 있다. (3)에서는 원자력 발전 중단을 재고해야 한다는 원자력 공학자들에게 사업자들이 물질적 후원을 하고 있는지 의심스럽다며 인신공격을 하고 있다. (2)와 (3)은 모두 상대 토론자가 속한 집단이 부도덕함을 지적하여 틀리다고 일축한 경우인데, 상대 토론자 입장에서는 정상적인 논증으로는 반론을 펼치기 어렵게 된다.

이는 '우물에 독 풀기 오류'에 해당한다. "너 빨갱이지?", "너 전교조지?" 하면서 해당 집단을 싸잡아서 말을 들어볼 필요조차 없다고 상대 발언을 일축할 경우, 논증을 통한 정상적인 반론이 불가능하다. 이러한 표현은 인신공격일 뿐더러 정상적인 전제에서 결론을 도출하는 것이 아니라 소속 집단의 부도덕성을 전제로 하여 논제와 관련 없는 결론을 도출하였으므로 올바른 논증이라고 볼 수 없다(최훈, 2010: 214-215).

당신의 소속 집단 구성원에 문제가 있다

> (4) 이 말 안 하려고 했는데 국민들이 이해하기 편하게 지금 야당의
>   오합지졸은 당 대표 책임이 가장 큰 거예요. … 마저 할게요. 나는
>   야당이 지금 중재한다는 것도 정말 말이 안 된다고 생각하는 게 야당
>   내분이나 먼저 해결하세요.

(5) 그래서 많은 국민들께서 의혹의 눈초리를 보내는 겁니다. 오늘
　　○의원께서 발언하신 게, 지금 북한의 입장을 똑같이 이야기하고 계시는
　　거죠. 왜 그러는 건지 <u>우리 의원님께서 말씀해 주시면 좋겠습니다.</u>

(4)의 경우는 상대 토론자에게 토론에 참여하지도 않은 같은 정당의 당 대표의 책임을 추궁하고 있으며, (5)의 경우는 역시 토론에 참여하지도 않은 정당 소속 의원의 발언에 대한 해명을 요구하며 비난하고 있다. 이러한 양상은 발언자와 발언자의 소속 집단의 구성원을 동일시하는 발상에 의한 것으로 판단된다.

03 토론 인신공격 발언의 개선 방안

지금까지 인신공격 발언의 귀착점을 기준으로 세 가지로 범주화하고 발언자의 의도에 따라 여덟 가지의 세부 양상을 살펴보았다. 이러한 발언들은 주로 상대의 주장이 못마땅하여 논박하는 과정에서 사용되었는데, 상대 주장의 시비를 떠나 앞서 문제로 제기한 바와 같이 토론의 본질을 훼손하는 역기능을 초래하므로 언어 표현 차원에서 개선이 필요하다. 물론 화자의 의도가 언어 표현으로 표출되므로 화자의 심리적 문제부터 다루어야겠지만, 언어의 내용과 형식에 대한 개선이 상호작용적으로 화자의 심리에 순기능을 초래할 수 있다.

인신공격 발언의 개선 방안을 세 가지 범주와 여덟 가지 양상별로 세부적으로 제시할 수도 있지만 발언을 자세히 살피면 토론의 기본 원칙을 위반하는 지점이 중복되어 있음을 확인할 수 있다. 예를 들어 "토론자님이 사람이 너무 좋으셔서 가지고 되게 낭만적으로 늘 말씀을 하셔요."라는 발언의 경우 토론 논제의 발언 범위를 벗어난 상대 토론자의 성격을 언급하고 있으며, 발언의 내용에 대해서도 근거를 들어 논박하지 않고, 상대를 존중하지 않고 조롱하는 발언 태도를 보이고 있다. 이렇듯 여덟 가지의 세부 양상별 무엇을 삼가라는 방식의 지침성 개선 방안을 마련하는 것은 위반 지점이 기계적으로 구분되지 않아 제약이 크고, 공통 사항을 묶어서 처리하지 못한다는 점에서 실효성이 적다. 그러므로 개별 인신공격 발언들이 중첩하여 위반하는 토론의 기본 원리를 바탕으로 발언의 내용, 형식, 태도로 구분하여 인신공격 발언의 개선 방안을 제시하고자 한다.

❶ 발언 내용 차원에서는 어떻게 개선해야 하나요?
— 논제관련성 준수

논제에서 벗어난 발언 내용에 문제가 있다

인신공격 발언 중 상대 토론자의 발언이 마음에 들지 않는다고 상대 토론자의 사고방식, 성격, 지위, 신분, 이념, 소속 집단 등을 직접적으로 공격하고 비난한 경우가 있었다. 상대 토론자인 사람의 개인적 속성과 그 소속 집단은 토론의 논제와 직접적으로 관련이 없는 내용이다. 토론의 논제와 무관한 발언 내용은 논점을 쟁점별로 초점화하지 못하여, 모든 토론의 발언은 논제와 관련 있어야 한다는 논제관련성의 원리를 위반하게 된다. 상대 토론자나 소속 집단에 불만이 있더라도 "당신은(당신의 소속 집단은) 어떠하다."라고 사람을 주어로 하여 비난하지 말고 토론의 논제와 관련된 범위 내에서 발언 내용을 한정해야 한다.

이것은 앞서 살핀 사례 중 첫 번째 범주인 '상대 토론자를 직접 언급하여 상대를 비난한 발언'과 '상대 토론자의 소속 집단을 언급하여 상대를 비난한 발언'에 해당한다. 예를 들어 "토론자님은 북한 전문가는 아니라는 생각이 듭니다.", "지금 고용 효과라고 하셨나요? 경제학 전공하셨어요?"와 같이 '당신은 북한 전문가가 아니다.'나 '당신은 경제학을 전공하지 않았다.'라며 상대가 어떠하다고 단정하는 발언 내용은 토론의 논제관련성을 위반하고 있다. 토론에서 다루는 사회 현상은 하나의 원인과 결과로 구성되지 않는다. 정치, 경제, 사회 등 제반 분야가 얽혀 복잡다단한 현상을 야기한다. 어느 누구도 사안의 제반 차원을 모두 알 수는 없다. 세부 쟁점에 대해 상대의 전문성이 부족하게 여겨지더라도 개인적 속성이 아닌 토론의 논제와 직결된 내용을 발언해야 한다.

또한 "두 분 말씀이 참, 너무, 원자력 공학자인지 의심스러운데, 이거 사업자가 뒤에서 도와주는 것인지. 죄송합니다. 그거 아니겠지만."과 같이 원자력 공학자 집단 전체가 사업체의 뒷돈을 받은 것처럼 의심하는 발언을 하고 있다. 이 역시 토론 논제에 해당하는 발언이 아니다. 이 발언은 상대를 근거 없이 의심하고 매도하여 윤리적인 문제가 있다.

토론의 논제 범위 내에서 발언해야 한다

이러한 인신공격 발언은 발언 내용을 토론 논제로 한정하여 토론의 세부 쟁점과 직결되도록 개선해야 한다. 앞의 문제 발언을 다음과 같이 바꾼다면 발언 범위가 토론 논제 안으로 들어오게 된다.

문제 발언		개선 발언
토론자님은 북한 전문가는 아니라는 생각이 듭니다.	→	지금 논의하고 있는 북한 문제에 대해서 그렇게 말씀하시는 근거가 무엇입니까?
지금 고용 효과라고 하셨나요? 경제학 전공하셨어요?	→	고용 효과에 대해서는 원자력 산업 관점에서는 그렇게 생각하실 수도 있지만 경제적 관점에서는 다른 측면도 있습니다.
두 분 말씀이 참, 너무, 원자력 공학자인지 의심스러운데, 이거 사업자가 뒤에서 도와주는 것인지. 죄송합니다. 그거 아니겠지만.	→	현재 쟁점에서는 원자력 산업이 주는 이익과 더불어 안전성 등 피해에 대해서도 함께 논의할 필요가 있습니다.

이와 더불어 "당신은 (당신의 소속 집단은) 어떠하다."라고 사람을 단정적으로 규정하는 표현은 그 자체로서 공적인 말하기 상황에서 공손성을 지키지 않은 체면 위협 행위에 해당한다. 또한 상대 토론자의 성격, 이념, 신분 등 개인적 속성을 근거로 하여 청중에게 왜곡된 정보를 심어 주기 때문에, 토론을 통해 논리적 우위를 겨루어 공동체가 직면한 문제에 대한 사실을 규명함으로써 상호 이해에 다다르는 데 치명적인 피해를 줄 수 있다. 선거 토론과 같이 개인의 자질을 검증하는 것이 아닌 일반 토론에서는 반드시 논제관련성을 위반하는 일이 없도록 해야 한다. 이와 관련하여서는 존 스튜어트 밀의 경고를 유념할 필요가 있다.

일상적으로 난폭한 토론이 의미하는 것, 즉 욕설, 야유, 인신공격 등은, 만약 이러한 무기들이 양쪽 모두에게 동등하게 금지되도록 제안된다면, 그 무기들에 대한 비난은 더 많은 공감을 얻을 것이다. … 그런데 그러한 무기들을 사용해서 발생하는 폐해가 무엇이든, 그 무기들이 상대적으로 방어할 수 없는 사람들에게 사용될 때 폐해가 가장 크다. … 논쟁에서 저질러질 수 있는 이러한 종류의 가장 험악한 모욕은 반대 의견을 주장하는 사람들을 사악하고 부도덕한 사람으로 낙인찍는 것이다(Mill, 1859; 이종훈 편역, 2012: 144-145).

특히 상대 토론자와 상대 토론자의 소속 집단을 동일시하여 발언하는 양상은 집단주의 문화의 영향이라고 판단된다. 이러한 현상의 구조적 원인을 살펴보면 현재 토론 참여자의 상당수가 특정 정당이나 기관에 소속된 집단의 대표자 성격으로 참여하는 경우가 많기 때문이다. 토론 논제에 대해 이미 당론이 정해진 경우 개인 토론자는 그에 반하는 의견을 경청하기도 어렵고, 설사 논리적 우위에서 밀리더라도 상대의 의견을 인정하고 수용하기 어렵다. 이러한 참여자의 집단주의 성향은 토론 발언을 통해 합리적 해결책을 모색하는 의사소통의 흐름이 아니라 상대 의견은 경청하지 않고 자신 또는 자신이 속한 집단의 의견을 계속 반복하며 우기는 현상을 초래한다.

김현주(2005: 76-77)에서도 토론자가 개인 자격으로 출연하기보다는 자신이 속한 단체나 기관 또는 지역 등 집단을 대표하는 자격으로 출연하므로 자신의 주장에 대한 집착은 더욱 높아지고 상대방 의견에 대한 수용성은 한층 낮아져 경쟁 관계에 민감하게 반응하고 공격적으로 변하는 경향을 지적하였다. 그러므로 청중 앞에서 진리를 검증하는 토론의 공론장 역할에 충실하려면, 상대 토론자를 소속 집단의 대표성을 가진 인물로 상정하거나 개인과 집단을 동일시하는 것이 아니라 개인적 자격을 갖춘 토론자 개인으로 여기고 그에 부합하는 발언을 하는 것이 바람직하다.

토론을 교육할 때는 토론의 본질적인 기능이 진리 검증이라는 것과, 설득의 대상이 상대가 아니라 청중이라는 것을 지도해야 한다

이와 관련하여 토론에서 설득의 목적은 상대를 논파하기 위해 말싸움을 하는 것이 아니라 공동체의 정책을 결정하는 데 필요한 진리를 검증하는 것이라는 인식을 공유할 필요가 있다. 이와 더불어 설득 대상은 상대 토론자가 아니라 청중이라는 인식의 전환이 필요하다.

② 발언 형식 차원에서는 어떻게 개선해야 하나요?
─ 반대 신문의 질문 활용

강요하거나 우기는 발언 형식에 문제가 있다

인신공격 발언 중 상대 토론자나 소속 집단을 주체로 하여 비난하는 것이 아니라, 상대 토론자의 발언에 대해 언급하지만 상대 토론자에게 특정 언행을 강요하거나 자신의 주장을 우기는 발언들이 있었다. 이러한 발언은 사람이나 집단을 직접 가리키지 않고 상대 발언에 대한 메타 발언의 성격을 띠어 상대 발언의 논리성을 점검하는 것처럼 보인다. 하지만 근거에 기반한 논리의 우위로 진리를 검증하는 토론의 기본 원칙을 위반하게 된다. 상대 발언에 대해 정상적으로 논박하려면 근거를 들어 자신의 논리가 우위에 있음을 입증하거나, 상대 발언의 오류와 허점을 검증하는 반대 신문의 형식으로 발언해야 한다.

이것은 앞서 살핀 자료 중 두 번째 범주인 '상대 토론자의 발언을 언급하여 상대를 비난한 발언'에 해당한다. 화자의 의도에 따른 세부 양상으로는 주로 '당신은 잘 모르고 있다. 당신은 발언 태도가 부적절하다. 당신은 논리적이지 않다.'에 해당한다. 예를 들어 상대 발언이 동어반복이거나 순환 논증의 오류를 범하였다는 점을 지적하고자 "계속 그렇게 말 돌리지 마시고요. 그렇게 고집부리지 마십시오."라고 말하거나, 상대의 자료가 잘못되었다는 점을 언급하고자 "현대경제연구원의 자료에 대해서는 조금 더 자세히 읽어 보시기 바랍니다. 보시면 현대경제연구원이 만든 자료가 그냥 뽑은 수치가 아니고 권익위원회에서 만든 수치를 인용한 거예요."라고 발언한 사례들이 여기에 해당한다.

질문을 통해 검증하는 발언 형식이 효과적이다

이렇게 상대 발언의 오류나 허점에 대해 논박할 경우에는 질문 형식으로 반대 신문을 하는 것이 효과적이다. 상대가 모른다거나 틀렸다고 치부하고 내가 옳다고 일방적으로 우기면 말싸움이 벌어지기 마련이다. 말싸움으로 시비를 가리기보다 상대의 논리적 오류나 허점을 검증하는 질문을 하는 것이 바람직하다. 특정한 규칙과 형식을 준수하는 교육토론의 경우 상대 입론을 검증하는 반대 신문 단계를 별도로 마련하여 질의응답을 하고 있다. 이러한 교육적 장치에서 문제 해결의 실마리를 찾을 수 있다. 상대 주장을 터무니없다고 일축하거나 비아냥거리는 것은 말싸움의 단초가 되므로 청중 앞에서 해당 부분을 검증하는 질문을 하여 상대에게 답변을 요구하는 발언 형식이 효과적이다.

앞의 사례의 경우 말을 돌리지 말라고 무안을 주며 비난하거나 자료를 조금 더 읽어 보라며 상대를 무시하며 훈계조로 말하기보다 다음과 같이 질문 형식으로 반대 신문을 하면 된다.

문제 발언		개선 발언
계속 그렇게 말 돌리지 마시고요. 그렇게 고집부리지 마십시오.	➡	지금 말씀하신 것은 방금하신 주장을 근거로 하여 동일한 내용을 말씀하신 것 아닙니까?
현대경제연구원의 자료에 대해서는 조금 더 자세히 읽어 보시기 바랍니다. 보시면 현대경제연구원이 만든 자료가 그냥 뽑은 수치가 아니고 권익위원회에서 만든 수치를 인용한 거예요.	➡	방금 말씀하신 현대경제연구원의 자료는 사실 권익위원회에서 제시한 수치를 인용한 것이라는 점을 확인하셨습니까?

발언 순서와 시간을 균등하게 보장하는 토론 규칙의 의미를 되새길 필요가 있다

토론의 발언 순서와 시간을 균등하게 보장하는 것이 효과적이다. 양측 토론자가 자연스럽게 발언하면 토론 대화의 역동성을 살리는 장점은 있지만, 선행 연구의 지적과 같이 말차례 뺏기와 같은 체면 위협 행위가 발생할 가능성이 높다. 사실 현재 방송 토론은 전문가 패널 토의의 성격이 강하다. 사회자의 진행이 토론의 발언 순서와 시간을 정하는 규칙이 되며, 실제 토론의 장에서는 이 규칙이 쉽게 무너져 서로의 말을 뺏고 끼어드는 현상이 발생한다. 이러한 현상은 상호 이해보다 갈등을 증폭시키며 서로에 대한 비방과 말차례 뺏기 등 상대를 존중하지 않는 토론 태도의 원인이 된다.

강태완 외(2010: 85)에서도 합리성의 원칙을 설명하면서 찬반 양측이 발언 기회와 시간을 동등하게 부여받으면 남의 말을 가로채거나 말꼬리를 잡는 등의 토론 예의에 어긋나는 행위가 차단된다고 설명하면서 기회 균등의 원리와 토론 예절의 관계를 언급하였다. 그러므로 일정한 시간과 순서를 부여하되, 교육토론의 반대 신문과 같이 합리적 질의응답으로 서로 논박의 기능을 할 순서를 보장하는 방안을 강구하는 것도 하나의 해결책이 될 수 있다.

❸ 발언 태도 차원에서는 어떻게 개선해야 하나요? — 주관적 감정의 제어

비하와 조롱의 발언 태도에 문제가 있다

인신공격 발언 중 상대 토론자를 비하하거나 조롱하는 발언들이 있었다. 이러한 무례한 발언은 청중 앞에서 논리로 진리를 검증할 협력자인 상대편 토론자를 공론장에서 밀어내게 된다. 또한 상대 토론자에게 체면 위협 행위가 될 뿐 아니라 발언자 자신의 공적 이미지도 훼손되는 역기능이 있다. 즉, 상대 토론자를 존중하라는 토론의 기본 원칙을 위반하게 된다. 상대 발언에 대해 논박할 때는 불필요한 비방성 발언을 삼가고 상대를 존중하는 태도로 발언해야 한다.

이것은 앞서 살핀 인신공격 발언의 양상에서 개별 범주를 넘어 전체적으로 나타난다. 예를 들어 "찬성 측 토론자의 사고 구조가 좀 의심스럽습니다. 여기서 에너지 얘기가 나올 데가 아니고요."라고 직접적으로 상대를 비하하거나 "토론자 님이 사람이 너무 좋으셔서가지고 되게 낭만적으로 늘 말씀을 하셔요.", "그거는요, 초등학교 교과서에나 나올 내용을 이야기하시는 거예요."와 같이 상대를 조롱하는 발언이 이에 해당한다.

주관적인 감정을 담지 않는 것이 효과적이다

이러한 상대를 비하하고 조롱하는 인신공격성 발언은 상대를 존중하는 발언으로 바꾸어 표현해야 한다. 특히 자신의 공신력에도 손상을 주는 불필요한 비난과 조롱의 표현은 의도야 어떻든 절대 표현해서는 안 된다. 예를 들어 다음과 같이 상대 의견을 존중하는 발언 태도는 불필요한 충돌을 방지할 수 있어서 바람직하다.

문제 발언		개선 발언
토론자님 사고 구조가 좀 의심스럽습니다. 여기서 에너지 얘기가 나올 데가 아니고요.	➜	그렇게도 생각하실 수 있습니다만, 지금 우리가 논의하는 쟁점은 에너지와는 거리가 있습니다. 논의의 초점을 현재 쟁점에 맞추면 어떨까요?
토론자님이 사람이 너무 좋으셔서가지고 되게 낭만적으로 늘 말씀을 하셔요.	➜	토론자님 말씀처럼 가능성이 높을 수도 있습니다. 하지만 실행 가능성 면에서 현실적으로 고려할 점도 적지 않습니다.
그거는요, 초등학교 교과서에나 나올 내용을 이야기하시는 거예요.	➜	말씀하신 바는 여기 있는 모두에게 충분히 공감대가 형성되었다고 생각되는데요.

특히 이러한 비방성 인신공격 발언은 전반적으로 구체적인 근거를 들지 않았으며, 부정적 감정이 실린 경우도 많았다. 이는 김연종(2009: 265)에서 언급한 주관적 공격과 비방에 해당한다. 발언을 할 때 자신의 감정을 단편적으로 표출하는 태도를 개선할 필요가 있다. 에릭슨 외(2011)에서도 토론의 내용으로 우열을 가리기 어려운 경우 오히려 토론자의 태도 때문에 승패가 갈리는 경우가 있다며, 주장을 조목조목 제시하는 편보다 오히려 자기 성미를 잘 제어하는 사람이 점수를 따기 마련이라고 하였다. 또한 청중에게 감정이 아니라 합리성에 근거하여 판단할 권리를 보장하기 위해서 자신의 감정을 제어할 필요가 있다고 하였다.

지금까지 토론의 역기능을 최소화하고 순기능을 강화하기 위한 하나의 방편으로 토론 참여자의 인신공격 발언을 개선할 방안을 살펴보았다. 토론자뿐 아니라 청중 모두가 사회적으로 쟁점이 되는 사안에 대해 이해의 폭을 넓히고 합리적인 해결 방안을 찾을 수 있도록 토론자들은 해당 쟁점을 정확하고 깊이 있게 다루어야 한다. 이와 더불어 자신과 다른 생각을 가진 상대에 대해서도 존중하는 태도를 지녀야 하며 인신공격 발언을 삼가야 한다.

3장
교육토론에서 태도의 문제: 인신공격

▶▶▶ 토론에서 인신공격 발언은 공론장 기능을 훼손한다

토론은 본질적으로 사회 공동체가 처한 정책 문제에 대해 공론장을 제공하는 역할을 한다. 인신공격을 할 경우 정상적인 논박이 어려워지고 논리의 대립을 통한 검증의 기능이 작동할 수 없게 된다.

▶▶▶ 토론에서 나타나는 인신공격 양상은 다양하다

공격 대상	공격 메시지
상대 토론자를 직접 언급하여 상대를 비난한 발언	당신은 사고방식에 문제가 있다.
	당신은 전문성이 부족하다.
	당신은 편향적이다.
상대 토론자의 발언을 언급하여 상대를 비난한 발언	당신은 잘 모르고 있다.
	당신은 발언 태도가 부적절하다.
	당신은 논리적이지 않다.
상대 토론자의 소속 집단을 언급하여 상대를 비난한 발언	당신의 소속 집단에 문제가 있다.
	당신의 소속 집단 구성원에 문제가 있다.

▶▶▶ 토론의 논제와 관련된 발언을 해야 한다

상대 토론자의 발언이 마음에 들지 않는다고 해서 상대 토론자의 사고방식, 성격, 소속 집단 등을 직접적으로 공격해서는 안 된다. 발언 내용의 범위를 토론 논제로 한정하여 토론의 세부 쟁점과 직결되도록 개선해야 한다. 또한 토론이 말싸움이라는 인식을 전환해야 한다. 토론은 상대와 말싸움을 하는 것이 아니라 공동체의 정책을 결정하는 데 필요한 진리를 검증하는 것이라는 인식을 공유해야 한다.

▶▶▶ 반대 신문을 활용하여 질문하는 것이 효과적이다

자신의 생각을 강요하거나 우기는 발언은 반대 신문을 활용하여 상대에게 질문하는 형식으로 수정하는 것이 효과적이다. 근거 없이 자신의 주장을 우기다 보면, 논제와 관계없이 상대를 공격할 수 있다. 상대 발언에 대해 정상적으로 논박하려면 적절한 근거를 들어 자신의 논리가 우위에 있음을 입증해야 한다. 근거를 들 때는 반대 신문을 활용하여 질문을 하면 공격성을 줄이면서도 상대의 논리적 오류나 허점을 효과적으로 검증하기에 용이하다.

▶▶▶ 주관적인 감정을 제어해야 한다

상대를 비하하고 조롱하는 주관적인 발언은 상대편 토론자를 진리 검증의 공론장에서 밀어내고, 상대 토론자의 체면을 손상한다. 또한 발언자 자신의 공적 이미지도 훼손된다. 따라서 이러한 인신공격성 발언은 상대를 존중하는 발언으로 바꾸어 표현해야 한다.

인신공격 발언

Q1 교실에서 인신공격 발언으로 학생들이 감정적으로 흥분하게
되었을 때 사회자나 교사는 어떻게 개입해야 하나요?

교육토론에서는 원칙적으로 토론자에게 주어진 발언 시간에 사회자나 교사
가 개입하지 않습니다. 과도하게 감정적으로 흥분하여 거친 말을 하거나 이를 듣
는 상대가 견디기 힘들어할 경우에는 잠시 개입하여 적절한 중재를 해야 할 것입
니다. 하지만 실제 이러한 현상이 흔하게 발생하지는 않습니다. 판정단과 청중이
보고 있는 상황이며, 무리한 공격적 언행이 감점 요인이 되어 판정에 불리하게 작
용된다는 점을 분명하게 알고 있다면 지나친 말싸움으로 번지는 일은 드물 것입
니다. 발언 중간에 개입하여 토론의 흐름을 끊기보다 토론 후 강평 시간에 어떤
점이 감점 요인으로 작용하였는지 설명하는 것이 더욱 효과적입니다. 또한 상대
토론자가 감정적으로 흥분하여 공격적 언어를 사용한 것을 상대편 토론자가 능숙
한 태도로 차분하게 되받아 역공의 기회로 삼을 수도 있습니다. 특히 토론 대회에
서는 사회자나 교사가 개입해서는 안 됩니다.

Q2 인신공격이 바람직하지 않다고 태도 차원에서 단순하게 설명하는
것 외에 교수학습을 어떻게 해야 할까요?

토론을 보고 토론에 대해 말하는 메타 토론 방식이 효과적입니다. 토론 영상
중 인신공격이 드러난 부분을 함께 보고 왜 인신공격이 문제이며 어떤 역기능을
초래하는지 논의하는 방식이 좋습니다. 문제가 있는 영상을 보여 주고 교사가 일

방적으로 저런 표현은 나쁘며 사용해서는 안 된다고 지침을 주는 것은 지식 차원의 교육으로 효과가 적습니다. 문제 영상에 대해 왜 나쁜지, 나라면 어떤 기분이 들지, 토론 대화의 흐름에 어떤 나쁜 영향을 미쳤는지에 대해 학생 스스로 생각하고 서로의 생각을 나누는 방식이 의식을 개선하는 태도 차원의 교육에 효과적입니다.

Q3 수업에서 방송 토론을 학생들에게 보여 주었는데, 적절하지 못한 경우가 많았습니다. 실제 수업에서 학생들에게 어떤 토론 영상을 보여 주는 것이 좋을까요?

인터넷에서 토론 대회 영상이나 교실 토론 영상을 어렵지 않게 구할 수 있습니다. 최근 방송 토론도 인식이 많이 개선되고 공격적인 모습이 자신의 공적 이미지에 부정적인 영향을 미친다는 사실을 알게 되어 예전처럼 심하게 싸우는 모습이 연출되지는 않습니다. 격앙된 감정을 추스르지 못하고 삿대질을 하기보다는 전문성을 갖춘 토론자들이 상대를 존중하며 토론하는 경향이 더욱 강해지고 있습니다. 해당 분야의 전문성을 갖춘 전문가들의 토론도 도움이 되겠지만, 또래 학습자의 토론 영상을 보는 것도 장점이 큽니다. 나도 할 수 있다는 자신감을 느낄 수도 있고 다소 부족한 모습을 비판적으로 분석하면서 보완할 점을 찾으며 토론 학습을 할 수도 있습니다. 토론 교육의 목표에 따라 적절한 영상을 찾아 활용하시면 됩니다.

Q4 인신공격을 줄이기 위해 교사는 어떤 교실 환경을 조성해야 하나요?

사실 교육토론의 규칙과 절차에 이미 인신공격을 줄이기 위한 교육적 장치가 마련되어 있습니다. 첫째, 발언 순서가 정해져 있고 시간이 균등하여 토론 대화를 독점할 수 없습니다. 둘째, 상대를 존중하는 토론 태도가 토론 판정의 평가 요소로 제시되어 있습니다. 셋째, 반대 신문 단계에서 충분히 상대의 발언을 검증할 수 있는 시간이 부여됩니다. 넷째, 서로 경어를 사용하므로 친구 사이라도 막말을 삼갈 수 있습니다.

이러한 기본적인 교육토론의 장치가 작동하는 원리를 학생들과 충분히 공유해야 합니다. 또한 물리적으로도 토론자의 좌석을 일자형으로 배치하고, 사회자, 판정단, 청중 등 관찰자를 두어 소통 구도를 수평적으로 조성합니다. 평소에도 선생님부터 학생까지 서로를 존중하는 의사소통 친화적 교실 환경을 조성하는 것이 중요합니다. 평소 수업 시간에도 다소 엉뚱한 발언에 대해 선생님부터 무시하거나 조롱하는 반응을 보이지 않도록 하고, 동료끼리 서로 상대의 의견을 존중하는 화법 문화를 조성해야 합니다. 다소 상투적이지만 "그렇게 생각하실 수도 있습니다. 다만 제 생각에는"과 같이 완충 장치를 하는 간단한 표현을 익히는 것도 큰 도움이 됩니다.

2부   교육토론의 실제

4

논 제 설 정

"이제 선생님은 강의하지 마세요. 매주 토론할 거예요."

초등 학생을 대상으로 토론 수업을 하면서 첫 주에 들은 말이다. 토론에 대한 이론 강의와 실습을 격주로 편성하여 15주 프로그램을 마련하였는데, 토론의 첫 번째 라운드를 경험한 학생들이 이론 강의는 하지 말고 매주 토론을 했으면 좋겠다고 하였다.

토론을 지도하는 선생님들로부터 학생들에게 토론이 너무 어렵다는 말을 많이 들어서 직접 토론을 지도해 본 적이 있다. 학생들이 정말 토론을 어렵게 여기는지 확인하기 위해 선택한 학생들은 초등학교 5학년생들이었다. 매주 토요일 2시간씩 15주 동안 진행될 '토론으로 리더 되기'라는 겨울방학 프로그램에는 남학생 6명과 여학생 2명이 신청하였다.

그 당시 가장 큰 고민은 '초등학생을 대상으로 토론의 논제를 무엇으로 해야 하나?'였다. 신문도 제대로 안 보는 초등학생에게 시사적인 내용은 어려울 것 같고, 그렇다고 생활 주변의 문제는 오히려 근거 자료를 찾기 어려울 것 같아서 고민이 매우 컸다. 15주라는 기간을 야심차게 선언하고 학부모들을 설득했는데, 첫 주에 토론이 재미없다고 모두 흥미를 잃으면 곤란하겠다는 생각이 들어, 첫 번째 토론 논제 선정이 여간 어려운 게 아니었다.

그때 고민 끝에 내린 해법은 초등학생에게 직결된 문제로 개인적 관련성이 높으면서도 시사적인 사안이라 근거 자료를 찾기 용이한 것이었다. 현재는 시행되고 있지만 그 당시는 도입을 검토하면서 순기능과 역기능이 신문 칼럼에 등장하였던 '게임 셧다운제'를 첫 번째 논제로 결정하였다. 셧다운제는 16세 미만 청소년의 심야 시간 인터넷 게임을 제한하는 여성가족부의 정책이다. 당시는 도입 검토 중이어서 '셧다운제

셧다운제 등 게임 규제, 실효성 논란 여전

를 실시해야 한다.'라는 논제로 첫 번째 라운드를 시행하였다. 결과는 대성공이었다. 자료 조사도 변변치 않은 초등학교 5학년 학생들은 자신의 경험과 생각을 바탕으로 치열한 토론을 하였다. 이에 재미를 느껴 승패와 무관하게 매주 토론을 하고 싶다고 말한 것이었다.

이로 인해 토론 교육에서 교사가 할 일 중 50%는 학습자가 재미를 느끼고, 하고자 하고, 할 수 있는, 즉 학습자의 흥미, 동기, 수준에 적합한 토론 논제를 결정하는 것임을 깨달았다. 토론의 맛을 느끼고, 하고자 하는 동기가 충만한 학생들에게 구체적인 방법을 가르치는 것은 그리 어렵지 않았다. 4장에서는 토론 논제 선정 방법을 논제의 유형과 요건을 중심으로 살펴보기로 한다. 특히 구체적인 실현 방안까지 논의해야 하는 정책 토론에 초점을 두었다.

01 / 토론 논제의 유형

❶ 토론 논제는 어떻게 구분되나요?

토론의 논제는 일반적으로 사실 논제, 가치 논제, 정책 논제로 구분된다

사실 논제란 '이다/아니다'에 대한 것이다. 예를 들면 "화성에는 생명체가 존재한다."와 같은 것이다. 사실을 입증할 수 있는 근거가 중시된다. 가치 논제란 '옳다/그르다, 바람직하다/바람직하지 않다'와 같은 문제를 다룬다. "사랑에 대한 정의에서 이성(異性)을 제외하는 것은 옳지 않다."와 같은 것이다. 논제에서 다루는 가치를 정확히 인식해야 하며 가치를 판단하는 기준에 대해 논의하게 된다. 정책 논제란 '~해야 한다'에 대한 것이다. 영어의 'should'에 해당하는 구체적 행동을 논의한다. "정부는 장애인 의무 고용률을 높여야 한다."와 같이 주로 정부의 정책이나 제도의 변화를 주장한다.

교육토론의 논제는 엄밀하게는 '정책(policy) 논제'와 '비정책(non-policy) 논제'로 대별된다. '비정책 논제'는 다시 '사실 논제', '가치 논제', '유사 정책(quasi-policy) 논제'로 구분된다. 일반적으로는 가치 논제가 비정책 논제와 동일 개념으로 사용된다(Scott, 1998). 토론 대회에서는 주로 가치 논제와 정책 논제를 다루고 있다(Sheffield, 1992).

링컨 더글러스 토론에서는 가치 논제를 다룬다

가치 논제를 주로 다루는 전형적인 토론 방식은 '링컨 더글러스 토론'이다. 나머지 다른 유형의 토론은 철학적이고 윤리적인 내용보다는 주로 사회적 사안을 다루는 정책 논제를 선호한다. 그중에서도 특히 CEDA 토론은 정책 논제만을 주로 다룬다. CEDA[1] 토론의 논제는 원래 정책 논제로 국한되지 않고 다양한 논제를 다루었다(Sheffield, 1992). 하지만 1995년에 CEDA가 가치 논제를 중단함에 따라 NEDA[2]에서만 가치 논제를 사용하게 되었다.

가치 논제를 사용하는 토론 대회는 감소 추세인데 고등학교에서 다루는 가치 논제와 대학교에서 다루는 가치 논제는 엄밀한 의미에서 차이가 있다. 고등학교에서는 자신이 선호하는 가치에 대한 철학적 정당성을 논증하는 순수한 의미의 가치 논제라면, NEDA에서 주관하는 대학교 토론 대회에서는 링컨 더글러스 방식의 토론에서도 정책적 사안에 대해 가치문제를 다루는 유사 정책 논제를 채택하고 있다(Scott, 1998).

❷ 교육토론에는 어떤 논제가 적합한가요?

세 가지 논제 모두 교육토론에서 사용할 수 있다. 가치 갈등이 주가 되는 문학작품 등을 읽고 나서는 가치 토론을 하는 것이 바람직하다. 예산과 인력 등 구체적인 실행 방안을 마련해야 하는 정책 토론과 달리 가치 토론은 가치문제와 관련하여 깊은 철학적 사유를 할 수 있는 장점이 있다. 교육토론에서는 주로 정책 논제가 사용된다. 그 이유는 정책을 논의하기 위해서는 사실이 규명되어야 하며, 해당 정책과 관련된 가치문제가 반드시 다루어질 수밖에 없으므로 이 모두를 포괄하는 장점이 크기 때문이다. 더불어 구체적인 실현 방안을 마련하여 대안을 제시하는 정책 토론이 자료 조사의 치밀함과 구체적인 근거를 들어 입증하는 논증 능력을 기르는 데 더욱 도움을 줄 수 있다.

비판적 사고력 차원에서 논제의 성격을 따져보면 토론 유형에 따라 추구하는 사고력이 상이함을 알 수 있다. 일반적으로 가치 논제에서는 심도 있는 철학적 사고 능력을 주된 목표로 삼는다. 정책 논제에서는 해당 정책과 연관된 가치문제도 검토하지만 거기서 머무르는 것이 아니라 구체적인 방안을 제시하고 이에 대한

1 　반대신문토론협회(Cross-Examination Debate Association: CEDA).
2 　전미교육토론협회(National Education Debate Association: NEDA).

실행 가능성과 예상 효과까지 따지는 문제 해결적 사고 능력을 목표로 한다. 즉, 정책 논제를 다루면서 당연히 가치문제를 다루게 되지만 궁극적인 지향점은 다르다. 가치 논제에서는 구체적인 해결 방안의 실현 가능성과 그에 따른 이익과 비용을 산출하여 입증할 책임이 없다. 선호하는 가치에 대한 당위성을 입증하기 위해 논리적 사고력이 중요하다. 반면에 정책 논제의 경우에는 문제의 심각성, 해결 방안의 실행 가능성, 이익과 비용 등을 구체적으로 입증하기 위해 증거 자료를 수집하고 통합하는 문제 해결적 사고력이 더욱 중시된다.

그림 4-1 논제의 유형

현재 미국의 경우 여러 토론 대회에서 정책 논제가 주를 이루며 가치 논제가 감소하는 경향이 있다. 그러나 이러한 경향이 두 논제의 상대적 우열에 대한 근거가 될 수는 없다. 토론 지도 교사나 토론 대회 운영자는 지향하는 방향에 따라 가치 논제 중심의 링컨 더글러스 토론을 할지, 정책 논제 중심의 CEDA 토론을 할지를 주체적으로 결정할 수 있어야 한다.

예를 들면 학문적 탐구나 직무를 위한 준비 단계로서의 대학에서는 치밀하게 자료를 조사하고 근거를 마련하여 구체적인 문제 해결 방안을 탐색하는 정책 논제를 채택하는 게 바람직할 수 있다. 한편 학문과 직무 영역에서 대학보다는 상대적으로 거리가 있는 초·중·고등학교에서는 가치 논제를 위주로 토론 지도나 토론 대회 개최를 시도하는 것이 하나의 방안이 될 수 있다. 초·중·고등학교의 교육에서도 실제적인 의사소통 능력이나 사회적 사안에 대한 공동체의 문제를 직접 해결할 수 있는 능력을 필수적인 교육 내용으로 담고 있지만, 이 모두를 동시에 추구하는 것이 다소 부담스럽다면 비판적 사고력 신장에 중점을 두어 가치 논제 위주의 토론 방식을 채택하는 것도 토론 교육의 효율성을 높이는 방안이 된다.

토론의 논제는 토론 수업 전체의 향방을 결정하는 것으로 대단히 신중하게 선정되어야 하며 토론의 본질을 지향하도록 진술되어야 한다. 정책 논제는 찬성과 반대의 갈등으로 인한 대립이 존재해야 한다. 이 대립은 사실 둘의 충돌이라기 보다는 현재 상태를 변화시키고자 하는 찬성 측의 원심력과 현재 상태를 유지하고자 하는 반대 측의 구심력의 대립이다. 즉, 단순한 힘의 대립이 아니라 분명한 방향을 전제로 해야 한다. 여기에서는 이것을 '변화 지향성'이라고 하였다. 또한 양측의 힘은 토론이 시작되기 전에는 균형을 이룬 상태로 여겨져야 한다.

토론 논제가 갖추어야 할 요건에 대해서는 프릴리와 스타인버그(2014: 125-126)에서 ① 논쟁(controversy), ② 하나의 중심 아이디어, ③ 감정을 배제한 용어, ④ 찬성 측의 결정을 요구하는 간결한 진술 등 네 가지를 언급하고 있다. 이러한 일반적 요건 외에 교육토론에서 논제를 선정하고 진술할 때 추가적으로 중요성, 공정성, 길이, 모호성 등을 고려해야 한다고 하였다. 국내에서 토론 논제가 갖추어야 할 원리를 정리한 이상철 · 백미숙 · 정현숙(2006: 284)에서는 변화성, 명확성, 균형성, 공정성, 구체성, 시사성 등 여섯 가지를 고려해야 함을 주장하였다. 박재현(2013)에서 관련 논의를 종합하여 정책 논제가 갖추어야 할 필수적인 요건을 다음과 같이 제시하였다.

표 4-1 정책 논제의 필수 요건(박재현, 2013: 153)

기준	정책 논제의 요건
대립성	다른 입장과 시각으로 인한 갈등이 존재해야 한다.
	중립/양립 선택이 불가하고 한쪽을 선택해야 한다.
	다른 쪽 선택으로 인한 기회비용이 존재해야 한다.
변화 지향성	당위적 행위를 다루어 현재 상태의 변화를 주장해야 한다.
	하나의 중심 생각을 다루어 변화의 방향이 명확해야 한다.
	평서형 긍정문을 사용하여 변화의 범위를 한정해야 한다.
균형성	가치중립적인 용어를 사용해야 한다.
	감정을 배제한 표현을 사용해야 한다.
	목적을 배제한 표현을 사용해야 한다.

① '대립성'은 무엇인가요?

교육토론을 하기 위해 고려할 정책 논제의 필수 요건 중 가장 중요한 것은 '대립성'이다. 앞서 언급했듯이 프릴리와 스타인버그(2014: 125)에서는 '논쟁'을 토론의 필수적 선결 요건이라고 하였는데 논쟁을 위해서는 반드시 대립이 존재해야 한다. 대립성은 토의와 토론을 구분하고 토론의 본질적인 성격을 드러내는 중요한 기준이다. 대립성이 의미하는 바는 다음과 같다.

다른 입장과 시각으로 인한 갈등이 존재해야 한다

논의하고자 하는 정책에 대해 사회 구성원들의 이견이 없고 합의가 이루어졌다면 토론이 성립할 수 없다. 이두원(2005: 3)에서는 이를 '어디에 서 있는가?'에 대한 '입장'과 '어떠한 시각에서 바라보고 있는가?'에 대한 '시각'의 대립 구조로 설명하고, 그 예로 정부의 부동산 보유세 인상 정책을 들었다. 해당 정책에 대해 부동산 소유 여부에 따라 입장이 달라지며 부동산 소유 규모에 따라 시각에 차이가 있는데, 이러한 입장과 시각의 대립에 의해 토론의 쟁점이 발생한다고 설명하였다.

중립/양립 선택이 불가하고 한쪽을 선택해야 한다

공동체가 처한 문제를 해결할 여러 대안 중 최적의 것을 선택하는 토의와는 달리, 토론에서는 찬성과 반대로 구분된 입장에서 반드시 한쪽을 선택해야 한다(이두원, 2005). 정책 논제 역시 이러한 선택이 가능한 것이어야 한다. 이는 토론 논제의 진술과도 관련이 있다. 교육토론의 정책 논제는 찬성 측의 주장을 담아 명료한 평서형 명제로 진술되어야 한다. '어떻게 해야 하는가?' 등의 개방형 의문문을 사용하여 여러 대안의 선택이 가능하게 해서는 안 된다. 또한 애매모호한 진술을 하여 입장을 분명하게 정하는 것을 방해해서는 안 된다.

- 쓰레기 처리장 이전 문제, 어떻게 할 것인가?
- 한옥 마을 지정, 어떻게 볼 것인가?

위의 경우는 개방형 질문을 사용한 경우이다. 복수의 대안 중 최적의 대안을 선택하는 토의의 논제로는 적합하지만 찬반 대립이 본질인 토론의 논제로는 부적합하다. 쓰레기 처리장의 '이전'과 한옥 마을의 '지정'이라는 행위 자체는 분명하지만 개방형 질문으로 표현하여 찬성과 반대의 입장을 선택하기 애매하다. 이런 경우에는 찬반 입장을 결정하기 어려울뿐더러 어느 쪽이 찬성과 반대의 입장인지 모호하게 되어 토론의 준비와 시행에 혼란을 초래할 수 있다.

다른 쪽 선택으로 인한 기회비용이 존재해야 한다

이 기준은 한쪽을 선택할 경우 반드시 이쪽에서도 비용이나 부작용 등을 감수하는 것이어야 한다는 의미이다(이두원, 2005). 단점이 없는 무결점의 정책에 대해서는 양쪽의 대립이 무의미하므로 토론이 성립할 수 없다. 찬성 측과 반대 측 주장에는 모두 각각의 장점과 단점이 포함되어 있어야 한다. 이는 뒤에서 논의할 토론 논제의 균형성과도 맥이 닿아 있다. 정책 토론에서 찬성과 반대의 우열을 판정하는 기준은 이러한 장단점의 비교우위이다. 그러므로 비교우위에 대한 판단이 무의미할 정도로 장점과 단점이 지나치게 불균형적인 것은 토론 논제로서 부적합하다.

- 외모 가꾸기에 치중하는 우리 사회의 분위기를 개선해야 한다.

위의 경우 '개선(改善)'이라는 용어를 사용하여 대립성의 가장 중요한 기준인 논쟁의 성립을 어렵게 하였다. 공동체의 과제로서의 행위가 '개선'일 경우 이를 반대해야 할 반대 측이 설 입지가 매우 좁아진다. '개선'이라는 용어가 포괄하는 바가 크므로 반대 측 입장에서는 찬성 측 주장에 따른 기회비용이 존재함을 입증하는 것도 상당히 어렵다. 이런 경우 찬반 대립 요건을 갖추기 어려워 토론의 전개가 사실상 불가능하다.

❷ '변화 지향성'은 무엇인가요?

정책 논제의 두 번째 필수 요건은 '변화 지향성'이다. 이 역시 현재 상태를 기준으로 하여 변화와 유지를 주장하는 양측의 대립을 전제로 하는 정책 토론의 본질과 관련이 있다. 정책 토론의 논제는 반드시 현재 상태를 기준으로 하여 이에 대한 변화를 지향하는 주장이어야 한다. 이상철·백미숙·정현숙(2006: 284)에서는 이러한 성격을 '변화성'이라고 하였다. '변화성'이라고만 하면 논제 자체가 변화하는 성질로 오해될 수 있어 여기에서는 그 뜻을 명확히 하고자 '변화 지향성'이라는 표현을 사용하였다. 변화 지향성이 의미하는 바는 다음과 같다.

당위적 행위를 다루어 현재 상태의 변화를 주장해야 한다

정책 논제는 현재 상태의 변화를 주장하는 당위적 행위를 제시해야 한다. 사실이나 가치 논제와 달리 정책 논제에는 행위의 주체와 '해야 한다(should) + 행위(동사)'의 형태로 당위적 행위가 명시되어야 한다(Ericson, Murphy & Zeuchner, 2011: 8-9). 이때 변화 행위의 기준은 철저히 현재 상태이다. 동물 실험이 시행되고 있으면 '동물 실험의 중단'이 되는 것이고, 사형제도가 존재한다면 '사형제도의 폐지'가 되는 것이다. '~을 유지해야 한다.', '~을 계속 추진해야 한다.'와 같이 현재 상태의 유지나 지속 행위를 정책 토론의 논제로 삼을 수 없다.

(1) 청소년들의 연예계 진출을 허용해야 한다.
(2) 보행자의 안전을 위해 좌측통행을 우측통행으로 바꾸어야 한다.
(3) 교내에 CCTV를 설치해야 한다.

위에서 제시한 사례들은 현재 상태를 기준으로 할 때 모두 시행되고 있는 정책이나 제도들이다. 현재 청소년들은 연예계에 진출하여 활동하고 있고, 좌측통행은 우측통행으로 바뀌었으며, 학교에는 이미 CCTV가 설치되어 있다. 이 주제로 토론 논제를 정한다면 현재 상태를 기준으로 하여 '청소년들의 연예계 진출을 금지해야 한다.'나 '교내에 설치된 CCTV를 철거해야 한다.' 등으로 바꾸어 제시해야 한다. 또는 CCTV의 확대 설치를 주장할 수도 있다.

논제의 방향이 잘못 설정되면 찬성과 반대 측 주장의 방향도 잘못 설정된다. (1)의 경우 찬성 측이 청소년의 연예계 진출을 찬성하고 있다. 이는 찬성 측이 현재 상태의 변화를 주장해야 하는 토론의 본질에 위배되는 경우이다. (3)의 경우에도 반대 측부터 발언을 시작하게 된다. 이 경우는 정책 토론에서 찬성 측이 먼저 현재 상태의 변화를 진술한 논제에 제시된 바를 주장한다는 기본 원리에 부합하지 않는다. 이러한 원리로 인해 교육토론에서는 찬성 측이 반대 측보다 먼저 발언을 하게 된다. 논제의 진술이 부적합하면 사회자의 토론 진행, 토론 입론의 주장 방향 전반에서 교육토론의 절차를 지킬 수 없다.

또한 행위 주체를 명확하게 하여 행위의 실천 가능성을 보장해야 한다 (Ericson, Murphy & Zeuchner, 2011: 8-9). 이때 행위 주체는 문장의 주어가 된다. 미국 토론 대회는 일반적으로 '미국 연방 정부(U. S. federal government)'가 시행 주체인 경우가 대부분이다.

- 고등학생의 이성 교제는 <u>권장되어야 한다</u>.
- 스포츠의 상업화는 <u>중지되어야 한다</u>.

이 경우는 행위를 나타내는 '권장'과 '중지'라는 명사 뒤에 '-되다'라는 접미사를 붙여 써서 피동문으로 진술한 경우이다. 논제에 피동문을 사용하면 행위의 주체가 불분명하여 당위적 행위로 여겨져, 현재 상태의 변화를 주장하는 토론의 초점을 흐리게 된다. 누가 고등학생의 이성 교제를 권장하는 것이며 누가 스포츠 상업화를 중지하는지가 불분명하여 토론의 논의가 겉돌게 되는 부정적인 결과를 유발하므로 토론의 정책 논제는 피동문을 사용하지 말아야 한다.

하나의 중심 생각을 다루어 변화의 방향을 명확하게 해야 한다

토론의 논제는 단일한 논쟁점에 대해 분명하게 '예/아니요'로 구분되는 것이어야 한다. 하나의 중심 생각이란 변화의 방향을 가리키는 초점의 역할을 한다. 정책 토론에서는 '사형과 낙태는 금지되어야 한다.'와 같이 복수의 쟁점을 다루어서는 안 된다(강태완 외, 2010). 이렇게 중심 생각이 단일하지 않을 경우 하나의 견해에는 찬성하지만 다른 하나의 견해에는 반대하는 경우가 생겨 토론 자체가 성립되지 않는 상황이 발생하기 때문이다. '하나의 중심 생각'이라는 조건만으로는 변화 지향성의 범주에 속하지 않는다고 볼 수도 있다. 하지만 둘 이상의 중심 생각이 복수로 담겨 있으면 변화의 방향을 명확히 한정할 수 없게 된다. 중심 생각이 단일하지 않을 경우 토론에 초래할 부정적 결과가 변화 지향성과 관련이 있으므로 하나의 중심 생각을 다루어야 하는 조건을 변화 지향성의 범주에 포함하였다.

하나의 중심 생각을 다루되 모호하지 않고 명료하게 진술해야 한다. '거의, 대부분, 모든'과 같은 용어의 사용에 유의해야 한다. '자유 민주주의는 수호되어야 한다.'와 같은 논제는 현재 상태의 문제 자체가 내포되어 있지 않으며 쟁점 진술이 추상적이고 모호하여 문제가 있다(강태완 외, 2001). 또한 논제는 추상적이지 않은 구체적인 용어를 사용하여 행위를 명확히 해야 한다. 예를 들어 '내신 등급제를 개정해야 한다.'나 '내신 등급제를 폐지해야 한다.'와 같이 현재 상태를 기준으로 변화를 의미하는 행위의 초점이 '개정', '축소', '완화', '폐지' 중 무엇인지를 분명히 해야 한다(이상철·백미숙·정현숙, 2006). 이렇듯 행위를 직접적으로 가리키는 용어의 명확성은 실제 토론에서 논의의 범위와 전개 방향에 매우 큰 영향을 미친다.

- 정보 격차 해소를 위해 정부가 인위적으로 <u>개입</u>을 하거나 <u>지원</u>을 해야 한다.

이 경우는 '개입' 또는 '지원'이라고 하여 하나의 중심 생각을 다루어야 하는 기준을 위반하였다. '개입(介入)'은 '자신과 직접적인 관계가 없는 일에 끼어듦'이라는 뜻이고 '지원(支援)'은 '지지하여 도움'이라는 뜻이다. 행위의 성격과 범위가 다른 단어를 '또는'의 의미로 묶어서 제시하였다. 이런 경우 토론의 쟁점이 불명확해지고 논지가 흐려져 원활한 토론 수행에 장애가 될 가능성이 높다.

평서형 긍정문을 사용하여 변화의 범위를 한정해야 한다

의문형 문장의 경우는 논의의 범위가 확장되고 찬성과 반대의 분명한 입장 선택이 어려워 정책 토론의 논제로 부적합하다. 따라서 반드시 평서형 문장을 사용하여 현재 상태의 변화 범위를 한정해야 한다. '평서형 긍정문'과 같은 논제의 형식적 요건 역시 위반될 경우 현재 상태의 변화에 대한 방향성에 부정적 영향을 미치게 된다. 그러므로 이 역시 변화 지향성의 범주에 포함하였다.

의문형 논제에 대해 이두원(2005: 4-5)에서는 토론 대회의 경우 변화 중심형 명제를 사용하면 기존 제도 옹호론자로 하여금 논제에 이미 가치 판단이 내재해 있다는 오해를 유발할 수 있으므로, '사형제도를 폐지해야 하는가?'와 같이 정책적 의도를 제거한 의문형 문장을 쓸 수도 있다고 하였다. 정치적으로 민감한 방송 토론 등에서는 그러한 요소를 고려할 수 있겠지만, 교육적 목적을 전제로 하는 교육토론의 장에서는 토론 대회든 교과서의 토론 단원이든 평서형 문장으로 토론 논제를 진술해야 토론의 논의를 초점화하여 토론을 준비하고 수행하는 학생의 혼란을 줄일 수 있다.

다음은 평서형 긍정문을 사용하여 변화의 범위를 한정해야 한다는 요건을 지키지 못한 경우이다.

- 우리 마을의 자투리땅을 공원으로 <u>만들자</u>.

위의 경우는 토론의 논제로 청유문을 사용한 독특한 경우이다. 행위의 방향은 분명하지만 토론 논제의 전형을 지키지 않은 사례이다.

- CCTV, 학교 안에 설치해야 하는가?
- 가정상비약의 약국 외 판매를 허용해야 하는가?
- 교내 취약 지역에 CCTV를 설치해야 하는가?
- 쓰레기 처리장 이전 문제, 어떻게 할 것인가?
- 한옥 마을 지정, 어떻게 볼 것인가?
- 인터넷 실명제, 강화해야 하는가?
- 인터넷 실명제 확대 적용해야 하는가?

위 경우는 모두 의문문을 사용한 경우이다. 찬성과 반대의 역할이 불분명하여 찬성 측이 오히려 현재 상태의 유지를 주장하는 경우가 발생하고 논점이 흐려진 사례이다.

또한 토론의 논제는 형식(form)과 의도(intent) 모두 긍정의 서술문으로 제시하는 것이 바람직하다(Freeley & Steinberg, 2014: 126). 우선 형식적인 차원에서 '자유 민주주의는 파괴되어서는 안 된다.'와 같은 부정형 문장을 사용할 경우 논의의 초점이 흐려지고 혼란이 유발될 가능성이 높아진다(박승억 외, 2011; 강태완 외, 2010).

- 주택가에 방범용 CCTV를 설치해서는 안 된다.

이 경우는 부정부사 '안'을 사용한 형식적 차원의 부정문을 토론 논제로 사용한 경우이다. 이 경우 논의의 초점을 흐리고 혼란을 유발할 가능성이 높아진다. 행위의 시점, 구체적인 행위의 성격, 행위의 주체 등이 모두 모호하다. '철거해야 한다.'와 같이 행위의 내용을 명시적으로 드러내어 진술해야 한다.

　　의도적인 차원에서도 가능하면 부정을 피하는 것이 바람직하다. '국가보안법을 폐지해야 한다.'의 경우 형식은 긍정이지만 내용은 보기에 따라 부정으로 여겨질 수 있다. 이 경우에는 국가보안법의 폐지라는 찬성 측이 주장하는 목표가 구체적으로 무엇인지 파악하기 힘들다는 단점이 있다. 관련 형법으로 대체하자는 것인지, 대체 입법을 통해 다른 법을 만들자는 것인지 확인할 수 없다. 즉, 국가보안법 폐지라는 중간 단계에서는 입장이 동일하지만 그다음의 행위에 대해서는 입장을 달리하는 문제가 발생할 수 있다(박승역 외, 2011). 프릴리와 스타인버그(2014: 127)에서도 '배심원제를 폐지해야 한다.'라고 부정의 의도를 담아 진술하기보다는 '배심원제는 3인 판사 패널 제도에 의해 대체되어야 한다.'라고 긍정적으로 진술하는 것이 목표를 명확히 하여 혼란을 줄일 수 있다고 하였다.

- 사형제도를 폐지해야 한다.
- 외모를 응원단원 모집 기준으로 제시하는 것을 금지해야 한다.
- 동물 실험을 중단(금지)해야 한다.

　　위의 경우는 '폐지, 금지, 중지, 중단'을 사용하여 의도에 부정을 담은 정책 논제의 사례이다. 이 역시 '폐지'나 '중단' 자체가 행위의 최종 목표인지 중간 단계인지 모호하다. 이를 주장하는 찬성 측에서는 문제의 해결 방안으로서 단지 행위의 '금지'나 '중단'을 촉구하므로, 해결 방안의 구체성이나 실행 가능성에 대한 충분한 논의가 근원적으로 차단되는 단점이 있다. 현재 상태를 기준으로 변화를 주장하는 방향으로 진술하였으나 가능하면 부정적인 의도가 담긴 용어보다는 최종 지향점으로서의 행위 목표가 분명한 용어를 사용하는 것이 생산적인 토론을 가능하게 할 것이다.

③ '균형성'은 무엇인가요?

양측이 대립하는 토론의 특성상 토론의 논제는 양측의 힘의 균형을 보장해야한다. 특히 찬성과 반대 입장을 미리 정하는 것이 아니라 양쪽을 모두 준비하여 토론 전에 입장을 결정하는 교육토론의 경우, 양측에 부여되는 역할의 비중과 책임이 균형을 이루도록 논제가 진술되어야 한다. 이를 위해서는 토론 논제를 진술할 때 다음과 같은 조건을 고려해야 한다.

가치중립적인 용어를 사용해야 한다

예를 들면 '남교사 할당제를 도입해야 한다.'라는 논제의 경우 특정 성(性)에 대한 배려가 담겨 있다. 이보다는 '양성 평등 임용제'와 같은 가치중립적인 용어를 사용하면 한쪽으로 편향되지 않고 균형을 유지할 수 있다. 이상철·백미숙·정현숙(2006)에서는 토론 논제에 사용된 용어의 어감이 균형성 유지에 중요한 역할을 한다며 '낙태'보다는 '임신 중절 수술'이라는 중립적 용어를 사용하는 것이 바람직하다고 하였다.

> • 위험에 처한 사람을 보고도 돕지 않으면 처벌해야 한다.

위의 경우는 '위험에 처한 사람을 보고 돕지 않으면'이라는 표현에 과도한 가치 판단이 담겨 찬반 균형을 보장하기 어렵다.

감정을 배제한 표현을 사용해야 한다

논제에는 어느 한 편에 유리하게 작용할 수 있는 감정적 용어가 담기면 안 된다. 첫째 조건이 논제의 핵심 용어에 관한 것이라면 둘째 조건은 주로 이를 수식하는 표현에 관한 것이다. 감정이 담긴 표현은 청중에게 부정적인 인상을 줄 가능성이 있다. '백해무익한 흡연, 담뱃값을 인상해야 한다.', '반인륜적 사형제도는 폐지해야 한다.'에서 '백해무익한', '반인륜적'이라는 표현이 이에 해당한다. 주관적인 가치 판단을 드러내어 현재 상태의 유지를 주장하는 반대 측으로 하여금 '비윤리적이고 피해를 초래하는 부정적인 것'을 옹호하도록 하여 불리하게 작용된다.

> • 외모 가꾸기에 <u>치중하는</u> 우리 사회의 분위기를 개선해야 한다.

이 논제에 사용된 '치중(置重)'의 의미는 '어떠한 것에 특히 중점을 둠'이다. 토론 논제의 기준인 현재 상태를 '외모 가꾸기에 치중하는 우리 사회'로 보았다. 이는 다분히 주관적인 판단이 담겨 있어서 문제의 심각성이나 피해의 중대성을 정확히 가늠할 수 없다.

> • 정보 격차 해소를 위해 정부가 <u>인위적으로 개입</u>하거나 지원해야 한다.

이 논제는 '인위적 개입'이라는 표현을 사용하였는데 불필요한 일에 부자연스럽게 끼어드는 느낌을 준다. 군더더기 표현을 삭제하고 '정부가 지원해야 한다.'라고 간명하게 표현하는 것이 바람직하다.

목적을 배제한 표현을 사용해야 한다

'거리의 안전을 위해 CCTV를 설치해야 한다.'와 같이 찬성 측의 주장에 힘을 실어 줄 수 있는 특정한 목적을 드러내는 표현을 사용하면 안 된다. 이 경우 '~을 위하여'라는 표현을 사용하여 '거리의 안전'이라는 공공의 보편적 이익을 목적으로 드러내면 반대 측에서는 이를 부정할 수 있는 명분이 크게 약화되어 불리한 입장에 처하게 된다.

> • <u>보행자의 안전을 위해</u> 좌측통행을 우측통행으로 바꾸어야 한다.
> • <u>복지 국가 실현을 위해서는</u> 행정부의 권한을 확대해야 한다.

- 탈선 예방을 위해서 학생의 피시방 출입을 단속해야 한다.
- 구성원의 단합을 위해서 학급 장기 자랑에 학급 구성원 모두가 참여해야 한다.
- 정보 격차 해소를 위해 정부가 인위적으로 개입하거나 지원해야 한다.

위 경우는 모두 공공의 보편적 이익을 목적으로 드러내는 '~을 위해서'라는 표현을 사용하였다. '보행자의 안전, 복지 국가 실현, 학생의 탈선 예방, 구성원의 단합, 정보 격차 해소' 등을 명분으로 주장할 때 반대 측은 이를 반대할 명분이 상대적으로 약해져 양측 힘의 균형이 보장되지 않을 가능성이 크다. 정책 토론의 논제에서는 시행 주체와 시행 내용만 명확히 하고, '~을 위해서'라는 표현이 담은 명분은 찬성 측이 입론에서 주장하도록 하는 것이 바람직하다.

03

논제 설정 시 고려 사항

❶ 시사성은 중요한가요?

우선 본질적 기준이 충족된 연후에야 다른 부가적인 기준도 함께 고려될 수 있을 것이다. 예를 들면 이상철·백미숙·정현숙(2006: 284)에서 제시한 '시사성'은 프릴리와 스타인버그(2014)에서 언급한 '현대의 심각한 문제를 다루라.'는 부분과 맥이 닿아 있는데, 이는 논제를 설정할 때 추가적으로 고려할 수 있는 기준이다. 이미 결정된 과거의 정책은 토론할 필요가 없으며 너무 먼 미래의 것도 토론하기 어렵다. 가능하면 최근의 사안을 다루는 것이 바람직하다.

이선영(2010a)에서 언급한 '시대 민감성에 대한 판단'의 경우 중요한 판단 기준이 될 수 있다. 교육토론의 논제이므로 이념적 편향이나 정치적 역학 관계를 드러내는 경우 일반적인 토론 대회와는 또 다른 차원에서 세심한 고려가 필요하다. 해당 정책의 이념적 배경은 무엇인지 정부의 특정 정책을 과도하게 부정하는 것은 아닌지 면밀히 검토해야 한다.

'사회적으로 중대한 문제를 다루어야 한다.'나 '시의성이 있는 문제를 다루어야 한다.'와 같은 기준도 마찬가지이다. 이러한 것들은 일반적으로는 타당하지만 중대성이나 시의성의 정도에 대한 주관적 판단이 가능한 것들이다. 교육토론이 시행되는 사회적 맥락에 따라서도 가변적일 수 있으므로 필수적인 요건으로 다루기보다는 토론 대회 운영자나 토론 교재 집필자 등에게 판단을 맡기는 것이 바람직하다. 또한 '학생의 흥미와 관심'과 '사안의 사회적 중대성'은 경우에 따라 상치되는 기준이 될 가능성도 있다. 사회적으로는 매우 중대하지만 학생의 흥미와 관심과는 거리가 멀 수 있고, 학생의 흥미와 관심을 유발할 수는 있지만 사회적으로는 그리 중대하지 않은 사안일 수도 있다.

❷ 학생의 흥미와 관심을 어떻게 고려하나요?

　　김지현(2012)과 이선영(2010a)에서 언급하고 있는 '학생의 흥미와 관심' 기준의 경우에는 양면성을 모두 고려할 필요가 있다. 이선영(2010a)에서 양적으로 상세하게 분석한 결과를 보면 미국은 주로 연방 정부 차원의 '외교, 정치, 사법, 교육, 문화' 등 상당히 중량감 있는 사안을 토론 논제로 삼고 있다. 이 경우 어린 학생들이 세계를 무대로 하여 외교, 정치, 사회, 문화적 사안에 대한 기본 소양을 함양하고, 미래 세계의 주역으로서 상대적으로 큰 차원의 숙고를 하게 되는 장점이 크다. 이에 비해 우리나라의 경우에는 토론을 낯설어하는 학생들을 위해 다음과 같이 일상의 소소한 주제를 토론의 논제로 삼는 경향도 있다.

> • 학교 매점에서 분식을 판매해야 한다.
> • 등교 시간을 열 시로 변경해야 한다.
> • 학생의 피시방 출입을 금지해야 한다.

　　이러한 논제는 학생의 실제 생활과 밀접하게 관련이 있어서 학생의 관심과 흥미를 유발하는 장점이 있다. 하지만 개인의 관심사와 개인적 차원에서 손익을 따지는 것에 함몰되어, 세계와 사회의 공의와 공익을 고민해 보는 교육적 효과를 축소시키는 단점도 있다. 또한 실제 학생들의 토론을 예상해 보면 이러한 토론 논제에 대해 근거로 삼을 자료 수집이 용이하지 않다는 단점도 있다. 위의 토론 논제는 가치 판단을 위한 철학적 근거, 해외의 유사 사례, 공신력 있는 기관의 통계 정보 등 토론할 때 근거로 삼을 만한 자료가 매우 부족하다. 자신의 경험이나 주변 학생의 사례 등 다소 신뢰도가 떨어지는 근거로 신변 이야기와 같은 토론이 전개될 가능성이 크다.

　　그러므로 학생의 관심과 흥미를 유발하기 위해 지나치게 학생의 생활과 관련된 논제를 정할 필요는 없다. 다소 무거운 주제라도 토론을 준비하며 연구 과정을 거치면서 '관심과 흥미'가 제고될 수 있기 때문이다. 도입부의 동기 유발 활동에서는 가벼운 주제를 다루고 본문의 토론 담화나 직접 토론을 수행하는 학습 활동에서는 어느 정도의 조사 활동이 필요한 무게가 있는 주제를 다루는 단계적 접근도 고려해 볼 수 있다.

❸ 논제는 언제 공개하나요?

논제 공개 시점과 변경 주기도 토론 유형 선택의 변수이다. 의회식 토론을 제외한 다른 토론은 논제가 사전에 공개되기 때문에 충분한 자료 조사와 증거 제시가 중시된다. 반면에 의회식 토론의 경우 논제가 대회 직전에 공개되므로 사전에 준비하거나 지도를 받을 수 없다. 참여자는 순발력 있게 즉석 연설을 해야 하는데 사실적 증거보다 청중을 설득할 수 있는 논리적 추론 능력이 중요하며, 무엇보다 대중 연설 능력이 승리의 관건이 된다. 순발력 있는 대중 연설 능력을 교육적 목표로 삼는다면 의회식 토론이 가장 적합하다. 우리나라의 경우 토론 대회에서 미리 준비한 연설 원고를 보고 읽는 경우가 많은데, 구두 의사소통 능력을 신장하기 위해서는 이러한 모습은 지양되어야 한다. 주장을 메모하거나 근거를 정리한 '자료 카드' 등을 활용하는 것이 바람직하다.

토론 논제의 변경 주기도 토론 유형마다 다르다. CEDA 토론의 경우 1년에 한 번, 링컨 더글러스 토론은 두 달에 한 번, 퍼블릭 포럼 토론은 한 달에 한 번씩 논제가 변경된다. 의회식 토론은 매 회(round)마다 논제가 변경된다. 논제의 변경 주기와 관련하여 각각의 토론 유형 모두 장단점이 있다. 쿠퍼(Kuper, 2000)에서는 CEDA 토론과 의회식 토론의 참여 동기에 대한 학생 대상 설문을 실시하였는데, CEDA 토론을 택하는 이유는 연구 과정을 선호하기 때문이고 의회식 토론을 택하는 이유는 논제가 지속적으로 변경되어 다양한 사안을 다룰 수 있기 때문이라고 답하였다. 토론 교육의 목표를 치밀한 자료 조사에 중점을 둘지, 다양한 사회적 사안에 대해 배경지식을 활용한 추론 능력과 의사소통 능력에 중점을 둘지에 따라 적합한 유형을 선택해야 한다.

4장
논제 설정

▶▶▶ 정책 논제는 반드시 현재 상태의 변화를 주장해야 한다

논제의 진술 방향은 철저하게 현재 상태를 기준으로 하여 그 변화를 지향해야 한다. '사형제도'를 예로 들면 우리나라의 경우 현재 집행은 안 되고 있더라도 이 제도가 존재하므로 '사형제도를 폐지해야 한다.'가 논제가 된다. 이렇게 설정된 논제에 대해 찬성 측은 이를 지지하는 주장을 펴게 되며 반대 측은 현재 상태의 유지를 주장하게 된다.

▶▶▶ 논제는 의문형이 아니라 평서형 문장으로 진술해야 한다

방송 토론의 경우 '부동산 취득세를 영구 인하해야 하는가?'와 같이 의문형으로 논제를 제시하기도 한다. 하지만 교육토론의 논제는 행위를 분명하게 드러내어 '~해야 한다.'로 진술해야 한다.

▶▶▶ 논제는 하나의 중심 아이디어만 담아야 한다

'A 제도와 B 제도는 시행되어야 한다.'라고 논제를 정할 경우 A 제도는 찬성하지만 B 제도에는 반대할 수도 있다. 한 번의 토론에서는 반드시 하나의 주제만을 논제로 다루어야 한다.

긍정이나 부정의 가치 판단이 담긴 용어를 사용하면 안 된다. 예를 들면 '불법적인 A 제도'와 같이 미리 가치 판단을 하여 논제를 제시해서는 안 된다. 또한 '~을 위해서'와 같이 한쪽 편에 유리한 표현을 담아 논제를 진술해서도 안 된다.

▶▶▶ **정책 논제의 요건을 모두 갖춘 것은 무엇일까요?**

① 군 복무 학점 인정제를 시행해야 한다.
② 청소년들의 연예계 진출을 허용해야 한다.
③ 교내 취약 지역에 CCTV를 설치해야 하는가?
④ 탈선 예방을 위해서 학생의 피시방 출입을 단속해야 한다.
⑤ 정보 격차 해소를 위해 정부가 인위적으로 개입하거나 지원해야 한다.

②는 현재 청소년들이 연예계 활동을 하고 있으므로 현재 상태의 변화를 언급하고 있지 않다. ③은 의문문으로 되어 있어서 찬성 측과 반대 측의 입장이 모호하다. ④는 청소년의 탈선 예방이라는 반대하기 어려운 가치를 '~을 위해서'라고 표현하여 양측의 균형을 보장하지 못한다. ⑤에도 '~을 위해'라는 표현이 있고, '~하거나'라는 단어를 사용하여 '개입'과 '지원'이라는 정책 행위 중 어떤 것을 의미하는지 모호하다.

①은 군복무 학점을 인정하지 않고 있는 현재 상태의 변화를 언급하고 있고, 평서형 긍정문으로 서술하고 있다. 그리고 양측의 균형성을 잘 보장하고 있으며 모호하지 않은 분명한 표현을 사용하여 논제의 모든 요건을 잘 갖추었다고 볼 수 있다. 정책 논제의 모든 요건을 갖춘 것은 ①이다.

논제 설정하기

Q1 토론 논제를 설정할 때 어떤 점이 중요한가요?

학습자가 흥미를 느끼고 토론해 보고자 하는 동기를 유발하는 논제가 좋습니다. 학습자가 자신의 삶과 직결된다고 느끼면 자료 조사를 하는 과정도 흥미롭고 토론을 하면서도 재미를 느끼기 때문입니다. 그렇다고 교내 분식 판매 등 너무 지엽적인 논제를 설정하면 자료 수집에 어려움을 겪게 됩니다. 요즘은 신문기사, 백과사전 등도 모두 인터넷을 통해 검색을 하는데 개별 학급이나 학교와 관련된 지엽적인 사안은 인터넷에서 근거 자료를 찾기 쉽지 않습니다. 즉, 학생의 생활 주변 문제라고 해서 토론이 무조건 쉬운 것은 아닙니다.

이러한 차원에서 가장 바람직한 방법은 학생들의 삶과 직결되어 흥미와 동기가 높은 사안 중에 정책적으로 이슈가 되어서 신문 칼럼에 찬반 의견 등이 나오는 주제를 토론 논제로 설정하는 것입니다. 예를 들면 교육 정책이나 학생 인권 등 교육 관련 사안은 학생들 누구나 개인적 관련성이 높고 직간접적 경험도 있어서 토론에 참여하기 용이합니다. 또한 학생들의 관심이 높은 연예, 게임, 스포츠 등 문화, 예술, 체육 관련 논제도 학생들이 토론에 흥미를 느끼는 데 도움이 됩니다.

Q2 사회적인 이슈만 정책 토론 논제에 해당하나요?

'정책(policy)'이라는 단어로 인해 정책 토론을 시사 토론과 같다고 생각하여 초등학생이나 중학생 등 어린 학생들에게는 정책 토론이 어렵다고 여기는 경우가 많습니다. 또한 사회나 도덕 교과 등에만 적합하다고 생각하는 경우도 있습니다.

정책 논제는 '~해야 한다.'라는 의미의 'should'가 포함되면 됩니다. 반드시 정부의 정책과 같이 신문의 정치, 사회, 경제면에 나오는 시사적인 주제에 국한되지 않습니다. 가정이나 학교 등 생활 주변의 작은 문제부터 경제나 외교 문제까지 모든 문제를 정책 논제에서 다룰 수 있습니다.

Q3 국어, 사회, 도덕 교과 외에 다른 교과에서 토론을 하기 어렵지 않나요?

각각의 교과에서 다루는 주제로 다양한 토론이 가능합니다. 국어, 도덕, 사회 교과의 경우 다루는 주제나 학습 방식 면에서 토론을 사용하기 용이한 면이 있지만 다른 교과에서 토론을 사용하기 어려운 것은 아닙니다. 사실 논제, 가치 논제, 정책 논제를 다양하게 사용하면 토론 수업을 어렵지 않게 진행할 수 있습니다.

예를 들면 국어 교과의 문학 작품에는 다양한 등장인물의 가치 갈등이 나타나므로 가치 논제를 설정해 토론할 수 있습니다. 음악 시간에 교사가 지식을 설명할 수도 있지만, '베토벤보다 슈베르트가 훌륭한 음악가이다.'와 같은 간단한 논제로 토론을 하면 학생들이 주도적으로 자료를 수집하여 근거를 들어가며 음악가에 대한 학습을 할 수 있습니다. 음대생들의 경우 '공연 초대권 제도를 폐지해야 한다.'라는 정책 논제로 토론을 할 수도 있습니다.

Q4 토론 논제는 누가 설정하나요?

교사가 토론 논제를 설정할 수도 있지만 학생들로 하여금 직접 토론 논제를 설정하도록 할 수도 있습니다. 또는 교사가 마련한 여러 선택지 중 학생들이 하고자 하는 논제를 다수결로 결정할 수도 있고, 반대로 학생들이 하고 싶은 논제들을 나열해 놓고 교사와 학생이 협의하여 토론 논제를 설정할 수도 있습니다. 어떤 학습이든 학습자들이 하고자 하는 동기가 중요하므로 토론 논제의 선택권을 학생들에게 부여하는 것도 성공적인 토론 수업을 할 수 있는 효과적인 방법입니다.

5 /

입론 구성

"첫 번째 토론자와 두 번째 토론자는
역할 분담을 어떻게 하나요?"

입론을

작성할 때 종종 듣는 질문은 첫 번째 토론자와 두 번째 토론자의 역할 분담이다. 팀 스포츠에서는 개인마다 공격수와 수비수와 같은 포지션이 있고 각각의 포지션마다 주어진 역할이 다르다. 토론을 준비하는 학생들은 첫 번째와 두 번째의 순서는 어렵지 않게 정하지만 누가 어떤 역할을 해야 할지 모르는 경우가 많다. 다른 모둠 활동을 할 때처럼 두 명이 범위를 나누어 맡아 입론을 준비하는 경우도 있다.

교육토론에서의 첫 번째 입론은 개념을 정의하고 논의의 범위를 한정하고 논의의 방향을 잡는 역할을 한다. 이 때문에 찬성 측과 반대 측 모두에게 첫 번째 입론은 가장 중요하다. 입론을 구성할 때 내용을 양분하여 첫 번째 토론자와 두 번째 토론자가 나누어 맡아 따로 준비하는 것이 아니라 한 팀의 두 토론자가 함께 첫 번째 입론을 준비해야 한다. 이때 찬성 측과 반대 측 양면을 모두

조사하여 입론의 개요를 작성하고 이를 뒷받침할 근거 자료를 수집한다. 교사가 해야 할 일 중 절반이 논제를 결정하는 것이라면, 학생이 해야 할 일 중 절반은 논제를 분석해서 첫 번째 입론을 작성하는 것이다. 첫 번째 입론에서 주어진 논제에 대한 찬성과 반대 논리가 완벽하게 구성되면 토론을 위한 준비의 절반은 마친 것이다.

나머지 절반은 양측의 논리를 비교하며 상대의 입론을 예측하고, 논박이나 반대 신문할 내용을 준비하고, 다양한 경우의 수를 시뮬레이션하여 토론의 내용 전개를 구성하는 것이다. 마치 바둑의 고수가 다양한 경우의 수를 조합하여 몇 수 앞을 내다보듯이, 준비 단계에서 체계적으로 마련된 양측의 입론 개요와 근거 자료는 효과적인 토론을 위해 필수적이다. 5장에서는 주로 정책 논제를 다룬 토론에 중점을 두어 입론 구성 원리를 알아보도록 한다.

정책 토론 입론 구성 원리

우선 정책 토론 입론이 갖추어야 할 본질을 이해해야 한다. 그 본질에서 가장 핵심적인 원리가 '입증 책임(the burden of proof)'인데 다음과 같은 명제가 이에 해당한다.

① 정책 토론의 찬성 측 첫 번째 입론은 논제에 제시된 현재 상태의 변화를 주장해야 한다.

② 이때 반론이 없으면 청중에게 주장이 수용되도록 설득력을 갖춘 선결 요건을 충족해야 한다.

③ 선결 요건을 충족하기 위해 필수 쟁점으로 입론을 구성하여야 한다.

❶ 찬성 측의 '입증 책임' 원리가 왜 중요한가요?

찬성 측의 입증 책임이란 주장이 수용되도록 증명해야 하는 책임을 뜻한다

정책 토론의 근본적인 목적은 공동체가 처한 문제를 찬반 양측으로 나누어 필수적으로 다루어야 할 쟁점들을 면밀하게 검토하는 것이다. 이 목적을 달성하기 위해 찬성 측에게 부과된 책임이 있는데 이를 '입증 책임'이라고 한다. "주장하는 자는 증명해야 한다."라는 토론의 원칙을 기반으로 하는 입증 책임의 개념은 라틴어 'onus probandi'에서 유래된 표현이다. 'onus'는 '책임(burden)'을 의미하고 'probandi'는 '입증(proof)'을 의미한다(Phillips, Hicks & Springer, 2006).

법률 용어인 입증 책임(立證 責任)은 소송에서 자기에게 유리한 사실을 주장하기 위하여 법원을 설득할 만한 증거를 제출하는 책임을 의미한다. 형사 소송에서는 검사가, 민사 소송에서는 원고가 책임을 진다. 무죄 추정의 원칙이 적용되는 법정에서는 검사 측이 피의자가 범죄 행위를 하였다는 것을 증거를 들어 입증해야 하는데 이 원리가 토론에도 그대로 적용된다. 그러므로 찬성 측이 입증 책임을 다하지 못하여 현재 상태의 변화에 대해 설득력 있게 주장하지 못하면 토론에서 패하게 된다.

찬성 측의 입증 책임(the burden of proof)과 일반적 입증 책임(a burden of proof)은 다르다

입증 책임은 여러 토론 논저에서 '입증의 부담', '증명의 부담', '거증의 부담' 등으로도 불린다. 토론을 할 때 양측 모두에게 부과되는 입증과 논박의 책임은 부정관사 'a'를 사용하여, '일반적인 입증 책임(a burden of proof)'과 '일반적인 논박 책임(a burden of rebuttal)'으로 부른다. 이에 비해 정관사 'the'가 붙은 '입증 책임(the burden of proof)'은 찬성 측의 첫 번째 입론에서 필수 쟁점을 다루어 선결 요건을 갖춘 입론을 해야 한다는 책임을 뜻한다.

❷ 입증 책임을 지기 위해 왜 필수 쟁점이 필요한가요?

찬성 측은 첫 번째 입론에서 필수 쟁점을 다룬 완벽한 주장을 해야 한다

입증 책임을 지기 위하여 찬성 측 첫 번째 입론에서 필수적으로 언급해야 할 내용이 있는데, 이를 필수 쟁점(stock issue)이라고 한다. 필수 쟁점에 대해서는 논저마다 약간 차이가 있으나 보편적으로 '피해(harms), 내재성(內在性, inherency),[1] 해결성(solvency),[2] 이익(advantages)' 등이 있다. '피해'는 현재 상태의 문제를 입증하는 것을 의미한다. 즉, 현재 상태에 중대한 문제가 있으며 정

---

1 'inherency'는 '지속성, 고유성, 내재성' 등으로 번역되는데 문제의 원인이 내재되어 있음을 의미하는 '내재성'이 본래의 의미를 가장 잘 드러낸다고 판단된다.

2 'solvency'는 '해결 능력'(허경호 역, 2005), '해결 가능성'(이두원, 2006), '해결력'(박승억 외, 2011), '해결성'(이상철·백미숙·정현숙, 2006) 등으로 번역되고 있다. 여기에서는 문제 해결의 성격을 간결하게 드러낸 '해결성'이라는 용어를 사용하였다.

책적 변화가 없으면 피해가 확대됨을 증명해야 한다. '내재성'이란 문제가 어디에 내재해 있는지에 해당하는 문제의 원인과 관련이 있다. 즉, 문제를 해결하기 위해서는 그 원인을 규명해야 한다. '해결성'이란 찬성 측이 제시한 방안이 실현 가능하며 제시된 문제를 해결할 수 있음을 증명하는 것이다. '이익'이란 방안을 통해 문제를 해결하여 얻는 유익을 의미한다.

이러한 필수 쟁점이 찬성 측 첫 번째 입론에서 모두 언급되지 않으면 반대 측에서 필수 쟁점을 검토하고 반박할 수 있는 기회가 제한되어 원활한 토론이 이루어지지 않게 되고 토론의 목적을 달성할 수 없게 된다(이두원, 2006; 김주현, 2009: 373-374; 박재현, 2016).

그러므로 찬성 측은 반대 측의 반박이 없으면 사실로 받아들여지도록 모든 필수 쟁점을 다룬 완전한 연설을 해야 한다. 반박이 없으면 일단은 온전한 주장으로 받아들여지는 토론의 기본 요건을 '첫눈에(at first look)'라는 의미를 지닌 라틴어 표현 *prima facie*를 사용하여 '선결 요건'이라고 한다(Phillips, Hicks & Springer, 2006). 이 '선결 요건을 갖춘 입론'을 *prima facie case*라고 한다 (Edwards, 2008; Ericson, Murphy & Zeuchner, 2011).[3] 따라서 선결 요건을 충족했는가의 여부는 토론 참여자에게는 입론을 구성하는 필수 쟁점을 확인하는 중요한 점검 사항이며, 토론을 판정하는 심판에게도 토론 내용을 평가하는 중요한 요소이다.

③ 필수 쟁점의 유형은 어떻게 구분하나요?

정책 토론의 필수 쟁점에 대해서는 논저별로 필수 쟁점을 가리키는 용어나 필수 쟁점의 수에서 약간의 차이가 있다. 첫째 유형은 피해, 내재성, 해결성 쟁점 세 가지만 제시한 경우이며, 둘째 유형은 피해, 내재성, 방안, 해결성으로, 방안과 해결성을 구분하여 네 가지로 제시한 경우이다. 셋째 유형은 피해, 내재성, 해결성 (방안), 이익으로, 방안은 해결성 쟁점에서 포함하여 다루고 이익을 독립하여 네

---

3   박승억 외(2011:64)에서는 이를 '일단 보기에 명백한 증거 사례'라는 개념으로 소개하였다.

가지로 다룬 경우이다. 가짓수나 해결성 쟁점의 분화 양상은 다소 상이하지만 기본적인 논리의 흐름은 별반 차이가 없음을 알 수 있다.

유형1	유형2	유형3
피해	피해	피해
내재성	내재성	내재성
해결성	방안(plan)	해결성(+방안)
	해결성	이익
(Phillips, Hicks & Springer, 2006)	(이두원, 2006; 허경호 역, 2005)	(Freeley & Steinberg, 2014; Edwards, 2008)

물론 교육토론에서도 방안 쟁점을 구체적으로 다루어야 할 필요가 있지만, 정책 논제의 경우 방안은 토론의 논제와 일치하는 경우가 많으므로 해결성 쟁점에 포함하여 다루는 것이 자연스럽다. 이익 쟁점은 첫째와 둘째 유형의 경우 해결성 쟁점에 포함하여 다루지만, 추후 논의할 비교우위 모형에서 이익 쟁점을 일차 조직자로 설정하므로, 해결성 쟁점과 독립하여 다루는 것이 학습자의 이해를 돕는 데 더욱 효과적이다. 이상철·백미숙·정현숙(2006)에서도 '이익과 부작용(비용)' 쟁점을 독립적으로 다루었다. 그러므로 여기에서는 셋째 유형을 중심으로 살펴보고자 한다.

④ 필수 쟁점을 학습자들이 이해하기 쉽게 제시할 수 없을까요?

정책 토론의 입론에 사용되는 필수 쟁점의 용어가 어려우므로 학습자가 이해하기 쉽도록 익숙한 용어로 바꿀 수 있다. 국어교육에서는 전통적으로 설득 텍스트의 기본 구조로 '문제-해결' 또는 '문제-원인-해결' 구조를 사용해 왔다. 'harms'를 직역해서 '피해'라고 하거나 내재성이라는 낯선 용어를 사용하기보다는, 직접적으로 맥이 닿아 뜻이 통하면서도 익숙한 용어를 사용하는 것이 바람직하다.

토론이 조금 익숙한 학습자는 필수 쟁점 모두를 명시적으로 드러내는 사원 체계를 사용하면 된다. 하지만 문제에서 원인을 구분하기 어려워하는 입문 단계의 학습자는 '원인'을 '문제'에 포함하고, '문제-해결 방안-이익/비용'의 삼원 체계를 사용하면 된다. 이를 도식으로 나타내면 다음과 같다.

토론 이론	학습 용어(사원)	학습 용어(삼원)
피해(harms)	문제	문제(+원인)
내재성(inherency)	원인	
해결성(solvency)	해결 방안	해결 방안
이익(advantages)	이익/비용	이익/비용

❺ 필수 쟁점을 적용한 논리 구조는 어떠한가요?

찬성 측과 반대 측은 이러한 내용 구성의 틀에서 현재 상태의 변화에 대해 토론하게 된다. 삼원체계를 사용한 토론 입론의 논리 구조는 다음과 같다.

다음은 "국립공원에 케이블카를 설치해야 한다."라는 정책 논제에 대해 찬성과 반대 측이 필수 쟁점을 이용하여 내용의 개요를 구성한 것이다. 찬성 측은 현재 국립공원의 생태 환경에 문제가 있다며 케이블카의 설치를 주장하고 있으며 반대 측은 케이블카 설치로 인한 제반 문제점을 들며 반대하고 있다.

논제: 국립공원에 케이블카를 설치해야 한다.

찬성	정책 토론의 필수 쟁점	반대
• 현재 국립공원의 특별보호 동식물 개체 수가 줄었고 탐방로의 훼손이 심각하다. • 탐방객 수는 계속 늘고 있으며, 이로 인한 생태 환경 파괴는 더욱 악화될 것이다.	문제	• 등산객의 의식이 개선되었고 환경 보호 단체의 노력도 계속되어 국립공원의 환경 문제는 심각하지 않다. • 국립공원의 환경 보호를 위해 자연 그대로 유지해야 한다.
• 국립공원에 케이블카를 설치하고 훼손된 탐방로를 폐쇄하면 생태 환경이 개선될 것이다. • 선진 친환경 공법을 적용하면 환경 훼손을 최소화하여 공사할 수 있다.	해결 방안	• 케이블카가 설치되면 탐방객 수가 오히려 늘어 생태 환경이 더욱 훼손될 것이다. • 케이블카 설치 공사로 자연 환경이 오히려 훼손될 것이다.
• 케이블카 수익금을 환경 보호에 사용할 수 있으며, 케이블카 설치로 인한 생태 환경 보호를 경제적으로 환산하면 이익이 더 크다.	이익/비용	• 케이블카 설치로 인한 환경 정책의 경제성 평가 결과 이익보다 비용이 커서 경제성이 떨어진다.

❻ 모든 토론 유형에서 입증 책임이 균형을 이루나요?

입증 책임이 어느 쪽에 많이 부과되느냐에 따라 입론이 중시되기도 하고 반박이 중시되기도 한다. 가치 논제 중심의 링컨 더글러스 토론에서는 두 가치가 동등하게 여겨지므로 입증 책임 원칙이 적용되지 않는다(Phillips, Hicks & Springer, 2006). CEDA 토론(반대 신문식 토론)의 경우 현 상태를 변화시켜 해결해야 한다는 주장에 대한 입증 책임이 온전히 찬성 측에 있다. 찬성 측은 첫 번째 입론에서 선결 요건 원칙에 의거하여 필수 쟁점을 다룬 완벽한 주장을 해야 한다. 이때 찬성 측에게 요구되는 것은 사안의 문제를 살펴 실행 가능한 해결책을 제시하는 문제 해결적 사고력이다.

반면에 양측 모두에게 입증 책임이 균등하게 적용되는 칼 포퍼식 토론에서는 양측 모두 상대 주장에 대한 논박 책임을 지고 있다. 상대방의 입론을 적극적으로 반박하지 않으면 상대방의 주장을 인정하는 것으로 간주한다. 토론 형식도 입론은 1회, 반박은 2회씩 하게 되어 있어, 상대의 주장에 대한 철저한 검증을 중시하는 반박의 비중이 크므로 양측 모두의 비판적 사고력을 기르는 데 적합하다. 물론 CEDA 토론을 비롯하여 다른 유형의 토론도 '반대 신문'이나 '반박'의 과정을 거치면서 상대 의견을 철저히 검증하는 비판적 사고가 작동하나, '반박' 자체를 중시하는 칼 포퍼식 토론에서는 이러한 점이 훨씬 더 강조된다.

정책 토론의 입론 모형

정책 토론 입론의 성격에 따라 선결 요건 충족의 중요성은 토론 입론의 기본적인 틀을 형성하였다. 가장 전형적인 것은 '필요-방안 모형(need-plan model)'과 '비교우위 모형(comparative advantage model)'이다(Phillips, Hicks & Springer, 2006: 103-111; Edwards, 2008: 93-97).[4]

❶ 정책 토론 입론 모형 중 '필요-방안 모형'은 무엇인가요?

필요-방안 모형은 변화의 '필요'와 정책으로서의 '방안'이 뼈대이다

필요-방안 모형의 골자는 '현재 상태의 문제가 심각하여 변화의 필요성이 있다. 방안은 문제를 해결할 것이다.'이다. 이 두 문장의 핵심어인 '필요'와 '방안'이 입론 구조의 근간이 되므로 필요-방안 모형이라고 부른다. 필요-방안 모형은 전통적으로는 필수 쟁점 모형(stock issue model)이었다. 정책 토론의 필수 쟁점을 입론의 논리 구조로 그대로 사용하는 것이다.

필수 쟁점을 근간으로 하는 필요-방안 모형은 '전통적 필요 입론(traditional need case)'이라고 불리며 1930년대 이후부터 1960년대 중반까지 정책 토론을 지배했던 입론 구조이다(Edwards, 2008). 교육토론을 발달시킨 미국의 경우에

4　이 외에도 '목표/범주 모형(goal/criteria model)'이 있지만 여기에서는 가장 대표적으로 쓰이는 두 가지만 다루기로 한다. 프레이저(Prager, 2002)에서는 이 두 모형이 차지하는 비중이 90%에 달한다고 하였으며, 필립스 외(Phillips, Hicks & Springer, 2006)에서는 그중 비교우위 모형이 현재 가장 많이 사용되는 인기 모형이라고 하였다.

는 당시 정부 정책이 없는 경우가 많아 새로운 정책 도입을 주장하는 논제가 교육토론에서 많이 설정되었다. 그러므로 정책 부재의 현재 상태에 대한 변화의 '필요'와 새로운 정책으로서의 '방안'이 토론 입론 내용 구조의 근간을 이룬 것이다(Phillips, Hicks & Springer, 2005: 103).

필요-방안 모형은 추정의 원칙을 전제로 한다

필요-방안 모형은 추정의 원칙을 전제로 하고 있다. 추정의 원칙은 사법적 패러다임을 받아들인 것이다. 사법적 패러다임에서는 검사가 피고인의 유죄를 입증하지 못하면 무죄로 결론을 내리는 무죄 추정의 원칙을 철학적 배경으로 한다.

토론에서 '추정(presumption)'이란 '주어진 측을 선호하는 경향성(a predisposition favoring a given side)'을 의미한다. 이는 청중과 판정단의 심리적 경향성을 말하며 이들이 가지고 있는 우선적인 전제를 의미한다(Freeley & Steinberg, 2014). 이는 추정의 원칙을 통해 불필요한 피해를 줄이고자 하는 기본 전제를 바탕으로 한다. 새로운 정책의 도입으로 인한 위험은 예상하기 어렵다. 그러므로 찬성 측이 변화 필요성과 그로 인한 이익을 명확하게 입증하지 못하면 현재 상태를 옳은 것으로 추정하여 그대로 유지하는 원칙이 적용된다(Ericson, Murphy & Zeuchner, 2011). 프릴리와 스타인버그(2014)에서는 이 개념을 "고장 나지 않았다면 고치지 마라(If it ain't broke, don't fix it)."라는 격률로 설명하였다.

추정의 원칙은 토론 판정에 영향을 미친다

사법적 패러다임에서 추정의 원칙에 지배를 받는 환경은 토론 입론 구조와 토론 판정에 중대한 영향을 미친다. 찬성 측은 현재 상태의 변화를 주장하기 위해 필수 쟁점을 모두 언급하고 이를 모두 입증해야 한다. 즉, 입증 책임의 균형성에서 반대 측에 비해 상대적으로 어려운 조건에 처해 있다. 필수 쟁점을 모두 입증하지 못하거나 한 가지 쟁점에서라도 반대 측에게 논리의 우위를 빼앗기면 찬성 측의 방안은 시행될 수 없다. 서로 동점이 나와 비기게 되는 상황이라면 찬성 측이 충분한 논증을 제시하지 못하였기 때문에 추정의 원칙에 의해 반대 측이 승리하게 된다(이상철·백미숙·정현숙, 2006: 52; 박승억 외, 2011: 65).

특히 찬성 측은 변화의 필요성에 대한 명분을 효과적으로 정당화해야 한다.

아무리 훌륭한 방안이 있더라도 변화의 필요성에 대한 명분이 부족하면 추정의 원칙으로 인해 방안의 시행은 검토될 필요조차 없기 때문이다. 그러므로 필요-방안 모형에서는 문제 제기가 중요하며 문제(피해) 쟁점과 원인(내재성) 쟁점의 비중이 매우 높다. 예를 들면 문제(피해) 쟁점에서 구체적인 사례로 중대성을 입증하고, 원인(내재성) 쟁점에서 정책의 부재라는 구조적 원인을 언급하여 현재 상태의 변화를 주장하면 논리적 우위를 점할 수 있다.

❷ 정책 토론 입론 모형 중 '비교우위 모형'은 무엇인가요?

사회의 변화로 필요-방안 모형과는 다른 모형이 필요하게 되었다

정책 토론의 입론 모형을 이해하기 위해서는 역사적 배경에 대한 이해가 필요하다. 필요-방안 모형은 필수 쟁점을 그대로 전개하는 논리 구조의 견고함으로 인해 전통적으로 대표적인 입론 모형으로 사용되었다. 그런데 미국의 경우 2차 세계대전이 끝나고 1960년대 중반 이후에는 대부분의 정책이 수립되었다. 교육 토론에서 사용하던 논제는 그 전에는 법률, 제도, 정책 등이 부재한 상태에서 새로운 정책 도입을 주장하는 것이었지만, 대부분의 정부 정책이 수립된 이후에는 기존 정책을 보완하는 방향으로 논제의 성격이 변경되었다.

또한 사회 구조가 복잡해져 문제의 원인이 하나가 아니라 매우 복잡하게 얽혀 원인(내재성) 쟁점을 효과적으로 입증하기 곤란해졌다. 찬성 측에서 현재 상태에 문제가 존재한다고 주장하여도 기존 정책이 존재하는 상태에서 반대 측은 단순히 예산과 인력의 부족을 원인으로 지목하며, 이에 대한 보충만으로도 새로운 방안을 도입할 필요 없이 문제가 해결된다고 주장하면 쉽게 논리적 우위를 확보할 수 있게 되었다(Phillips, Hicks & Springer, 2006: 103).

이러한 사회 환경의 변화로 인한 논제의 성격 변화는 찬성 측의 역할과 전략에 대한 변경을 초래하였다. 찬성 측은 정책 도입을 위해 변화의 필요성을 역설하기보다는 기존 정책에 대한 새로운 정책의 비교우위를 주장하게 되었다. 필립스 외(2006)에서는 이를 '필요-방안 모형은 자동차가 없는 가정에서 자동차를 구입해야 할지를 논의하는 것이고, 비교우위 모형은 현재 사용하는 타자기를 컴퓨터로 대체해야 할지를 논의하는 것'이라는 쉬운 비유로 설명하였다.

비교우위 모형은 정책 변화 전후의 상대적 이익을 중시한다

이렇게 하여 등장한 모형이 비교우위 모형이다. 필요-방안 모형이 문제로 인한 피해와 문제의 원인을 강조한 것에 비하여 비교우위 모형에서는 상대적인 '이익'을 강조한다. 기존 정책보다 새로운 정책이 현재 상태의 문제를 더 잘 해결할 수 있음을 증명해야 하는 것이다. 그러므로 비교우위 모형의 내용 구조는 이익의 순차적 배열이 된다. 이때 이익은 하나일 수도 있고 여러 개일 수도 있다.

필요-방안 모형이 사법적 패러다임에 바탕을 둔 것이라면 비교우위 모형은 정책 입안 패러다임에 바탕을 두고 있다.[5] 정책 입안 패러다임에서는 기존 정책에 추정의 원칙을 적용하는 것은 부당하고, 사법 모형을 정책 결정에 적용하는 것이 타당하지 않다고 판단한다. 즉, 현재 상태를 옳은 것으로 추정하는 원칙에 이의를 제기하며 기존 정책과 새로운 정책의 손익 비교를 통한 비교우위가 논리 전개의 근간이 된다. 여기에서 '이익'이란 '방안이 해결할 수 있는 해악의 정도'에서 '현재 시스템이 해결할 수 있는 해악의 정도'를 뺀 것을 의미한다. 추정 원칙이 제거되었으므로 찬성 측 이익이 반대 측 불이익을 초과하면 찬성 측이 승리하게 된다 (Edwards, 2008).

비교우위 모형에서도 필수 쟁점을 모두 다루나 두 가지 점에서 필요-방안 모형과 차이가 있다.

① 필수 쟁점을 개별적으로 다루기보다는 독립적으로 설정된 '이익' 범주 내에서 통합적으로 다룬다(Phillips, Hicks & Springer, 2006).
② '원인(내재성)'에 대한 입증이 약하고 '이익'에 대한 비교우위 입증에 주력한다. 문제의 존재에 대한 강력한 입증이 중요한 필요-방안 모형과는 달리 추정의 원칙을 부인하므로, 개별 이익 쟁점에서 반대 측에 대한 상대적 비교우위만 입증하면 토론에서 승리하게 되는 것이다(Edwards, 2008).

---

5   추정 개념과 연관된 토론 패러다임은 사법적 패러다임, 정책 입안 패러다임, 가설 검증 패러다임으로 구분된다.

③ 정책 토론의 두 입론 모형은 어떻게 구성되어 있나요?

필요-방안 모형과 비교우위 모형을 개요 형식으로 정리하면 다음과 같다. 필수 쟁점은 공통적으로 다루지만 이를 논리적으로 배열하는 차원에서 구조가 상이하다.

표 5-1 입론 모형의 내용 구조

필요-방안 모형	비교우위 모형

필요 ⎨ I. 피해
 ⎩ II. 내재성
 방안 ⎨ III. 해결성(방안)[6]
 ⎩ IV. 이익
	I. 방안
	 II. 이익1
	   [피해-내재성- 해결성][7]
	 III. 이익2
	   ...
	 IV. 이익3

의사소통 교육에서 담화의 구조를 먼저 제시하는 것이 학습자의 창의적 사고를 제한하고 정해진 틀에 맞추게 한다는 비판이 있을 수 있다. 하지만 정책 토론 담화의 장르적 특성을 고려할 때, 찬성 측에서는 필수 쟁점으로 입론을 구성하여 입증 책임을 다하여야 선결 요건이 충족된다. 그러므로 토론 교육에서는 입증 책임의 태도와 방법에 대한 교육 내용이, 유연한 흐름으로 창의적으로 자신의 견해를 전달하는 교육 내용보다 우선적으로 제시되어야 한다.

필요-방안 모형의 경우 입문 단계의 어린 학생에게는 용어가 생소하고 어렵게 느껴지므로 다음과 같이 친숙한 용어로 대체하여 지도할 수도 있다. 필요-방안 모형은 기본적으로 문제-해결 구조이다. 에릭슨 외(2011: 47-48)에서는 '필요 또는 문제(need or problem)'라고 하였는데 '필요'와 '문제'의 성격이 유사함을 알 수 있다.

....

6   '방안'을 가장 앞에 배치하기도 한다.
7   '이익' 쟁점 내의 필수 쟁점들의 순서는 중요하지 않으며 포함되어 있기만 하면 된다.

표 5-2 쉬운 용어를 사용한 교육용 필요–방안 모형

토론 용어	교육용 쉬운 용어
I. 피해	I. 문제
II. 내재성	II. 원인
III. 해결성(방안)	III. 해결(방안)
IV. 이익	IV. 이익/비용

표 5-3 쉬운 용어를 사용한 교육용 비교우위 모형

토론 용어	교육용 쉬운 용어
I. 방안	I. 방안
II. 이익1	II. 이익1
[피해–내재성– 해결성]	[문제–원인–해결]
III. 이익2	III. 이익2
…	…
IV. 이익3	IV. 이익3
…	…

03 / 논제 분석과 입론 구성

❶ 논제 분석은 어떤 기준으로 하나요?

토론의 입론 모형을 이해하였다면 정책 논제의 성격에 따라 입론 모형을 선택해야 한다. 논제의 성격에 따른 입론 모형의 선택은 절대적인 것이라기보다는 토론에서 청중이나 심판에게 설득력 있는 주장을 효과적으로 하기 위한 전략적인 선택이다. 그렇다면 논제의 성격을 분석하는 방법을 알아보자.

정책 토론의 입론을 조건에 부합하게 조직하기 위해서는 앞서 다룬 두 개의 표준 입론 모형을 사용하면 된다. 스나이더와 슈누러(Snider & Schnurer, 2006: 289)에서도 이 표준 입론 모형은 철학적 전제를 바탕으로 수많은 토론 과정을 통해 확정된 것이므로 토론 학습자는 논제 분석을 바탕으로 적합한 모형을 선택해야 한다고 하였다.

입증 책임과 필수 쟁점에 대해 이해하였다면 토론의 논제를 분석해야 한다. 이를 위해서는 정책 논제의 유형을 세부적으로 분석하고 그 성격에 따라 분류할 수 있어야 한다. 여기서 정책 논제 분류 기준으로서의 성격이란 논제에서 주장하는 행위의 속성을 의미한다. 정책 논제는 현재 상태를 기준으로 정책 변화의 당위성을 '~해야 한다.'라는 표현으로 주장한다. 여기에서 변화 행위의 성격이 입론의 논리 구조를 결정하는 데 우선적으로 영향을 미친다. 정책 논제는 변화 행위의 성격에 따라 '도입형, 폐지형, 조정형, 대체형'으로 분류할 수 있다.

표 5-4 정책 논제의 세부 유형(박재현, 2014a)

논제 유형	성격	예
도입형 (OA형)	기존 정책이 없는 현재 상태에 필요한 새로운 정책 A를 '도입'하는 논제	• 양성 평등 임용제를 도입해야 한다. • 설탕세를 부과해야 한다.
폐지형 (BO형)	현재 상태의 기존 정책 B를 '폐지'하는 논제	• 사형제도를 폐지해야 한다. • 교내 CCTV를 철거해야 한다.
조정형 (BB′형)	기존 정책 B의 성격은 유지하지만 정책 B′로 '조정'하는 논제	• 장애인 의무 고용률을 높여야 한다. • 소득 공제에서 신용 카드 공제율을 축소해야 한다.
대체형 (BC형)	기존 정책 B를 폐지하고 성격이 다른 새로운 정책 C로 '대체'하는 논제	• 동물 실험을 컴퓨터 시뮬레이션으로 대체해야 한다.

여기에서 조정형은 정책의 성격 자체는 유지하되 확대/축소 적용하거나 시행 방안 차원에서 세부적인 변화를 주장하는 것이다. 또한 논제가 다루는 사안이 동일한 동물 실험이더라도 '동물 실험 중단해야 한다.'의 경우 현재 동물 실험을 중단하자는 것은 폐지형이며, '동물 실험을 컴퓨터 시뮬레이션으로 대체해야 한다.' 는 것은 대체형이다.

그런데 이 네 유형은 비교할 정책의 존재 여부에 따라 다시 두 범주로 대별된다. 도입형과 폐지형은 직접적으로 비교할 정책이 없으며, 조정형과 대체형은 동일한 층위에서 비교 항목을 설정하여 장단점을 직접 비교할 수 있는 정책이 존재한다. 이 비교 정책의 존재 여부는 필요-방안 모형과 비교우위 모형의 적용을 결정하는 중요한 기준이다. 입론의 논리 구조에 대한 의사결정을 돕기 위한 논제 분석 틀은 다음과 같이 정리할 수 있다.

표 5-5 입론 논리 구조 결정을 위한 정책 논제 분석 틀

비교 정책	유형	정책 논제의 성격	입론 구조
없음	도입형(OA형)	기존 정책 부재 → 신규 정책 A를 도입	필요-방안 모형
	폐지형(BO형)	기존 정책 B 존재 → 기존 정책 폐지	
있음	조정형(BB′형)	기존 정책 B 존재 → 정책 B′로 조정	비교우위 모형
	대체형(BC형)	기존 정책 B 존재 → 정책 C로 대체	

② 필요-방안 모형으로 입론을 어떻게 구성하나요?

논제 분석 결과 비교할 정책이 없는 도입형과 폐지형은 정책 간 이익의 우위를 비교하기 곤란하므로 필요-방안 모형의 논리 구조가 더욱 적합하다.

도입형(OA형)에서는 정책 부재로 인한 현재 상태의 문제를 부각하여 조치의 필요를 정당화한 후 문제를 해결할 방안을 주장하도록 내용을 조직한다. 예를 들면 청소년들의 게임 중독으로 인한 피해가 심각하다는 문제 제기 후 이를 해결할 방안으로 셧다운 제도의 도입을 주장하는 '셧다운 제도를 도입해야 한다.'라는 논제가 이에 해당한다.

폐지형(BO형)에서는 현재 상태의 기존 정책 B의 문제를 부각하여 조치의 필요를 정당화한 후 해결 방안으로 정책 B의 폐지를 주장하도록 내용을 조직한다. 예를 들면 '사형제도를 폐지해야 한다.'나 '동물 실험을 중단해야 한다.' 등이 이에 해당한다.

이때 도입형의 해결 방안은 구체적으로 그 실행 가능성과 정책 도입으로 인한 이익이 함께 논의되어야 한다. 하지만 폐지형의 해결 방안은 단순히 기존 정책의 폐지 또는 중단이 되므로 해결 방안을 구체적으로 제시할 필요가 없다. 이렇듯 방안의 구체성 정도는 문제의 본질에 따라 다른데, 사형제도 폐지와 같은 경우는 방안에 대한 구체적 설명이 필요 없다. 다만 핵실험 폐지와 같이 절차가 중요한 경우에는 절차에 대한 부연 설명이 필요하다(Ericson, Murphy & Zeuchner, 2011: 49-50).

필요-방안 입론 모형의 예시를 제시하면 다음과 같다. 여기에서 제시한 세부 논증들은 논증을 통해 입증할 개별 주장을 의미한다. 이러한 쟁점의 하위 주장을 토론 용어로는 '주장(contention)'이라고 한다. 이 주장들은 타당한 근거로 뒷받침되어 온전한 논증으로 성립된다. '주장'보다 상대적으로 명백한 경우에는 '관찰(observation)'이라는 용어를 사용한다.

I. 문제

   1. 현재 상태의 문제가 심각하며 (양적/질적) 피해가 중대하다.

II. 원인

   1. 문제에는 피해를 유발하는 (구조적/태도적) 원인이 있다.

   2. 피해가 지속되므로 현재 상태에 대한 변화의 조치가 필요하다.

III. 해결

   1. 문제를 해결할 방안은 A이다.

   2. 방안 A는 실행 가능하다.

   3. 방안 A는 문제로 인한 피해를 해결할 수 있다.

IV. 이익/비용

   1. 방안이 유발하는 비용보다 문제 해결로 얻는 이익이 더 크다.

• 필요–방안 모형으로 입론을 구성한 예

논제: 서머 타임제를 시행해야 한다.

찬성	정책 토론의 필수 쟁점	반대

찬성

찬성 측 입론 시작하겠습니다.

[용어 정의] 서머 타임제란 해가 길어지는 여름철에 일과를 일찍 시작하고 마감할 수 있도록 표준 시간을 한 시간 앞당기는 제도를 말합니다.

[에너지] 최근 여름철 전력 소모가 급증하여 대규모 정전이 발생하는 등 에너지 문제가 심각합니다. 지난해 국내 전력 소비 증가율은 4.8%를 기록하였으며 전력 대란이 해마다 반복되고 있습니다. 정부에서 다양한 대책을 시행하고 있지만 그 효과가 미미합니다. 특단의 대책을 마련하지 않는다면 에너지 문제는 계속되어 대정전과 같은 혼란이 반복될 것입니다.

[여가 시간] 또한 경제 협력 개발 기구 회원국 중에서 우리나라는 근로 시간이 유난히 깁니다. 그래서 가족과 함께하고 자기 계발을 할 수 있는 여가 시간이 매우 부족한 실정입니다. 이러한 상황이 계속된다면 국민들의 삶의 질은 더욱 낮아질 것이며, 가족 해체 등의 사회적 문제는 더욱 급증할 것입니다.

정책 토론의 필수 쟁점

문제

반대

찬성 측 입론 잘 들었습니다.

[에너지] 찬성 측에서는 에너지 문제가 심각하다고 말씀하셨는데, 이미 정부 차원에서 실내 온도를 규제하고 전기 요금을 인상하는 방안을 통해 가정이나 기업의 에너지 소비를 효과적으로 조절하고 있습니다. 현재와 같이 에너지 수급을 관리하면 심각한 문제는 없을 것입니다. 또한 최근 들어 에너지 절약에 대한 홍보가 계속되고 있고 국민 의식도 개선되고 있습니다. 대체 에너지에 대한 연구 성과도 나타나 에너지 문제는 자연스럽게 해결될 것입니다.

[여가 시간] 그리고 개인의 여가 시간도 주 5일제 근무의 시행으로 크게 늘었습니다. 가족 해체 등의 사회적 문제의 원인을 단순히 근로 시간만으로 해석하는 것은 문제가 있습니다. 따라서 서머 타임제와 같은 단순한 시간 앞당기기 제도로 가정과 사회의 근본적인 문제를 해결하기는 어렵습니다.

[해결 방안] 이러한 문제를 해결하기 위해 찬성 측에서는 서머 타임제 시행을 주장하는 바입니다.

[에너지] 서머 타임제를 시행하면 전력 소비량이 0.13~0.25% 감소하여 에너지 문제를 해결할 수 있습니다.

[여가 시간] 또한 퇴근 시간이나 하교 시간이 한 시간 빨라지기 때문에 저녁의 여가 시간이 늘어나게 됩니다. 따라서 국민의 삶의 질이 향상될 것입니다.

해결 방안

[방안의 실행 가능성] 서머 타임제 시행으로 인한 혼란을 우려하는 목소리도 있습니다. 하지만 서머 타임은 실시 전날만 한 시간 빠르게 시계를 맞춰 두고 이후에는 그 시간에 맞춰 활동하면 되므로 어려움 없이 간단하게 실행될 수 있습니다. 또한 서머 타임제는 날씨가 무더워지는 4월에서 9월까지만 시행하기 때문에 국민들의 일상생활에 큰 혼란을 주지 않을 것입니다. 그러므로 서머 타임제는 실행 가능성 측면에서 큰 문제가 없습니다.

[해결 방안] 찬성 측에서는 서머 타임제 도입으로 에너지 문제를 해결할 수 있다고 말씀하셨는데 실상은 그와 다릅니다.

[에너지] 연구 결과 서머 타임제를 실시하는 국가들의 에너지 절감 효과는 미미한 것으로 나타났습니다. 그러므로 서머 타임제 도입으로는 에너지 문제를 해결하기 어렵습니다.

[여가 시간] 우리나라의 경우 근로자가 정시에 퇴근하는 것은 쉽지 않습니다. 오히려 서머 타임제로 출근 시간만 앞당겨 근로 시간이 늘어나는 결과를 낳을 수 있기 때문에 삶의 질이 높아진다고 보기 어렵습니다.

[방안의 실행 가능성] 그리고 서머 타임제는 간단하게 집 안의 시계를 한 시간 앞당겨서 될 문제가 아닙니다. 서머 타임제를 시행하게 되면 휴대전화와 같은 통신 체계, 금융 거래 시스템, 열차나 항공기와 같은 교통 시스템 등 국가 기간 시설의 운영을 모두 변경해야 합니다. 이로 인해 국민의 일상생활에 큰 혼란이 일어날 것입니다.

서머 타임제를 시행하여 얻을 수 있는 이익은 매우 큽니다.

우선 전력 소비량이 감소하여 연간 약 341억~653억 원의 에너지 절감 효과를 거둘 수 있고, 출퇴근 시간의 분산, 교통사고 감소 등으로 연간 808억~919억 원의 이익이 발생합니다.

또한 낮 시간을 이용한 교육, 건강, 여가 활동이 활성화되어 연간 2조 원대에 달하는 내수 소비 및 생산 유발 효과를 거둘 수 있습니다. 이를 고려하면 약 200억 원의 전산 시스템 수정 비용을 감안하더라도 경제적인 이익이 훨씬 큽니다.

따라서 서머 타임제는 비용이나 부작용보다 장점으로 인한 이익이 더 큰 제도이므로 반드시 시행해야 합니다.

→ 이익/비용 ←

서머 타임제를 시행하면 교통, 통신, 국제 항공 일정 조정, 금융 전산망, 행정 정보망 등 각종 전산 시스템 변경 비용으로 약 200억 원이 듭니다. 기업의 입장에서는 업무 종료 시점부터 연장 근무 시간으로 산출되어 야근 수당 등으로 인건비가 상승할 요인이 됩니다.

또한 서머 타임제를 시행하면 수면, 생체 리듬에 영향을 주어 질병 발병률이 높아져 국민의 의료비 부담이 늘어납니다. 국민의 심리적 혼란 역시 경제적으로 환산하면 그 비용이 매우 큽니다.

따라서 서머 타임제를 시행하여 얻는 이익보다 그로 인한 부작용이나 폐해가 훨씬 크므로 서머 타임제 시행은 불필요합니다.

❸ 비교우위 모형으로 입론을 어떻게 구성하나요?

논제를 분석한 결과 직접적으로 비교할 정책이 있는 조정형(BB′형)과 대체형(BC형)이라면 현재 상태의 정책 B와, 조정할 정책 B′ 또는 대체할 정책 C의 상대적인 이익을 비교하는 비교우위 모형을 적용하여 내용을 조직하는 것이 적절하다.

정책 논제의 성격에 따른 입론 모형을 선택할 때는 논제의 표면적 의미보다는 본질적인 의미를 파악하는 데 역점을 두어야 한다. 예를 들면 '서머 타임제를 시행해야 한다.'와 같은 경우 언뜻 보면 현재 정책이 없으므로 신규 정책의 도입을 주장하는 논제 같다. 논제의 진술은 그러하지만 특정 기간에 현재 시간을 한 시간 앞당겨 적용하자는 것이므로 '정책 A(기준시)'를 '정책 B(서머 타임제)'로 조정하자는 주장이 된다. 기준시를 1시간 앞당긴 서머 타임제를 적용한 상태를 충분히 예견할 수 있으며, 기준시를 적용하는 현재 상태와 이익과 비용에 대한 비교가 가능하다. 그러므로 표면적 형식만 보면 도입형으로 파악하여 필요-방안 모형을 적용하게 되지만 본질적 의미를 분석하면 조정형이므로 비교우위 모형을 적용하는 것이 적합하다.

예를 들면 비교우위 모형을 적용하면 첫 번째 이익으로 에너지 절감을, 두 번째 이익으로 국민의 여가 시간 증대를, 세 번째 이익으로 경제 활성화 등을 상위 쟁점으로 설정하고 그 안에서 '문제(피해)-원인(내재성)-해결(해결성)'의 필수 쟁점을 포괄하여 다루면서 현재의 기준시 적용 정책과 상대적인 이익을 비교해 가며 내용을 조직할 수 있다.

비교우위 모형의 경우 비교우위를 나타내는 이익별로 구분하여 필요-방안 모형의 II, III, IV를 통합하여 하위 논증 1, 2, 3으로 제시한다.

비교우위 모형의 세부 논증 구성

I. 방안

  1. 문제를 해결할 방안은 C이다.

II. 이익1

  1. 현재 상태의 방안 B의 문제로 (양적/질적) 피해가 중대하다.

  2. 문제에는 (구조적/태도적) 원인이 내재되어 피해가 지속된다.

  3. 방안 C는 실행 가능하며 기존 방안보다 문제를 잘 해결한다.

III. 이익2

  II와 동일한 구조

IV. 이익3

  II와 동일한 구조

• 비교우위 모형으로 입론을 구성한 예

논제: 서머 타임제를 시행해야 한다.

찬성	정책 토론의 필수 쟁점	반대

찬성	정책 토론의 필수 쟁점	반대
찬성 측 입론 시작하겠습니다. [용어 정의] 서머 타임제란 해가 길어지는 여름철에 일과를 일찍 시작하고 마감할 수 있도록 표준 시간을 한 시간 앞당기는 제도를 말합니다. [해결 방안] 이러한 문제를 해결하기 위해 찬성 측에서는 서머 타임제 시행을 주장하는 바입니다. [방안의 실행 가능성] 서머 타임제 시행으로 인한 혼란을 우려하는 목소리도 있습니다. 하지만 서머 타임은 실시 전날만 한 시간 빠르게 시계를 맞춰 두고 이후에는 그 시간에 맞춰 활동하면 되므로 어려움 없이 간단하게 실행될 수 있습니다. 또한 서머 타임제는 날씨가 무더워지는 4월에서 9월까지만 시행하기 때문에 국민들의 일상생활에 큰 혼란을 주지 않을 것입니다. 그러므로 서머 타임제는 실행 가능성 측면에서 큰 문제가 없습니다.	→ 방안 ←	찬성 측 입론 잘 들었습니다. [해결 방안] 찬성 측에서는 서머 타임제 도입으로 에너지 문제를 해결할 수 있다고 말씀하셨는데 실상은 그와 다릅니다. [방안의 실행 가능성] 서머 타임제는 간단하게 집 안의 시계를 한 시간 앞당겨서 될 문제가 아닙니다. 서머 타임제를 시행하게 되면 휴대전화와 같은 통신 체계, 금융 거래 시스템, 열차나 항공기와 같은 교통 시스템 등 국가 기간 시설의 운영을 모두 변경해야 합니다. 이로 인해 국민의 일상생활에 큰 혼란이 일어날 것입니다.

[문제] 최근 여름철 전력 소모가 급증하여 대규모 정전이 발생하는 등 에너지 문제가 심각합니다. 지난해 국내 전력 소비 증가율은 4.8%를 기록하였으며 전력 대란이 해마다 반복되고 있습니다. 정부에서 다양한 대책을 시행하고 있지만 그 효과가 미미합니다. 특단의 대책을 마련하지 않는다면 에너지 문제는 계속되어 대정전과 같은 혼란이 반복될 것입니다.

[해결] 서머 타임제를 시행하면 전력 소비량이 0.13~0.25% 감소하여 에너지 문제를 해결할 수 있습니다.

[이익/비용] 서머 타임제를 시행하여 얻을 수 있는 이익은 매우 큽니다. 우선 전력 소비량이 감소하여 연간 약 341억~653억 원의 에너지 절감 효과를 거둘 수 있고, 출퇴근 시간의 분산, 교통사고 감소 등으로 연간 808억~919억 원의 이익이 발생합니다.

이익1
(에너지/
경제적 차원)

[문제] 찬성 측에서는 에너지 문제가 심각하다고 말씀하셨는데, 이미 정부 차원에서 실내 온도를 규제하고 전기 요금을 인상하는 방안을 통해 가정이나 기업의 에너지 소비를 효과적으로 조절하고 있습니다. 현재와 같이 에너지 수급을 관리하면 심각한 문제는 없을 것입니다. 또한 최근 들어 에너지 절약에 대한 홍보가 계속되고 있고 국민 의식도 개선되고 있습니다. 대체 에너지에 대한 연구 성과도 나타나 에너지 문제는 자연스럽게 해결될 것입니다.

[해결] 연구 결과 서머 타임제를 실시하는 국가들의 에너지 절감 효과는 미미한 것으로 나타났습니다. 그러므로 서머 타임제 도입으로는 에너지 문제를 해결하기 어렵습니다.

[이익/비용] 서머 타임제를 시행하면 교통, 통신, 국제 항공 일정 조정, 금융 전산망, 행정 정보망 등 각종 전산 시스템 변경 비용으로 약 200억 원이 듭니다. 기업의 입장에서는 업무 종료 시점부터 연장 근무 시간으로 산출되어 야근 수당 등으로 인건비가 상승할 요인이 됩니다.

[문제] 또한 경제 협력 개발 기구 회원국 중에서 우리나라는 근로 시간이 유난히 깁니다. 그래서 가족과 함께하고 자기 계발을 할 수 있는 여가 시간이 매우 부족한 실정입니다. 이러한 상황이 계속된다면 국민들의 삶의 질은 더욱 낮아질 것이며, 가족 해체 등의 사회적 문제는 더욱 급증할 것입니다.

[해결] 또한 퇴근 시간이나 하교 시간이 한 시간 빨라지기 때문에 저녁의 여가 시간이 늘어나게 됩니다. 따라서 국민의 삶의 질이 향상될 것입니다.

[이익/비용] 또한 낮 시간을 이용한 교육, 건강, 여가 활동이 활성화되어 연간 2조 원대에 달하는 내수 소비 및 생산 유발 효과를 거둘 수 있습니다. 이를 고려하면 약 200억 원의 전산 시스템 수정 비용을 감안하더라도 경제적인 이익이 훨씬 큽니다.

따라서 서머 타임제는 비용이나 부작용보다 장점으로 인한 이익이 더 큰 제도이므로 반드시 시행해야 합니다.

이익2
(여가 시간/
경제적 효과/
건강)

[문제] 그리고 개인의 여가 시간도 주 5일제 근무의 시행으로 크게 늘었습니다. 가족 해체 등의 사회적 문제의 원인을 단순히 근로 시간만으로 해석하는 것은 문제가 있습니다. 따라서 서머 타임제와 같은 단순한 시간 앞당기기 제도로 가정과 사회의 근본적인 문제를 해결하기는 어렵습니다.

[해결] 우리나라의 경우 근로자가 정시에 퇴근하는 것은 쉽지 않습니다. 오히려 서머 타임제로 출근 시간만 앞당겨 근로 시간이 늘어나는 결과를 낳을 수 있기 때문에 삶의 질이 높아진다고 보기 어렵습니다.

[이익/비용] 또한 서머 타임제를 시행하면 수면, 생체 리듬에 영향을 주어 질병 발병률이 높아져 국민의 의료비 부담이 늘어납니다. 국민의 심리적 혼란 역시 경제적으로 환산하면 그 비용이 매우 큽니다.

따라서 서머 타임제를 시행하여 얻는 이익보다 그로 인한 부작용이나 폐해가 훨씬 크므로 서머 타임제 시행은 불필요합니다.

5장

입론 구성

▶▶▶ 찬성 측에게는 입증 책임(the burden of proof)이 부과된다

① 정책 토론의 찬성 측 첫 번째 입론은 논제에 제시된 현재 상태의 변화를 주장해야 한다.

② 이때 반론이 없으면 청중에게 주장이 수용되도록 설득력을 갖춘 선결 요건을 충족해야 한다.

③ 선결 요건을 충족하기 위해 필수 쟁점을 포함하여 입론을 구성하여야 한다.

▶▶▶ 문제(피해) 쟁점에서는 현재 상태의 문제로 인한 피해의 중대성을 입증한다

이때는 양적인 차원과 질적인 차원에서 접근하여 구체적인 근거를 들어 증명해야 한다. 양적인 차원은 피해의 규모에 해당하며 질적인 차원은 인권과 같은 주요한 가치의 훼손을 의미한다. 이때 양적인 피해는 산출 가능한 근거가 제시되어야 한다.

▶▶▶ 원인(내재성) 쟁점에서는 피해를 발생시킨 문제의 원인을 규명한다

해결 방안이라는 처방을 제시하기 위해서는 문제의 원인을 파악하는 것이 우선이다. 즉, 문제가 어디에 내재해 있는지를 확인하여야 한다. 내재성은 일반적으로 법률이나 제도 등과 같은 구조적 원인을 의미하는 구조적 내재성과 사람들의 가치관이나 의식 등과 같은 태도적 원인을 의미하는 태도적 내재성으로 구분하여 입증한다.

▶▶▶ 해결 방안(해결성) 쟁점에서는 문제를 해결할 방안을 설명하고, 실행이 가능한지와 문제를 어떻게 해결하는지를 입증한다

방안에 대해서는 어떤 방안인지에 대한 '무엇을'의 내용, 방안의 시행 주체인 '누가'의 내용, 예산 확보와 인력 편성 등 시행 방법 차원의 '어떻게'의 내용을 다루어야 한다. 이 방안은 입론의 가장 앞부분에 두는 경우도 있지만 보통은 해결성의 앞부분에서 다룬다.

▶▶▶ 이익/비용 쟁점에서는 방안이 문제를 해결하여 현재 상태보다 이익이 더 크다는 것을 입증해야 한다

이때 찬성 측은 방안이 유발하는 비용이나 부작용에 대해 반대 측의 입론 전에 구체적으로 제시할 필요는 없지만 반론을 예견하여 이익과 불이익에 대해 고려해야 한다.

▶▶▶ 필수 쟁점을 적용해서 입론을 구성해야 한다

찬성	정책 토론의 필수 쟁점	반대
• 문제가 심각하며 피해가 중대하다. • 문제는 지속되며 시급하게 조치해야 한다.	문제	• 문제가 심각하지 않으며 피해가 중대하지 않다. • 문제는 자연스럽게 해결되며 시급한 조치가 필요 없다.
• 해결 방안으로 문제가 해결된다. • 해결 방안은 실행 가능하다.	해결 방안	• 해결 방안으로 문제가 해결된다는 보장이 확실하지 않다. • 해결 방안은 실행 가능하지 않다.
• 비용보다 이익이 크다.	이익/비용	• 이익보다 비용이 크다.

입론 구성하기

Q1 입론을 구성하기 위한 자료 수집은 어떤 방식이 효과적인가요?

자료를 수집할 때는 자료 카드를 활용하는 것이 효과적입니다. 첫째, 다양한 출처에서 수집한 자료를 입론의 개요에 따라 배열하기 용이합니다. 자료 카드에는 한 장당 하나의 아이디어만 적게 하며 뒷면은 사용하지 않습니다. 입론 개요에 따라 수집한 자료 카드를 배열하여 한눈에 보면 논의의 전체 흐름을 파악하기 좋습니다. 둘째, 찬성 측과 반대 측의 논리 흐름을 시뮬레이션하기 좋습니다. 자료 카드를 한눈에 보면서 손으로 움직여 가며 다양한 논리의 조합을 예측하여 대응할 수 있습니다. 셋째, 수집한 자료를 개요에 따라 배열하면 입론서 작성이 용이하며 토론을 시행할 때 자료 카드를 그대로 활용하여 발언하기 좋습니다. 특히 방어를 하거나 반대 신문을 할 때 자료를 쉽게 찾아 대응할 수 있습니다.

• 자료 카드의 예

주제(필수 쟁점)	핵심어
내용	
자료 출처:	

다음 사진은 수집한 자료를 줄글로 작성해서 준비한 경우입니다. 이 경우에는 상대편과 실시간으로 이루어지는 논리 공방에서 신속하고 효과적인 대응이 어렵습니다.

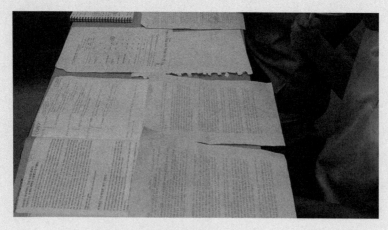

A4용지를 활용한 자료 수집

다음 사진은 자료 카드를 준비하여 토론에 참여한 경우입니다. 자료 카드 윗면에는 핵심어를 적고, 필수 쟁점이나 주제에 따라 색을 표시하여 순간적으로 자료 카드를 찾기 쉽게 준비한 것입니다. 수집한 자료로 시뮬레이션을 하며 준비하기도 편하고, 실제 토론을 수행할 때도 역동적인 논리 전개나 즉각적인 반대 신문 또는 그에 대한 응답이 가능합니다.

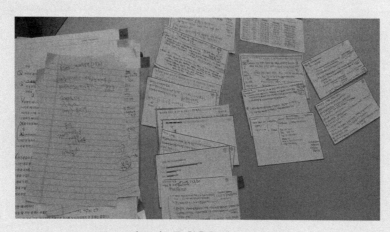

자료 카드를 활용한 자료 수집

Q2 입론은 말로 하는 건데 입론서를 작성해야 하나요?

각 팀이 찬성과 반대 양측의 첫 번째 입론서를 작성하게 하면 됩니다. 찬성과 반대 입장은 토론 시작 전에 무작위로 정하여 일정한 준비 시간을 부여하고 바로 토론을 진행하면 됩니다. 첫 번째 입론은 선결 요건을 갖춘 조리 있는 연설이어야 하므로 입론서를 작성하여 준비하도록 합니다.

Q3 토론을 쓰기 지도에 어떻게 활용하나요?

토론 입론서를 작성하는 것만으로도 훌륭한 글쓰기 지도가 됩니다. 논제를 분석하여 개요를 작성하고 자료를 수집하여 논증을 하여 한편의 글을 작성하는 것은 글쓰기의 모든 과정을 담고 있습니다. 특히 상대의 반박을 예상하여 자신의 논증을 강화하고 자신의 주장을 분명한 근거 자료로 뒷받침하는 작업은 논증 교육의 핵심적인 부분을 담고 있습니다. 또한 상대의 대응을 예상하는 과정 자체가 최근 강조되는 독자와 대화하는 글쓰기와 직접적으로 맥이 닿아 있습니다. 실시간으로 마주하는 청중, 판정단, 상대편 등 실재하는 독자를 염두에 두며 글을 작성하는 과정은 쓰기 지도에 매우 효과적입니다. 토론 후 다양한 독자의 반응을 확인한 후 자신의 입장을 정하여 한 편의 설득하는 글을 쓰게 하는 것도 토론과 글쓰기를 연계하여 지도하는 효과적인 방법입니다.

Q4 토론을 읽기 지도에 어떻게 활용하나요?

토론은 비단 듣고 말하는 언어 활동이 아닙니다. 정책 논제를 다룬 토론의 경우는 자료 조사가 특히 중요합니다. 다양한 매체에서 신뢰할 만한 자료를 찾아 분석적으로 읽고 핵심 내용을 파악하는 언어 활동은 읽기 지도와 직결됩니다. 특히 토론의 논박과 반대 신문의 상호작용 과정에서 길러지는 사고력은 글을 읽을 때 필요한 사실적·추론적·비판적 이해 능력과 직접적인 연관이 있습니다.

Q5 입론 지도를 할 때 어떤 방식으로 하면 좋을까요?

입론을 지도할 때는 활동지를 활용할 수 있습니다. 학습자의 수준에 따라 논제 분석을 정교하게 하고, 필수 쟁점을 확대하여 다소 복잡한 활동지를 만들 수도 있습니다. 초기 입문 단계에서는 다음과 같이 간단한 양식을 활용하여 입론을 구성하도록 지도할 수 있습니다.

• 입론 구성 양식의 예

(1) 토론의 논제는 무엇인가?

(2) 양측의 핵심 주장을 정리해 보자.

찬성 측		반대 측
	↔	

(3) 양측의 입론의 내용을 필수 쟁점별로 구분하여 정리해 보자.

찬성	정책 토론의 필수 쟁점	반대
→	문제	←
→	해결 방안	←
→	이익/비용	←

Q 6 두 번째 토론자는 어떻게 지도하나요?

첫 번째 토론자가 준비된 입론을 하면, 두 번째 토론자는 논의의 흐름에 따라 자연스럽게 논박하고 부연 설명을 하도록 하면 됩니다. 예를 들어 찬성 측 두 번째 토론자라면, 자기편의 첫 번째 토론자의 입론에 대해 반대 측 두 번째 토론자가 반대 신문을 하고 이어서 반대 측 첫 번째 토론자가 입론을 합니다. 이에 대해 같은 편인 찬성 측 첫 번째 토론자가 반대 신문을 합니다. 그 후 다섯 번째로 자신의 순서에 찬성 측 두 번째 입론을 하게 되는데 이때 미리 작성한 입론을 읽는다면 논의의 흐름에서 벗어난 엉뚱한 얘기를 하게 됩니다.

찬성 측 두 번째 토론자는 상대편의 반대 신문 중 같은 편 첫 번째 토론자가 답변하지 못해 부연 설명이 필요한 내용, 반대 측 첫 번째 토론자의 입론에 대해 논박할 내용, 같은 편 첫 번째 토론자가 반대 신문을 통해 코너로 몰아넣어 약점이 드러난 반대 측 논리 등에 대해 논의의 흐름을 살려 논박, 부연 설명, 질문 등을 해야 합니다. 이러할 때 논의의 흐름이 살고 토론의 역동성이 생깁니다. 첫 번째와 두 번째 토론자 모두 준비한 입론서을 읽는다면, 양측의 입론과 반대 신문 단계는 엉뚱한 길로 빠져 서로 다른 얘기를 하게 됩니다. 그러므로 찬반 모두 첫 번째 입론서를 꼼꼼하게 준비하여 입론서를 작성하는 것이 바람직합니다.

6

필수 쟁점별 논증 구성

"문제의 원인을 다루는 내재성 쟁점을 제일 어려워하더라고요."

입론 모형을 적용할 때 학생들이 무엇을 힘들어하냐는 질문에 방과 후 토론반을 지도하는 선생님이 한 말이다. 중학교 교사로 재직하는 제자의 수업을 참관한 적이 있었다. 10개의 논제를 정하여 방과 후 수업으로 14명의 중학생들이 토론을 진행하였다. 방과 후 수업으로 토론반을 선택한 중학생들은 제법 진지하게 토론을 진행하였다. 주어진 논제에 대해 자료 수집도 많이 하였고 입론의 내용도 짜임새 있었다. 그런데 학생들은 문제의 원인을 파악하고 그에 따른 근거를 마련하는 것을 어려워하였다.

대증요법(對症療法)과 병인요법(病因療法)이란 말이 있다. 전자는 열이 날 때 얼음주머니를 대듯이 병의 원인을 찾아 없애기 곤란한 경우 병의 증상에 대응하여 처치를 하는 치료법이다. 이에 반해 후자는 병의 원인에 따라 그 원인을 없애거나 다스리는 치료법이다. 마찬가지로 현재 상태의 문제를 확인하고 그에 따른 피해를 입증하였다면, 이를 유발하는 원인을 철저히 밝혀 병인요법을 적용하는 것이 더욱 효과적이다.

문제의 원인이 어디에 내재(內在)해 있는지에 주목한 용어가 바로 '내재성'인데, 용어 자체도 낯설게 여겨져 학생들이 어렵게 느끼는 경우가 많다. 또한 문제의 원인은 하나인 경우보다 여러 가지가 복합적으로 작용하는 경우가 많다. 특히 제도나 법률처럼 명시적으로 드러난 구조적인 원인뿐 아니라 사람들의 인식이나 가치관 등 태도적인 원인이 서로 상호작용하면서

얽혀 있기 때문에 문제의 원인이 어디에 내재해 있는지를 규명하는 것은 쉬운 일이 아니다. 하지만 대증요법에 따른 표피적 처방이 아니라 병인요법에 따른 근원적 처방으로 해결 방안을 마련하려면 반드시 문제의 원인이 내재한 지점을 밝혀야 한다.

정책 토론에서는 해결 방안을 마련하고 입증하는 데 비중을 많이 두지만, 사실은 '현재 상태에 문제가 존재한다.', '문제로 인한 피해가 심각하다.', '문제의 원인은 어디에 내재해 있다.'라는 명제를 입증하는 것이 더욱 중요하다. 문제가 없으면 해결 방안을 마련할 필요가 없기 때문이다. 그래서 이러한 단계를 정당화(justification)라고 부르기도 한다. 6장에서는 이 정당화에 초점을 두어 개별 필수 쟁점들의 속성을 예시를 통해 살펴보고자 한다.

① 문제(피해) 쟁점이란 무엇인가요?

정책 토론에서 찬성 측이 주장하는 핵심 명제는 '변화의 필요성을 정당화하는 심각한 문제가 존재한다.'이다. 이를 위해서는 '문제로 인한 피해가 중대하다.'라는 명제가 입증되어야 한다. 이에 해당하는 첫 번째 필수 쟁점을 논저마다 다르게 명명하고 있다.

피해/해악(harms)	(Edwards, 2008)
필요(성)(need)	(박승억 외, 2011)
문제(problem)	(Phillips, Hicks & Springer, 2006)
중대성(significance)	(Freeley & Steinberg, 2014)
정당화/당위성(명분)(justification)	

핵심 명제의 어느 부분에 초점을 두느냐에 따라 달리 부를 수 있지만 '생명이나 신체, 재산, 명예 따위에 손해를 입음'이라는 의미의 피해(harms)가 첫 번째 필수 쟁점을 가리키는 용어로 일반적으로 사용된다. 여기에서는 5장의 학습 용어를 준용하여 '문제(피해)' 쟁점으로 사용하기로 한다.

'문제(피해)가 존재한다.'라는 찬성 측의 주장은 '현재 상태에 대한 변화가 필요하다.'는 명제의 전제가 되므로 양적 차원과 질적 차원 모두 그 중대성의 정도가 일정 수준 이상이어야 한다(Freeley & Steinberg, 2014: 235; Phillips, Hicks & Springer, 2006: 123). 그래야 현재 상태의 변화에 대한 정당함이 입증되고 찬성 측이 주장하는 해결 방안이 설득력을 얻게 된다.

❷ 문제(피해) 쟁점의 양적 차원에 대해서는 어떤 논의를 하나요?

측정 가능한 근거를 구체적으로 제시한다

우선 찬성 측은 피해의 양적 차원의 중대성에 대해서 측정 가능한 근거를 제시해야 한다. 즉, 현재 상태의 문제로 인해 발생하는 피해자의 수, 피해액의 규모 등을 구체적인 근거를 들어 제시해야 한다. 예를 들면 '충치를 유발하는 과자의 광고를 규제해야 한다.'라는 주장을 하기 위해서는 아동의 충치 발생 수치를 구체적으로 제시해야 한다. '폭력 영화의 청소년 상영을 금지해야 한다.'라는 주장을 하기 위해서는 영화를 통해 부정적인 영향을 받은 청소년의 실태를 구체적으로 제시해야 한다. 그렇지 않을 경우 반대 측에 의해 근거가 불충분하다며 반박을 당하게 된다.

구체적인 근거를 제시하지 못하면 설득력도 부족하고 역공을 당하기 쉽다

다음 사례는 피해의 양적 중대성에 대해 구체적인 근거를 제시하지 못한 경우이다.

> **논제: 교육적 체벌을 허용해야 한다.**
>
> 체벌이 금지된 이래로 교권이 침해된 일이 <u>많이 생겨나게 되었는데요</u>. 가벼운 신체 접촉을 과민반응하며 교사를 무시하게 되는 일이 <u>비일비재합니다</u>.

이 사례에서는 교육적 체벌이 금지된 이후에 교권 붕괴 문제에 대해 구체적인 근거를 제시하지 못하고 '많이 생겨나게 되었다', '비일비재하다' 등 신뢰할 수 없는 주관적인 표현을 사용하였다. 이렇듯 정확한 통계 수치 등 피해의 양적 규모가 제시되지 않은 모호한 근거는 자신의 주장을 충분히 입증하지 못할 뿐더러 상대측에게 반박의 빌미를 제공할 소지가 높다.

구체적인 근거로 피해의 중대성을 효과적으로 입증할 수 있다

반면에 다음 사례는 피해의 양적 중대성을 효과적으로 제시한 경우이다.

> ### 논제: 동물 실험을 폐지해야 한다.
>
> <u>동물 실험으로 인해 희생되는 동물의 수가 전 세계에서 1년에 1억 마리</u>
> <u>정도라고 합니다.</u> 따라서 동물 실험을 폐지해야 한다고 생각합니다. 사람과
> 동물이 공유하는 질병은 1.15%밖에 되지 않는데 실제 그 질병을 위한
> 실험을 한다고 해도 성공한다는 보장이 없습니다.

이 사례에서는 동물 실험의 폐지를 주장하면서, 동물 실험으로 인해 희생되는 피해 동물의 수를 구체적으로 제시하였다.

> ### 논제: 청소년의 교내 휴대전화 사용을 규제해야 한다.
>
> 교내의 청소년 휴대폰 사용은 청소년의 심각한 휴대폰 중독 현상을
> 야기했습니다. … 이렇듯 청소년들이 휴대폰에 병적으로 집착하게 되면 더
> 이상 휴대폰은 학생들에게 유용한 매체가 아니라 삶을 지배하는 무언가가
> 되어 버리고 맙니다. 국무총리 산하 청소년 보호 위원회가 발표한 연구
> 보고서에서 청소년의 휴대폰 사용 실태에 대한 조사를 실시했습니다.
> <u>전국 10개 시도의 중고생 2,339명을 대상으로 한 조사에 따르면 응답자의</u>
> <u>75%가 휴대폰 중독 현상을 느끼는 것으로 나타났습니다.</u> 과반수 청소년의
> 휴대폰 중독 실태와 휴대폰 중독이 유발하는 우울증, 불안, 수면 장애, 금단
> 현상 등을 고려했을 때 청소년의 휴대폰 중독에 대한 문제 해결이 매우
> 시급합니다.

청소년의 휴대전화 사용으로 인한 문제에 대해 권위 있는 기관이 실시한 설

문 조사 결과를 바탕으로 휴대전화 중독 현상을 겪는 학생의 비율을 명시적으로 제시하였다. 구체적인 근거를 제공하여 피해의 중대성을 효과적으로 강조하였다.

❸ 문제(피해) 쟁점의 질적 차원에 대해서는 어떤 논의를 하나요?

문제로 인해 훼손되는 중대한 가치를 제시한다

찬성 측은 질적 차원의 중대성에 대해서 중요한 가치의 훼손을 정확하게 분석하여 제시해야 한다. 예를 들면 소수자의 인권, 평등, 언론의 자유, 행복 추구권 등 인류가 보편적으로 중시하는 핵심 가치의 손상이나 파괴에 현재 문제가 직결되어 있다며 피해의 중대성을 부각하는 것이다. 피해의 정도가 양적으로 크더라도 질적인 차원의 중대성을 입증하지 못하는 경우도 있다. 찬성 측에서는 피해의 양적 규모뿐 아니라 그 피해로 인해 중대하게 훼손되는 질적 차원의 가치를 분명하게 언급해야 한다.

**문제가 훼손하는 중대한 가치를 제시하지 못하면 논증의 설득력이
부족해진다**

다음 사례는 교육적 체벌이 법적으로 금지된 현재 실태로 인한 문제를 주장하고 있다.

> 논제: 교육적 체벌을 허용해야 한다.
>
> 원래 체벌의 사전적 의미는 몸에 직접 고통을 줘 벌하는 것을 뜻합니다.
> 하지만 교내에서 교사가 학생에게 체벌을 하는 것은 교육적인 목적에서
> 학생의 올바른 인격 형성을 위해 교육자로서 학생의 잘못을 지적하고 인성
> 지도를 해 나가는 것입니다. 예를 들어 교사가 학생의 인권을 바로 잡기

위해 체벌을 하는 것은 올바르다고 생각합니다. 학생들이 교사를 무시할
경우 때리지 못하니, 될 대로 되라는 식으로 되고, 이의 대안인 벌점 제도는
효과적이지 않습니다. … 이와 같은 이유로 저는 체벌을 허용해야 한다고
생각합니다.

이 사례에서는 피해의 양적 규모를 통계 수치 등으로 제시함과 동시에 '교권'
이라는 중요한 가치가 침해되었음을 주장하여 질적 차원의 중대성을 입증했어야
했는데 그렇지 못하였다.

문제로 인해 훼손되는 중대한 가치를 언급하면 강력한 논증이 된다
다음 사례는 피해의 질적 중대성을 분명하게 제시한 경우이다.

논제: 청소년의 교내 휴대전화 사용을 규제해야 한다.

청소년의 과도한 휴대폰 사용은 기기로 인한 <u>인간 소외 현상</u>을
심화시켰습니다. 학기 초 서로 대화하기보다는 휴대폰으로 문자 메시지를
보내기 바쁜 반 아이들의 모습을 여러분은 쉽게 상상할 수 있으실
것입니다. 이러한 현상은 청소년들 사이에서 면대면의 진솔한 대화를
어렵게 하고 서로의 성격을 파악하고 알아가는 데 큰 장애물이 됩니다.

이 사례에서는 청소년의 휴대전화 사용 문제에 대해 언급하면서 '인간 소외
현상'을 심화한다며 어떠한 가치가 훼손되는지를 명시적으로 제시하였다.

> 논제: 임신 중절 수술을 합법화해야 한다.
>
> 저는 임신 중절 수술을 허용해야 한다고 생각합니다. 첫 번째로 무리한 출산은 <u>산모와 태아 모두의 건강</u>을 해칠 수 있습니다. 만약 산모와 태아의 건강에 이상이 있음을 알게 된 상태에서 낙태 수술을 하지 못한다면 두 생명을 사라지게 할 가능성이 있습니다. … 두 번째로 <u>미혼모에 대한 사회적 차별</u>에 대해 생각해 보아야 합니다. … 세 번째로 임신 중절 수술을 하지 못해 출산한 <u>태아가 받을 고통</u>을 고려해야 합니다.

위의 사례는 '산모와 태아의 건강과 생명'과 '미혼모에 대한 사회적 차별', '태아의 고통' 등의 중요한 가치가 위협받는다고 언급하여 요건을 충족하였다. 이와 더불어 '임신 중절을 선택할 여성의 권리'라는 중요한 가치도 함께 언급하면 더욱 효과적이었을 것이다.

양적 차원과 질적 차원을 결합하면 논증의 효과가 증폭된다

물론 가장 효과적인 방법은 양적 피해와 질적 피해를 결합하는 방법이다. 찬성 측 첫 번째 토론자는 현재 상태의 문제는 매우 심각하며 그로 인한 피해가 중대하다는 논증을 효과적으로 구성하여야 한다. 이 논증을 구성할 때는 구체적인 근거 자료가 매우 중요하다. 피해에 대한 근거는 양적 측면에서는 주로 공신력 있는 기관에서 발표한 통계 자료가 효과적이다. 피해에 대해 질적 차원에서 접근할 경우에는 전문가의 발언, 피해자의 실제 증언 등을 사용하여 입증할 수 있다.

원인(내재성) 쟁점

문제의 중대성을 주장할 때 문제의 원인을 함께 규명하여 제시하면 효과적이다. 모든 문제에는 그 원인이 있기 마련이다. 문제가 어느 부분에 내재해 있는지를 밝히는 것은 문제의 중대성과 이를 해결할 방안의 논리적 연결고리가 된다.

① 원인(내재성) 쟁점이란 무엇인가요?

문제(피해)의 원인에 해당하는 원인(내재성) 쟁점은 말 그대로 피해가 어디에 내재해 있는가를 다루는 정책 토론의 두 번째 필수 쟁점이다(Freeley & Steinberg, 2014: 236; Edwards, 2008: 74). 피해를 입증하여 현재 상태의 변화를 주장하였다면 그 피해의 원인을 제시해야 정확한 해결 방안을 제시하는 논리적 연결고리를 생성할 수 있다.

문제의 원인(내재성)은 피해의 지속 여부와 관련이 있다. 만약 문제가 저절로 해결된다면 찬성 측이 주장하는 현재 상태를 변화시킬 새로운 방안은 필요 없다. 그러므로 현재 상태를 그대로 유지한 상태에서는 피해가 절대 저절로 해결될 수 없다는 것을 입증해야 한다.

피해의 원인은 단순한 경우가 드물며, 대부분 서로 연결되어 있고 때로는 식별이 곤란하다. 토론 이론에서는 피해의 원인을 구조적 내재성(structural inherency)과 태도적 내재성(attitudinal inherency)으로 구분하고 있다(Freeley & Steinberg, 2014: 237; Edwards, 2008: 74). 입론의 선결 요건을 갖추기 위해서 찬성 측은 현재 상태의 문제 해결에 방해가 되는 구조적 또는 태도적 차원의 원인을 제시해야 한다.

❷ 원인의 구조적 내재성에 대해서는 어떤 논의를 하나요?

구조적 내재성이란 규정, 법률, 제도와 관련된 원인을 의미한다

'사형제도를 폐지해야 한다.'라는 논제의 경우 피해의 원인은 바로 사형제도이다. 이 제도로 인해 야기되는 양적·질적 피해의 중대성은 제도적 조치에 의해 해결할 수 있다. 찬성 측은 그 조치로 해당 제도의 폐지를 주장해야 한다. '장애인 의무 고용률을 높여야 한다.'라는 논제의 경우에도 현행 의무 고용률을 지정하고 있는 법률이 낮은 의무 고용률로 인한 피해의 원인이다. 이 문제를 해결하는 방안은 법률을 개정하는 것이다.

또한 제도나 법률의 부재가 현재 상태의 피해를 유발하는 구조적인 원인일 수도 있다. 이 경우에는 입법이 해결 방안이 된다. 원인의 구조적 내재성에 대해서는 피해를 유발하는 제도나 법률 등 구조적 원인을 제시해야 한다.

논제와 관련된 규정, 법률, 제도를 찾지 못하면 해결의 실마리를 찾기 힘들다

다음 사례는 상속세 부과의 역기능을 설명하는 입론의 일부이다.

논제: 상속세를 폐지해야 한다.

먼저 자신이 축적한 재산을 자유롭게 처리하는 것은 상속자의 권리입니다. 자신과 자신의 가족을 위해 열심히 모은 재산을 상속세로 뺏기는 것은 정말 부당하지 않습니까? 상속세는 살아 있을 때 열심히 일하고 절약해서 저축한 사람에게 벌을 주는 것과 마찬가지입니다.

두 번째로 중소기업 경영자들은 상속세에 대해 가장 많은 부담을 느낍니다. 상속세 때문에 애써 키워 온 중소기업이 망하게 되는 것입니다. 이는 기업끼리 경쟁하는 사회에서 기업의 경쟁을 막아서 대기업으로 하여금 정상적인 절차를 따르지 않는 방법으로 기업을 물려주게 합니다. 따라서 상속세는 경제에 도움이 되지 않는다고 봅니다.

세 번째로 우리는 상속을 받는 사람의 행운을 빼앗아 갈 수 없습니다.
재산을 상속받는 것은 개인의 자유이고 그 사람이 가지고 태어난 행운에
대해서는 욕할 수 없다고 생각합니다.

이 사례에서는 상속세 부과로 인한 피해에 대해 다각도로 분석하였고 '상속자의 권리' 등 중요한 가치의 훼손 등을 언급하였지만, 상속세 부과에 대한 법적 근거를 명시적으로 분석하지 않아 문제의 구조적 원인이 어디에 내재해 있는지 구체적으로 확인하기 어렵다.

법률이나 제도와 같은 구체적인 구조적 원인을 언급해야 해결의 실마리를 제공할 수 있다

다음은 사형제도 폐지를 주장하는 입론의 일부이다.

논제: 사형제도를 폐지해야 한다.

사형제도란 형법에 규정된 가장 무거운 형벌로서 사람의 생명을 박탈하는
것입니다. 사형의 종류로 한국에는 교수형 하나가 있고, 예외적으로
군에서는 총살형을 하고 있습니다. … 사형제도는 헌법에도 위배됩니다.
헌법 제10조에는 모든 국민은 인간으로서의 존엄과 가치를 가진다고
규정되어 있고, 국가는 인간으로서의 존엄과 가치를 가지는 개인의
기본적인 인권을 보장할 의무가 있다고 명시되어 있습니다. 사형은
존엄권에 전제하는 생명권을 박탈하기 때문에 헌법 제10조를 명백히
위반하고 있습니다.

이 사례에서는 현재 상태에 피해를 초래하는 사형제도라는 문제의 원인이 형법이라는 구조적 차원에 존재함을 명시적으로 언급하고 있는 경우이다. 또한 사

형제도가 상위법인 헌법을 위반함을 주장하여 구조적 차원에서 문제의 원인을 분명하게 제시하였다. 이렇듯 문제의 원인을 분명하게 제시하면 해결의 단서를 제공할 수 있다.

❸ 원인의 태도적 내재성에 대해서는 어떤 논의를 하나요?

태도적 내재성이란 의식이나 가치관과 관련된 원인을 의미한다

여성이나 소수자의 평등권을 가로막는 성차별주의, 인종차별주의 등이 이에 해당한다. 태도적 내재성은 사람들이 분명하게 인식하는 신념 체계일 수도 있지만 무의식중에 느끼는 단순한 감정일 수도 있다. 프릴리와 스타인버그(2014: 237)에서는 범죄에 대한 불안 감정이 죄수의 노동 석방 제도[1]나 일시 가출옥 제도의 과도한 사용을 방해한다는 사례를 제시하여, 불안 감정이 특정 정책에 대한 반감으로 작용함을 언급하였다. 그러므로 찬성 측은 피해가 유발되는 현재 시스템의 기저에서 작동하는 핵심 동기로서의 태도적 내재성을 확인하여 사람들이 지닌 가치관이나 의식에 해당하는 원인을 제시해야 한다.

해당 현상을 야기하는 사람들의 인식을 언급하지 못하면 정확한 원인을 제시하기 어렵다

다음 사례는 각종 데이(day)를 중단해야 한다는 입론의 일부이다.

> **논제: 각종 데이(day)를 중단해야 한다.**
>
> 첫째, 비용이 많이 듭니다. 시민들을 대상으로 한 설문 조사에서 각종 데이에 쓰는 비용이 43%가 만 원에서 3만 원, 31%가 만 원 이하, 16%가

---

1   노동 석방 제도(work release)는 죄수가 낮 동안 교도소 밖으로 노동을 하러 나가는 것을 허용하는 제도이다.

이 사례에서는 불필요한 데이 진행으로 인한 경제적 피해에 대해 설문 조사 결과를 제시하여 피해의 양적 차원의 중대성 요건은 충족하였다. 하지만 사람들이 각종 데이를 진행하는 의식이나 가치관에 대해서는 전혀 언급하지 못하여 문제 현상의 태도적 원인을 제대로 밝히지 못하였다.

원인을 유발하는 사람들의 인식을 분명하게 제시하면 제도나 정책 변화의 공감대를 형성하기 유리하다
다음 사례는 현재 상태의 문제의 원인인 임신 중절 수술의 금지가 사회적 편견을 바탕으로 하고 있음을 분명하게 제시한 경우이다.

논제: 임신 중절 수술을 합법화해야 한다.

임신 중절 수술을 하지 못해 출산한 태아가 받을 고통을 고려해야 합니다. 아직 사회적 편견이 남아 있는 탓에 미혼모의 자식에 대하여 주위에서는 망측하다거나 불쌍하다는 시선을 보냅니다. 이렇게 자라난 아이는 사회에 대해 안 좋은 기억이 많을 것이고, 평범한 가정에서 살아온 아이들보다 힘들게 살아가야 할 것입니다. 이러한 이유로 저는 임신 중절 수술을 허용해야 한다고 강력히 주장합니다.

문제의 원인을 밝힐 때는 구조적 차원과 태도적 차원 두 가지 모두를 염두에 두고 접근하면 효과적이다. 물론 이 두 차원은 상호 배타적이라기보다는 한 문제의 두 차원으로 보는 것이 타당하다. 구조에 문제가 있어 사람들의 태도에 문제가 생기는 것, 사람들의 태도에 문제가 있어 구조에 문제를 유발하는 것 등 문제의 원인은 상호작용하며 얽혀 있다. 그러므로 이 두 차원을 복합적으로 고려할 때 문제의 핵심은 놓치고 표면만 관찰하는 실수를 줄일 수 있다.

반대 측에서는 현재 상태에 문제가 심각하지 않으며 즉각적인 조치가 없어도 자연스럽게 문제가 해결될 것임을 주장해야 한다. 반대 측은 찬성 측이 주장하는 피해의 규모가 과장된 것이며 피해자의 증언은 한쪽의 일방적인 메시지일 뿐이라며 피해의 중대성에 대한 주장을 일축해야 한다. 문제 쟁점은 반대 측에 매우 중요하다. 왜냐하면 반대 측이 현재 상태에 문제가 심각하며 즉각적인 조치가 이루어지지 않으면 중대한 피해가 야기될 것이라는 찬성 측의 주장을 무력화하면 전체 토론에서 매우 유리한 입장에 설 수 있기 때문이다.

필수 쟁점 구성 사례 분석

사례 분석 1

다음 사례는 전국 규모 토론 대회에 참여한 고등학교 2학년생의 입론에서 해당 내용을 추출한 것이다. 이 학생은 현재 시행되고 있는 사형제도의 피해와 그 원인에 대해 심도 있는 분석을 하여 네 가지 측면을 모두 제시하였다.

논제: 사형제도는 폐지되어야 한다.

필수 쟁점	차원	입론 내용	분석
문제 (피해)	양적 중대성	생명권과 이어지는 오판과 악용 가능성이 있습니다. 앰네스티 공식 홈페이지에 따르면 1973년부터 현재까지 98명이나 되는 사형수가 무죄임이 밝혀져 풀려났으며 2001년만 해도 12명이 풀려났습니다. 보시다시피 지금까지 많은 오판과 악용으로 인해 인간답게 살 수 있었던 그들이 칼과 총 그리고 전기와 약물에 의해 세상을 떠났습니다.	오판으로 인해 무죄로 풀려난 사형수의 수치를 구체적으로 제시하여 억울하게 사형을 당한 사람이 적지 않음을 입증하고 있다.
	질적 중대성	사형제도는 인간의 존엄성과 생명권을 무시하고 또 파괴합니다. 인간의 존엄성과 생명은 헌법 위에 존재하는 양도할 수 없는 권리이며 어느 인간도 감히 그것을 침해할 권리도 명분도 갖지 못합니다.	인간의 존엄성과 생명권이라는 중요한 가치가 훼손됨을 주장하였다.

원인 (내재성)	태도적 원인	사형이 대중들의 일반적 인식처럼 강력 범죄 예방에 일조할 수 있습니까? 캐나다의 경우 10만 명당 살인율은 살인에 대한 사형제도가 폐지되기 한 해 전인 1975년에는 3.09%로 가장 높은 수치를 나타냈지만, 1980년에는 2.41%를 기록하였고 그 이후에는 지속적으로 감소하고 있는 추세입니다. 이는 사형제도를 존속하고 있지만 살인율이 지속적으로 늘어나고 있는 미국과는 대조적입니다. 보시다시피 사형은 범죄 예방도 또 범죄자의 개화 및 복귀마저도 모두 부인하고 있습니다.	사형제도의 존속이 '사형제도가 강력 범죄를 예방한다.'라는 대중의 일반적 인식에 근거를 두고 있음을 언급하였다.
	구조적 원인	사형은 법에 의하여 사형으로 처벌될 범죄 구성 요건에 해당하는 범죄인의 생명을 인위적으로 제거하는 행위를 말하며 생명을 끊는 극형이라고도 합니다. … 사회 안정이라는 추상적 원리 명분을 앞세워 우리에게 정작 중요한 인간애를 단숨에 무너뜨리는 제도적 살인은 있을 수 없습니다.	법률에 명시된 사형제도를 '제도적 살인'이라고 언급하여 구조적 문제를 해결하기 위한 원인이 법률에 있음을 분명하게 제시하였다.

사례 분석 2

다음 사례는 중학교 2학년생의 찬성 측 토론 입론에서 해당 내용을 추출한 것이다. 이 학생의 경우 장애인 의무 고용률이 낮아 이를 높여야 한다는 현재 상태에 대한 변화의 정당성을 필요한 요건을 갖추어 효과적으로 제시하였다. 이 학생은 현재의 장애인 의무 고용률을 높이기 위해서는 현재 상태의 피해의 중대성과 그 원인이 어디에 내재해 있는가를 언급해야 함을 분명히 인식하고 있다.

논제: 장애인 의무 고용률을 높여야 한다.			
필수 쟁점	차원	입론 내용	분석
문제 (피해)	양적 중대성	우리나라 장애인들의 실업률은 매우 높습니다. 일반인의 10배가 넘는 수준이지요. 현재 우리나라 장애인 인구는 약 250만 명, 이 중 장애인 근로자는 12만 명으로 전체 사용 근로자의 1.9%에 불과합니다. 독일과 프랑스를 보더라도 그 나라 기업들의 장애인 의무 고용률은 5~6% 수준으로 우리나라보다 두 배나 높습니다.	현행 장애인 의무 고용률이 5~6%대의 선진국보다 낮고, 이 또한 지켜지지 않아 장애인 실업률이 일반인의 10배 정도임을 구체적 통계 수치로 근거를 들어 제시하였다.
	질적 중대성	더 많은 장애인들에게 인간답게 살 수 있는 환경을 제공해야 합니다. 장애인 고용은 장애인 한 명의 삶의 질을 결정할 뿐만 아니라 한 가정의 행복을 좌우하는 문제입니다.	장애인 고용의 문제가 '인간다운 삶', '개인의 삶의 질', '한 가정의 행복' 등 중요한 가치와 직결되어 있으며 이 가치가 훼손됨을 주장하였다.
원인 (내재성)	태도적 원인	사회적 약자인 장애인에 대한 관심을 높여야 합니다. 현재 시행되고 있는 의무 고용률은 많은 기업들 심지어 공공기업들도 잘 지키고 있지 못합니다. 이것 또한 장애인의 노동력이 일반인들보다 조금 떨어진다는 편견 때문입니다.	현재 선진국에 비해 낮게 설정된 장애인 의무 고용률과 이마저도 안 지켜지는 현실이 '장애인의 노동력이 일반인들보다 떨어진다.' 는 사회적 편견에서 비롯되었다고 언급하여 사람들의 의식과 관련된 원인을 제시하였다.

	구조적 원인	세계적으로 장애인의 실업률이 비장애인 실업률의 2/3 이상이며, 한국의 경우도 장애인 실업률이 27.4%로 일반인 실업률의 11배 수준입니다. 그렇기 때문에 정부에서는 장애인 의무 고용률을 국가 및 지방 자치 단체 소속 공무원 정원의 3% 이상, 민간 사업장도 정원의 2.5% 이상으로 규정하고 있습니다. 현재 대기업 같은 경우에는 1.78% 정도밖에 되지 않아서 문제가 되고 있습니다.	현행 장애인 의무 고용률 관련 법안이 어떻게 되어 있는가를 언급하여 구조적 문제를 해결하기 위한 원인이 법안에 있음을 분명하게 제시하였다.

사례 분석 3

다음 사례는 교내 토론 대회에 참여한 초등학교 6학년생의 입론에서 해당 내용을 추출한 것이다. 이 학생은 현재 시행되고 있는 대형마트 영업 규제에 대해 양적 중대성과 원인의 태도적 차원을 효과적으로 제시하였다. 하지만 피해의 질적 중대성이나 구조적 원인을 구체적으로 제시하지 못하였다. 즉, 현상의 기저에서 작동하는 내적 문제를 파악하지 못하였다.

논제: 대형마트 영업 규제를 중단해야 한다.

필수 쟁점	차원	입론 내용	분석
문제 (피해)	양적 중대성	대형마트와 관련된 일자리를 가지고 있는 사람들에게 피해를 줄 수 있습니다. 대형마트는 규모가 큰 만큼 일하는 사람들도 많습니다. … 실제로 마트 직원 수는 영업 규제 시작 전보다 3,000명이 줄었다고 합니다. 체인스토어협회 측에서는 시간제 근로자나 주말 아르바이트, 협력사 판촉사원 등이 비정규직으로 줄었고, 월 4회 휴무가 확대되면서 최대 9,000명까지 고용이 감소되었다고 합니다. 납품업체들은 납품 물량이 10~20% 감소되었고, 농업인 연합회 등 농수산업 단체들은 대형마트의 의무 휴업 이후 작년 말까지 8개월 동안 영업 법인의 매출이 전년의 같은 기간보다 23.4% 감소되었다고 분석하였습니다.	실업자의 증가, 중소 납품업체의 매출 감소 규모 등 구체적인 통계 수치를 제시하여 입증하고 있다.

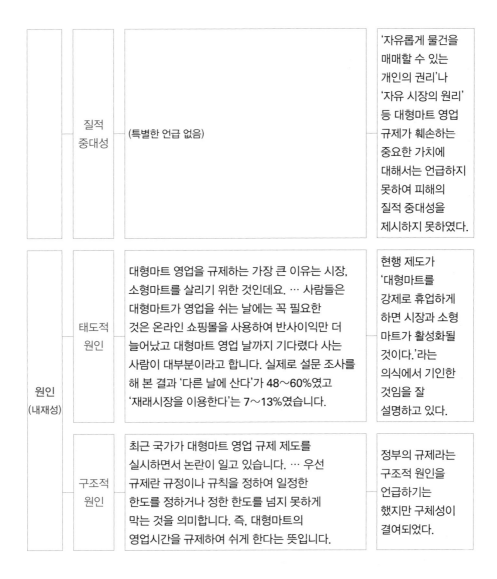

	질적 중대성	(특별한 언급 없음)	'자유롭게 물건을 매매할 수 있는 개인의 권리'나 '자유 시장의 원리' 등 대형마트 영업 규제가 훼손하는 중요한 가치에 대해서는 언급하지 못하여 피해의 질적 중대성을 제시하지 못하였다.
원인 (내재성)	태도적 원인	대형마트 영업을 규제하는 가장 큰 이유는 시장, 소형마트를 살리기 위한 것인데요. … 사람들은 대형마트가 영업을 쉬는 날에는 꼭 필요한 것은 온라인 쇼핑몰을 사용하여 반사이익만 더 늘어났고 대형마트 영업 날까지 기다렸다 사는 사람이 대부분이라고 합니다. 실제로 설문 조사를 해 본 결과 '다른 날에 산다'가 48~60%였고 '재래시장을 이용한다'는 7~13%였습니다.	현행 제도가 '대형마트를 강제로 휴업하게 하면 시장과 소형 마트가 활성화될 것이다.'라는 의식에서 기인한 것임을 잘 설명하고 있다.
	구조적 원인	최근 국가가 대형마트 영업 규제 제도를 실시하면서 논란이 일고 있습니다. … 우선 규제란 규정이나 규칙을 정하여 일정한 한도를 정하거나 정한 한도를 넘지 못하게 막는 것을 의미합니다. 즉, 대형마트의 영업시간을 규제하여 쉬게 한다는 뜻입니다.	정부의 규제라는 구조적 원인을 언급하기는 했지만 구체성이 결여되었다.

문제의 뿌리를 파악하는 것이 중요하다

위의 사례들에서 확인한 바와 같이 학습자의 나이가 어릴수록 피해가 훼손하는 중요한 가치인 '피해의 질적 중대성'과 문제의 표층이 아니라 심층에 자리 잡은 '원인의 태도적 내재성'을 파악하는 데 어려움을 겪는다는 것을 알 수 있다. 이는 문제의 원인도 함께 논의되어야 하는데, 많은 토론자들이 문제에 대한 피상적인 기술만 하는 오류를 범하기 일쑤라는 에릭슨 외(2011: 48)의 지적과 일치한다. 학생의 토론 담화를 실제 분석한 이선영(2011: 139)에서도 학생들은 주로 이익과 불이익 쟁점에 대해 집중적인 논의를 하였으며 문제의 정당성에 대해 깊이 있는 논의를 하는 경우가 드물었음을 보고하였다.

피해의 양적 규모는 신뢰할 수 있는 최신 출처를 찾는다면 통계 수치 등으로 객관적 입증이 가능하지만, 훼손되는 가치에 대해서는 상당한 숙고의 노력과 그것을 판단할 수 있는 사고력이 필요하다. 또한 법률 조항이나 명시적인 제도는 곧바로 문제로 지적할 수 있지만 그러한 구조적 문제를 배태한 사회 구성원의 의식을 파악하는 것은 쉬운 일이 아니다. 이는 토론 능력 발달 양상을 연구한 한현숙(2011: 167~168)에서 초등학교 5학년생과 중학교 2학년생의 경우 표현되지 않는 전제와 가정을 파악하는 능력이 거의 나타나지 않으며 고등학교 1학년생은 이러한 추론 능력이 상당한 수준으로 나타난다는 보고와도 일치한다.

이러한 토론 능력의 부족은 고스란히 교육적 부담으로 남지만, 한편으로는 토론 교육의 필요성이 제기되는 지점이기도 하다. 정책 토론은 특정 행위의 시행 여부만 따지거나 단순히 문제에 대한 처방적 논증을 하는 것이 아니라, 문제의 심연에서 작동하는 중요한 '가치'의 문제, 피해의 구조적 원인을 형성한 사람들의 '의식'의 문제를 필수적으로 검토해야 한다는 점에서 교육적으로 시사하는 바가 크다. 초·중·고 학생을 대상으로 심도 있는 철학적 사유를 목표로 하는 가치 논제 토론도 그 자체로 의미가 크지만, 정책 논제를 다루는 토론은 이를 포괄하여 실제적인 문제와 해결 방안을 논의해야 하므로 교육적 효용이 상대적으로 크다.

종국에는 학습자들이 자신이 속한 공동체의 중요한 의사결정을 해야 하는 상황에서, 현재 상태의 변화를 입증하기 위해 앞서 논의한 네 가지 차원을 종합적으로 연결하여 통찰하는 총체적 사고력을 지닐 수 있어야 할 것이다. 여기에서는 두 가지 쟁점의 네 가지 차원을 독립적으로 제시하였지만 사회 구성원의 의식이 확산되어 제도로 굳어져 구조적 문제를 유발하고 이 문제가 피해의 양적·질적 중대성을 초래한다는 총체적 인식으로 접근해야 한다.

해결 방안(해결성) 쟁점

찬성 측은 해결 방안을 구체적으로 제시해야 한다

찬성 측이 제시한 해결 방안이 현재 상태의 문제를 해결할 수 있음을 나타내는 토론 용어는 '해결성(solvency)'이다. 해결 방안이 구체적일 뿐 아니라 실행 가능성이 있음을 분명하게 제시해야 한다. 원론적인 면에서는 지극히 타당한 방안이지만 현실 상황에서 구조적 문제, 예산 조달의 문제, 사회 구성원의 인식 문제 등 실현이 어려운 경우도 많다.

해결성(방안) 쟁점에서는 문제를 해결할 방안을 설명하고 그 방안이 실행 가능한지와 문제를 어떻게 해결하는지를 입증한다. 정책 토론의 경우 문제의 해결 방안은 토론의 논제 그 자체이다. 논제에서 도입, 폐지, 조정, 대체를 주장하는 것은 현재 상태의 문제를 타개할 해결 방안인 것이다. 물론 토론 논제는 한 문장으로 간결하게 제시되므로 구체적이지는 않다. 찬성 측은 앞서 문제 쟁점에서 지적한 현재 상태의 문제를 해결할 구체적인 방안을 마련하여 제시해야 한다. 방송 토론을 보면 양측이 서로의 잘못을 지적하며 문제점만을 논의하고 실효성 있는 방안에 대해서는 전혀 언급하지 않는 경우가 많다. 현재 상태의 변화를 주장하려면 문제점만 언급하는 것이 아니라 이를 타개할 해결 방안을 구체적으로 제시해야 한다.

해결 방안을 제시할 때는 누가, 무엇을, 어떻게 해야 한다는 점을 분명히 해야 한다

방안에서는 어떤 방안인지에 대한 '무엇을'의 내용, 방안의 시행 주체인 '누가'의 내용, 예산 확보와 인력 편성 등 시행 방법 차원의 '어떻게'의 내용을 다루어야 한다. 즉, 시행 주체가 정부인지 지자체인지 특정 기관인지를 분명히 해야 한다. 다음은 해결 방안의 시행 방법과 범위를 분명히 해야 한다. 또한 예산 조달, 인력 및 조직 구성, 우발 상황에 대한 대책 등 실행 가능성을 담보할 구체적인 실행 계획을 제시해야 한다. 이 방안은 입론의 가장 앞부분에 두는 경우도 있지만 보통은 해결성의 앞부분에서 다룬다.

신규 정책을 창안하여 도입을 주장하는 논제라면 방안을 구체적으로 진술해야 한다. 하지만 토론에는 발언 시간의 제한이 있으므로 지나치게 상세하게 설명하는 것이 아니라 핵심 내용을 제시해야 한다. 이때 찬성 측에서 정책과 관련된 주요 용어의 개념을 정의하여 논의의 범위를 한정해야 한다. 그래야만 양측이 동일한 개념을 가지고 논의 범위가 합의된 상태에서 토론이 진행될 수 있다.

반대 측에서는 찬성 측이 제시한 해결 방안이 문제를 해결하는 데 역부족임을 입증해야 한다

특히 실행 가능성 부분에서 문제를 제기하면 효과적이다. 예를 들면 "양성 평등 임용제를 도입해야 한다."라는 논제의 경우 현재 상황에서 초·중·고 교사의 여성 편중이 심각하다는 문제점은 인정하더라도, 이를 해결할 방안으로 인위적으로 성별 할당제를 도입하는 것에 대해 문제를 제기할 수 있다. 경찰, 군인, 간호사 등 사회적으로 특정 성(性)의 편중이 심한 직종이 있기 마련이다. 이러한 경우 성별 편중 현상을 바로잡기 위해 성별 할당제를 도입하는 것이 바람직한지에 대해 문제를 제기할 수 있다. 다른 직종은 어떻게 할지, 자라나는 세대에게 이러한 문제에 대한 접근 방식이 인위적 할당제임을 가르치는 것에 문제는 없는 것인지 등 사안을 꼼꼼하게 따져 실행 가능성 차원에서 찬성 측이 놓친 문제를 지적해야 한다.

05

이익/비용 쟁점

　찬성 측은 현재 상태의 문제로 인한 피해가 중대함을 입증하고 이를 해결할 방안을 제시한다. 하지만 이 방안이 현재 상태의 문제를 어느 정도는 해결하더라도 그로 인해 야기되는 부작용이나 역효과가 크다면 이 방안은 시행되어서는 안 될 것이다. 이 부분에 대한 쟁점이 바로 '이익/비용' 쟁점이다. 이익 쟁점에서는 방안이 문제를 해결하여 현재 상태보다 이익이 더 크다는 것을 입증해야 한다.

　찬성 측은 현재 상태의 문제를 해결 방안이 충분히 제거할 수 있으며 반대 측이 주장하는 비용을 일부 인정할 수 있지만 이보다 문제 해결로 인한 이익이 더 크다는 주장을 해야 한다. 이때 찬성 측은 방안이 유발하는 비용이나 부작용에 대해 반대 측의 입론 전에 구체적으로 제시할 필요는 없지만 반론을 예견하여 이익과 불이익에 대한 고려를 해야 한다.

　반대 측은 찬성 측의 해결 방안이 가져올 이익을 인정할 수 있지만 그보다 해결 방안이 초래하는 부작용과 역효과로 인한 비용이 더 크다는 주장을 해야 한다.

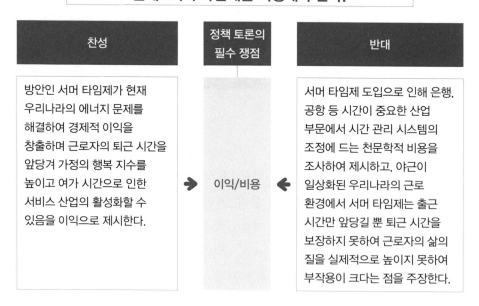

찬성	정책 토론의 필수 쟁점	반대
방안인 서머 타임제가 현재 우리나라의 에너지 문제를 해결하여 경제적 이익을 창출하며 근로자의 퇴근 시간을 앞당겨 가정의 행복 지수를 높이고 여가 시간으로 인한 서비스 산업의 활성화할 수 있음을 이익으로 제시한다.	이익/비용	서머 타임제 도입으로 인해 은행, 공항 등 시간이 중요한 산업 부문에서 시간 관리 시스템의 조정에 드는 천문학적 비용을 조사하여 제시하고, 야근이 일상화된 우리나라의 근로 환경에서 서머 타임제는 출근 시간만 앞당길 뿐 퇴근 시간을 보장하지 못하여 근로자의 삶의 질을 실제적으로 높이지 못하여 부작용이 크다는 점을 주장한다.

이렇듯 하나의 방안은 장단점을 가지고 있는데 양측이 이익과 비용을 면밀하게 따져야 이에 대한 시행 여부를 정확하게 판단할 수 있다. 여기에서 앞서 논의한 토론의 본질을 다시 한 번 상기할 필요가 있다. 토론은 앞에 있는 상대를 설득하여 굴복시키는 것이 목적이 아니다. 공동체가 처한 문제를 합리적 의사소통 행위로 해결하기 위해 방안이 갖는 문제 해결성과 그로 인한 부작용 등을 양측이 임무를 분담하여 면밀하게 따지는 것이다. 민주사회에서는 제반 정책을 결정할 때 이러한 토론의 과정을 반드시 거쳐야 한다. 권력을 가진 자의 일방적인 의사결정과 고압적 통보, 반대하는 자의 막무가내 방식의 행동 등 합리적 의사소통의 과정이 생략되어 생기는 문제점은 연일 언론 보도를 가득 채우고 있다. 토론을 할 때는 세부적인 기법도 중요하지만, 토론의 본질이 승패가 아니라 공동체가 처한 문제를 합리적으로 해결하기 위한 것임을 인식하면서 엄밀한 조사와 치밀한 논증으로 찬성과 반대 측에 맡겨진 소임을 다하는 것이 중요함을 명심해야 한다.

6장
필수 쟁점별 논증 구성

▶▶▶ **문제(피해) 쟁점에서는 양적/질적 차원의 피해를 논의한다.**

찬성 측에서 현재 상태의 문제점을 부각하는 방법은 크게 두 가지로 구분된다.

① 문제의 양적 측면을 부각하는 방법

현재 상태의 문제로 인해 야기되는 피해의 양적 규모에 초점을 두어 논증을 한다. 예를 들면 피해자의 수, 피해액의 규모 등에 대해 구체적인 자료를 수집하여 근거를 들어 주장을 한다.

② 문제의 질적 측면을 부각하는 방법

현재 상태의 문제가 훼손하는 중요한 가치를 지적하는 것이다. 예를 들면 소수자의 인권, 평등, 언론의 자유, 행복 추구권 등 인류가 보편적으로 중시하는 핵심 가치의 손상이나 파괴에 현재 문제가 직결되어 있다며 문제의 질적 중대성을 부각하는 것이다.

▶▶▶ **원인(내재성) 쟁점에서는 구조적/태도적 차원의 원인을 논의한다.**

① 구조적 차원의 원인

관련 법률, 제도 등 사회적 구조가 문제의 원인으로 작용하는 경우이다. 예를 들면 "장애인 의무 고용률을 높여야 한다."라는 논제의 경우 '장애인 의무 고용 제도'와 관련된 것이다.

② 태도적 차원의 원인

주로 사회 구성원의 인식과 관련된 것이다. 쓰레기 처리장 이전과 같이 님비 현상과 관련된 문제, 낙태 문제, 남성과 여성의 성 역할 같은 문제는 주로 사람들이 문제를 바라보는 인식과 태도에 문제의 원인이 내재되어 있다.

▶▶▶ **해결 방안 쟁점에서는 실행 가능성을 구체적으로 논의한다.**

찬성 측은 다음의 주장을 제시해야 한다.

① 현재 상태의 문제를 해결할 방안은 A이다. (이때 A는 토론의 논제인데, A에 대해 구체적인 사항을 제시해야 한다.)

② 해결 방안은 실행 가능하다. (실행 가능성)

③ 해결 방안이 현재 상태의 문제를 해결할 수 있다. (문제 해결성)

반대 측에서는 ①, ②, ③의 명제를 부정하는 논의를 펼치면 된다.

▶▶▶ **이익/비용 쟁점에서는 이익과 비용의 상대적 크기를 논의한다.**

찬성 측은 명제 ①을 입증해야 하고, 반대 측은 명제 ②를 입증해야 한다.

① 해결 방안으로 현재 상태의 문제를 해결하여 얻는 이익이 비용이나 부작용보다 크다.

② 해결 방안으로 인해 유발되는 비용이나 부작용이 해결 방안이 유발하는 이익보다 크다.

필수 쟁점별 논증 구성하기

Q1 반드시 필수 쟁점별로 입론을 구성해야 하나요?

입론을 구성할 때 찬성 측과 반대 측 모두 필수 쟁점을 사용하는 것에는 두 가지 의미가 있습니다.

첫째, 입론을 짜임새 있고 설득력 있게 구성할 수 있습니다

일반적으로 학생들이 입론을 구성하면 대부분 "첫째, 무엇입니다. 왜냐하면 무엇이기 때문입니다. 둘째, 무엇입니다. 왜냐하면 무엇이기 때문입니다."와 같은 나열식 구성을 합니다. 초등학교 때부터 이유를 들어 주장하는 방법을 배워 이런 방식이 익숙하며, 인터넷에서 찾은 자료를 주제별로 배열하여 '첫째, 둘째' 이런 식으로 나열식 입론을 구성합니다. 이러한 입론은 얼핏 보면 짜임새 있어 보이지만 항목들이 말 그대로 나열되어 있어서 필수적으로 다루어야 할 내용이 누락되거나 중첩, 편중되어 있는 경우가 많습니다. 설득의 기본 구조인 '문제-원인-해결' 구조를 중심축으로 하는 필수 쟁점을 활용하면 조리 있는 입론을 구성할 수 있습니다.

둘째, 입증 책임을 온전하게 감당하여 논제를 엄정하게 검증할 수 있는 토대가 됩니다

찬성 측이 입론에서 필수 쟁점을 모두 다루지 못하여 부과된 입증 책임을 지지 못할 경우 반대 측은 필수 쟁점을 충분히 검증하지 못하여 토론을 마친 후에도 어떤 것이 타당한지 합당한 결론을 내리지 못하게 됩니다. 그러므로 찬성 측 첫 번째 입론에서 필수 쟁점을 모두 다루어 반대 측이 이를 충분히 검증할 수 있는 기회와 시간을 부여해야 합니다. 그러므로 입론 구성을 지도할 때나 토론을 평가할 때 이 부분은 중요한 지도 및 평가 요소가 됩니다.

Q2 구조적 원인과 태도적 원인은 어떤 관계가 있나요?

사실 이 둘은 독립적이라기보다는 상호작용적으로 파악하는 것이 현상을 정확하게 이해하는 지름길입니다. 어떠한 대상에 대한 사람들의 가치관과 의식이 그에 부합하는 제도, 규정, 법률을 만들게 됩니다. 또한 그러한 제도나 규정은 사람들의 의식이나 가치관에 다시 영향을 미치기 마련입니다.

예를 들어 학생을 적절하게 통제하고 규제해야 한다는 의식이 강했던 과거에는 학생에 대한 체벌이 이루어졌습니다. 교사의 체벌을 '사랑의 매'라는 용어를 사용하여 당연시하였습니다. 하지만 학생의 인권에 대한 의식이 높아지면서 학생에 대한 체벌을 금지하는 법률이 마련되었습니다. 현재는 체벌을 제도적으로 금지하기 때문에 자연스럽게 교사와 학생들 사이에는 체벌은 불합리한 것으로 여겨지며 이를 더 이상 '사랑의 매'라고 부르지도 않게 되었습니다.

이렇듯 의식은 제도에 영향을 미치고 제도는 다시 의식에 영향을 미치면서 순환하게 됩니다. 그러므로 구조적 내재성과 태도적 내재성을 독립적으로 다루기보다 상호 연관 관계를 파악하고 그 순환성에 주목한다면 매우 강력한 논증을 할 수 있을 것입니다. 이러한 교육은 단순히 토론 입론 구성 차원을 넘어 인류 공동체의 다양한 사회적 제도, 법률, 문화, 역사의 변화를 이해하는 중요한 교육 내용입니다.

토론이 리더십을 배양한다는 것은 큰소리로 설득력 있게 외치는 대중 연설 능력에 국한되는 것이 아닙니다. 본질적으로는 역사적 안목을 가지고 사회적 제도에 대한 변화를 통해서 공동체가 처한 현재 상태의 문제를 개선하려는 실천 의지와 이를 의사소통을 통해 공유할 수 있는 능력을 길러 주는 데 의미가 있습니다. 분명한 역사 인식 속에서 사회적 문제를 바라보고 실행 가능한 해결 방안을 주창하여 공동체의 삶을 조금이라도 나은 방향으로 개선하려는 비전을 가진 사람을 만들어 내는 것이 사회의 리더라면, 이러한 리더십의 본령에 맥이 닿아 있는 것이 교육토론입니다. 토론 입론 지도라는 기술적 차원을 넘어 그 본연의 의미에 주목하여 지도할 필요가 있습니다.

Q3 세부 논증은 어떻게 구성하나요?

지금까지 살펴본 것은 입론 전체의 거시 구조와 관련되어 있습니다. 한 단락 정도의 세부 논증은 주장-이유-근거로 구성하면 효과적입니다. 합리적인 설득을 위해서는 논증이 매우 중요하므로 좋은 논증을 구성하는 것은 토론의 핵심입니다. 이유나 근거 없이 단순하게 주장만 제시하는 것은 설득력이 부족하기 때문입니다.

설득력 있는 논증을 하기 위해서는 다음과 같이 주장을 분명하게 진술하고, 그 진술을 뒷받침할 수 있는 구체적인 이유와 근거를 제시해야 합니다. 이유는 주장에 대해 주장하는 자의 내적인 생각으로 "왜?"에 대한 답변입니다. 근거는 통계 자료나 권위 있는 전문가의 면담 내용 등 외부에서 주장을 뒷받침하기 위해 활용한 자료입니다. 주장에 대한 이유와 근거의 예는 다음과 같습니다.

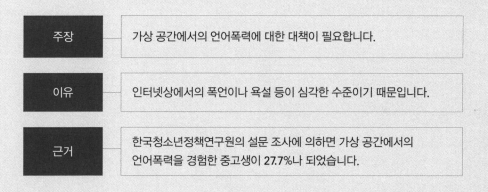

주장	가상 공간에서의 언어폭력에 대한 대책이 필요합니다.
이유	인터넷상에서의 폭언이나 욕설 등이 심각한 수준이기 때문입니다.
근거	한국청소년정책연구원의 설문 조사에 의하면 가상 공간에서의 언어폭력을 경험한 중고생이 27.7%나 되었습니다.

7 /

반대 신문

"우리 애들 반대 신문 못해요.
그냥 평범한 토론을 제시하면 안 되나요?"

고등 학교 국어 교과서 집필 회의 때 한 선생님이 한 말이다. 토론 유형을 결정해야 하는 데 반대 신문이 들어간 토론 유형을 제시하면 집필진으로 참여한 현장 선생님들의 반대가 많았다. 반대의 이유는 학생들이 반대 신문을 어려워한다는 것이었다.

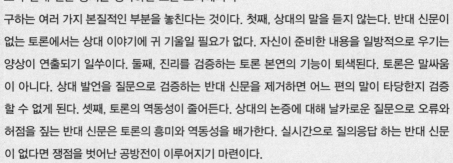

반대 신문 못해요

당시 편찬된 교과서는 반대 신문을 다룬 토론 유형을 넣은 것도 있었고, 그렇지 않은 것도 있었다. 고등학교가 이런 상황이니 중학교 국어 교과서의 토론 단원의 경우 대부분 반대 신문이 없는 '찬반찬반, 반찬반찬'의 고전식 토론이라 불리는 유형이 제시되었다.

여기에서 핵심은 쉽고 어렵고의 문제라기보다 반대 신문 장치를 생략하면 토론 교육에서 추구하는 여러 가지 본질적인 부분을 놓친다는 것이다. 첫째, 상대의 말을 듣지 않는다. 반대 신문이 없는 토론에서는 상대 이야기에 귀 기울일 필요가 없다. 자신이 준비한 내용을 일방적으로 우기는 양상이 연출되기 일쑤이다. 둘째, 진리를 검증하는 토론 본연의 기능이 퇴색된다. 토론은 말싸움이 아니다. 상대 발언을 질문으로 검증하는 반대 신문을 제거하면 어느 편의 말이 타당한지 검증할 수 없게 된다. 셋째, 토론의 역동성이 줄어든다. 상대의 논증에 대해 날카로운 질문으로 오류와 허점을 짚는 반대 신문은 토론의 흥미와 역동성을 배가한다. 실시간으로 질의응답 하는 반대 신문이 없다면 쟁점을 벗어난 공방전이 이루어지기 마련이다.

앞서 초등학생을 대상으로 토론 지도를 한 경험을 소개했다. 중·고등학생도 어렵다는 반대 신문을 초등학교 5학년생을 대상으로 시켜 보았다. 논점을 잘못 짚은 엉뚱한 질문도 있었고, 진짜 몰라서 궁금한 것을 묻는 호기심형 질문도 있었다. 물론 상대 논증의 허점과 오류, 불일치를 날카롭게 짚어 탄성을 자아낸 질문도 간혹 있었다. 학생의 질문 수준은 경험이 쌓이고 실력이 늘면 올라가기 마련이다. 중요한 것은 실시간으로 상대의 말을 듣고 이에 대해 질문하고 응답하는 반대 신문이 꼭 필요하다는 것이다. 반대 신문을 해야 상대의 말을 경청하고, 논리를 검증한다. 이로 인해 토론의 역동성이 살아난다. 7장에서는 반대 신문의 교육적 가치와 반대 신문 전략에 대해 알아보도록 한다.

01

반대 신문(cross-examination)이란 토론 참여자가 지정된 시간 내에 논증, 입론, 증거 등 토론과 관련된 여러 사항에 대해 질문하고 답변하는 상호작용적인 과정이다(Freeley & Steinberg, 2014: 274). 상대 토론자의 발언을 경청하여 질문의 형식으로 내용을 검증하는 반대 신문은 토론의 핵심적인 절차이다.

논제: 설탕세를 부과해야 한다.

입론[반대 측]

설탕세 시행의 핵심 논리가 비만이나 당뇨병 같은 질병을 예방하고 국민 건강을 증진한다는 것인데요. 당 섭취는 질병 발생의 가장 큰 원인이라고 보기 어렵습니다. ① 비만의 주요 원인은 고지방, 정제된 탄수화물, 운동 부족, 불규칙한 식사로, 보건복지부도 '국민 공통 식생활 지침'을 통해 "아침밥을 꼭 먹자, 과식을 피하고 활동량을 늘리자." 등을 권고하고 있습니다. 또한 당뇨병은 당을 많이 섭취하여 발생하는 것이 아닙니다. 왜냐하면 당뇨병은 탄수화물의 대사를 조절하는 인슐린이 부족해서 생기는 병이기 때문입니다. 즉, 당 섭취가 국민 건강을 위협한다고 볼 수 없습니다. ② 그리고 정부에서 아무것도 안 하고 있는 것은 아닙니다. 식품의약품안전처는 학교 내의 탄산음료 판매를 제한하고 식품에 당류 표시를 강화했는데요, 이러한 정책상의 권고가 얼마나 효과적인지는 미국의 사례를 통해 알 수 있습니다. …

> **반대 신문[찬성 측]**
>
> **찬성** ❶ 보건복지부가 권고한 식생활 지침에 당 섭취에 관한 내용도 있지 않나요?
>
> **반대** "덜 짜게, 덜 달게, 덜 기름지게 먹자."나 "단 음료 대신 물을 충분히 마시자."라는 항목도 있습니다. 다만 건강을 해하는 주요인이 설탕은 아니라는 것을 말씀드리고자 한 것입니다.
>
> **찬성** ❷ 간식, 탄산음료 등의 섭취를 줄이자는 식습관 개선 권고는 오래전부터 해 왔지만 큰 효과가 없었습니다. 설탕세를 시행하는 것이 국민 건강 증진에 더욱 효과적인 방안이 아닐까요?
>
> **반대** 미국의 사례만 보더라도 단순 권고만으로도 효과가 있습니다. 무조건 세금으로 규제하는 것은 섣부른 판단이라고 생각합니다.

이 사례에서 설탕세 부과에 반대하는 반대 측 토론자가 ①과 같이 보건복지부의 자료를 제시하자, 찬성 측 토론자는 반대 신문 ❶을 통해 인용한 자료에서 누락된 부분을 확인하는 질문을 하고 있다. 또한 반대 측이 ②와 같이 제시한 대체 방안에 대해 실효성이 없다며 설탕세 시행의 효과성을 반대 신문 ❷를 통해 부각하고 있다.

반대 신문과 논박은 다르다

반대 신문 절차가 없으면 찬성과 반대 양측은 상대 발언을 경청할 필요 없이 사전에 준비한 발언만 하며 자기 입장을 고수하게 될 가능성이 높아진다. 물론 반론 과정에서 논박을 하면서 상대의 주장을 검증할 수도 있다. 하지만 특정한 시간을 할애하여 상대의 입론에 대해 엄정하게 검증하는 반대 신문의 절차가 없다면 공동체의 문제 해결을 위해 진실을 검증하는 토론의 본질적 요건을 충족하는 데 한계가 있다.

논박은 자신의 주장을 하는 과정에서 상대의 주장이 그르다고 근거를 들어 주장하는 것인데, 반대 신문은 온전하게 상대의 발언만을 대상으로 하여 내용을 검증하는 기능을 한다. 즉, 논박을 통해 "당신의 발언은 옳지 않습니다."라고 말하는 것과, 상대 발언의 오류와 허점을 파악하여 질문으로 이를 조사하여 검증하는 의사소통의 과정에서 학습자에게 요구되는 사고 기능에는 차이가 있다. 전자의 경우 상대의 발언은 틀리고 내 말은 옳다는 일방적 주장이 가능하지만, 후자의 경우는 경청의 중요성이 배가되고 '질문'이라는 소통 행위상 억지를 부려 자신의 의견을 고집스럽게 제시하고 우기는 행위가 원천적으로 차단된다. 이렇듯 질의응답의 과정에서 상대 발언을 다각도로 살피며 질문하는 자와 답하는 자에게는 진실 여부를 검증하는 고도의 인지적 기능이 요구된다.

반대 신문은 다양한 토론 관련 논저에서 '교차 조사', '반대 신문', '상호 질의', '확인 질문' 등의 용어와 혼용되고 있다. 여기에서는 학교 교육과정에서 전통적으로 사용해 왔으며, 교육과정에 명시한 대로 '반대 신문'이라는 용어를 그대로 준용하기로 한다. 교육계에서 합의한 '반대 신문'이라는 용어를 일관되게 사용하는 것이 학교 현장의 혼란을 줄일 수 있기 때문이다. 반대 신문은 학습자에게 과도하게 어려우며 공격적인 속성이 강하여 교육적으로 바람직하지 않다는 편견도 존재하는데, 이는 법정 용어인 '반대 신문'이라는 표현에 대한 오해에서 비롯된 일이다.

상대 발언에 대해 한두 개의 간단한 질문을 하는 것은 초등학생 단계에서도 충분히 가능하다. 박재현(2017c)에 의하면 중학생의 경우 2분의 반대 신문 시간 동안 평균 5.1회 정도의 질문과 응답을 하는 것으로 나타났다. 그럼에도 많은 교실에서는 반대 신문이 어렵다는 근거 없는 편견으로 인해 반대 신문 과정을 생략하고 찬성과 반대의 의견 교환을 하는 토론 형식을 제시하고 있다. 이 경우 경청과 질문의 상호작용의 역할이 상당 부분 제한될 수밖에 없다. 이로 인해 토론의 과정에서 진실 검증의 장면보다 논리의 대립, 말싸움, 우기기, 언쟁과 같은 장면의 비중이 높아지게 되어, 학습자가 토론의 본연한 가치와 기능을 경험할 수 있는 기회가 줄어들 소지가 있다.

① 상대 공격인가요, 진리 검증의 협력 과정인가요?

반대 신문에 대한 일반적인 편견 중 대표적인 것은 치열한 질의응답의 장면에서 표출되는 과도한 경쟁적 언쟁의 모습으로 인한 공격성이다. 상대 발언의 오류와 허점을 지적하고 이를 노출하여 인정을 받아 내는 신문 행위는 상대를 존중하고 배려하는 모습과는 표면적으로 상이하게 지각되기 쉬우며 얼핏 보면 서로 헐뜯고 비난하는 것처럼 보인다. 물론 그 과정에서 상대 발언의 내용에 대한 질문과 더불어 상대의 태도나 지적 능력을 비난하는 인신공격성 발언이 포함되어 실제 상대를 공격하는 양상이 나타나기도 한다.

반대 신문은 오류와 허점을 검증한다

반대 신문의 일반적인 기능은 상대 발언의 오류와 허점을 노출하고 인정을 요구하여 상대가 세운 논리를 청중 앞에서 무력화하는 것이다(Freeley & Steinberg, 2014). 상대의 논리를 무력화함으로써 나의 논리적 우위를 입증할 수 있다. 하지만 나의 논리적 우위를 입증하는 데서 그치지 않아야 한다.

반대 신문의 본질을 인식하기 위해서는 토론의 전체 목적을 명확하게 확인할 필요가 있다. 토론은 찬성과 반대의 양측에 진리 검증의 역할을 부여한 것이다. 특히 공동체가 직면한 문제를 해결하기 위한 행위를 결정해야 하는 정책 토론의 경우에는, 미지의 정책 행위에 대해 현재 상태의 변화를 주장하는 찬성 측과 유지를 주장하는 반대 측에게 철저한 조사와 입증의 역할을 부여한 것이다. 양측은 각자의 관점에서 타당하다고 여기는 논리를 만들어 주장할 수 있지만 어떤 것이 옳은지에 대한 조사와 검증이 없다면 지속적인 대립의 궤도를 벗어나기 어려울 것이다.

이는 인간의 힘으로 진리를 검증하는 최선의 방안은 논박에서 살아남은 것을 선택하는 것이라는 존 스튜어트 밀의 다음 사상과 맥이 닿아 있다. 공동체는 찬반 양측의 날선 검증에서 살아남은 것이 옳다는 합리적 추론에 의해 정책의 시행 여부를 결정해야 한다.

인간의 정신이 토론의 장을 수용할 수 있을 때 더 나은 진리를 발견할 희망을 가질 수 있을 것이다. 그리고 그동안 우리는 우리 자신의 시대에서 가능한 한 진리에 접근했다고 신뢰해도 좋을 것이다. 이것이 오류를 범할 수 있는 인간이 획득할 수 있는 확실성의 한계이고, 확실성을 획득할 수 있는 유일한 길이다(Mill, 1859; 이종훈 편역, 2012: 70-71).

반대 신문의 공격 대상은 '상대'가 아니라 '거짓'이다

이러한 토론의 상호작용 과정에서 반대 신문은 상대 발언의 오류와 허점을 검증하는 기능을 함으로써, 양측의 논의가 점진적으로 진리에 다다르도록 하여 청중이 옳은 판단을 하는 데 도움을 주는 역할을 한다. 그러므로 공격의 대상은 '상대'가 아니라 진리를 가리는 '거짓'이 된다. 양측이 상대보다 자신의 논리가 우위에 있다고 경쟁하는 모습은 공격성이 강하여 회피해야 할 장면이 아니라, 서로의 발언에 담긴 거짓의 내용을 치열하게 검증하는 협력의 장면으로 인식되어야 한다.

교육토론을 바라보는 일각에서는 이러한 표면적인 공격성에 대해 교육적인 관점에서 부정적으로 인식하고, 서로의 의견을 존중하며 평화롭게 보이는 말하기 방식을 주창하기도 한다. 하지만 이는 토론의 본질에 대한 오해에서 비롯된 발상이다. 대립성은 토론의 본령이며, 진리를 밝히기 위한 치열한 경쟁적 상호작용은 학습자의 인지적 능력을 극대화할 수 있는 교육적 기제이다.

그러므로 토론을 교육할 때 반대 신문은 단순히 상대를 무너뜨리기 위해 공격하는 과정이 아니며 공격의 대상은 거짓과 비합리라는 것을 지도해야 한다. 교사와 학습자가 이러한 관점을 공유하면 상대를 비난하는 발언은 불필요해지며 발언의 내용에 주목하여 엄정한 조사와 치열한 검증이 중시된다.

❷ 진리를 검증하는 반대 신문의 교육적 가치는 무엇인가요?

이 과정에서 확인할 수 있는 반대 신문의 교육적 가치는 다음과 같다.

비판적 사고력을 극대화할 수 있다

상대 발언 내용만을 대상으로 조사와 검증의 역할을 부여하여 실시간으로 질문을 생성하도록 하는 것은 학습자의 비판적 사고력을 신장하는 최적의 과제 환경이다.

진리를 검증하기 위한 공동의 노력을 통해 서로 협력하게 된다

단순히 인신공격성 발언을 삼가라는 언어 표현적 처방에서 벗어나, 공격의 대상에 대한 관점을 상대가 아니라 거짓으로 바꾸어 인식하도록 함으로써 존중과 협력의 의사소통 구도를 마련할 수 있다.[1]

진리의지의 태도를 지니게 된다.

'진리의지'란 진리를 추구하는 의지를 뜻하는데, 공동체 내에서 자신에게 부여된 진리 검증의 역할을 인식하고 상대 의견의 오류와 허점을 조사하며 그 비합리성을 규명하는 과정에서 학습자는 자연스럽게 진리의지를 내면화하게 된다.

반대 신문은 상대 의견에서 사실을 확인하고 발언 의도나 숨은 전제를 추론하고 타당성을 비판적으로 검증하는 고도의 인지적 기능을 신장할 뿐 아니라, 발언의 단순한 언어 표현 차원을 넘어 상대를 협력의 대상으로 인식하는 마음가짐과 지속적으로 진리를 추구하는 진리의지를 지니게 하는 태도적 차원의 교육 효과도 크다.

❸ 자기주장 우기기인가요, 경청과 질문의 상호작용 과정인가요?

반대 신문은 토론 참여자 간의 질문과 응답의 상호작용이다

최근 등장한 퍼블릭 포럼 토론과 의회식 토론 유형을 제외하고 대부분의 교

---

1 김재봉(2003: 241-242)에서는 반대 신문이 상대 토론자의 논리상에 나타나는 문제를 부각시키는 신문 과정이자 논리적인 취약 부분을 탐색하는 감리 과정이라고 하였으며, 이를 상대 관점을 진정으로 받아들이고 그 관점 내부로 들어가는 '진정한 대화'가 이루어질 수 있는 대화의 방식으로 보고 반대 신문식 토론 학습을 제시하였다.

육토론에서는 반대 신문 단계에서 질문자와 답변자의 역할이 고정되어 있다. 반대 신문의 존재 여부나 발언 방식 역시 토론 유형에 따라 다르다. CEDA 토론(반대 신문식 토론), 칼 포퍼식 토론, 링컨 더글러스 토론, 퍼블릭 포럼 토론은 모두 반대 신문이 있는데, 퍼블릭 포럼 토론의 경우 반대 신문의 발언권이 양측 모두에게 있으며 마지막 '전원 반대 신문(Grand Crossfire)'에서 참여자 전원이 서로 질의응답을 하여 역동적인 상호작용을 지향하는 특징이 있다. 의회식 토론에서는 발언 순서와 대상이 명시적으로 정해진 반대 신문이 없다. 대신 '발언권 요청'이 있어 상대의 입론 중에 15초 이내의 간단한 질문이나 진술을 하게 된다. 조사(examination)의 기능을 질문의 형식으로만 하도록 하는 것은 의사소통 교육 차원에서 매우 강력한 효과를 가지고 있다. 즉, 상대의 발언에 대해서 질문해야 하므로 경청이 필수적이다. 반대 신문의 도입 배경도 교육토론에서 토론자들이 상대의 의견은 듣지 않고 사전에 작성하여 암기한 자신의 발언만 고수하는 문제점을 해결하기 위한 것이었다.

반대 신문은 교육 목적으로 도입되었다

교육토론에서 반대 신문은 그레이(Gray, 1926: 179)에 소개된 오리건 형식의 토론에서 사용된 '상호 질문(cross-questioning)'에서 유래하였다. 그레이는 토론자가 사전에 준비한 토론 대본에 의존하여 교육 목적을 달성하는 데 제약이 크고, 일방적인 연설 형식이 청중의 흥미를 떨어뜨린다는 문제를 제기하였다. 10년 뒤 몬태나 주립 대학교의 파커(Parker, 1932: 97)는 법정 용어인 '반대 신문(cross-examination)'을 사용하여 이와 유사한 형식을 고안하였다. 반대 신문이 공식적으로 대학 간 토론 형식에 포함된 것은 나중에 CEDA가 된 남서부반대신문토론협회(Southwest Cross Examination Debate Association)가 결성된 1971년에 불과하다. 1976년에 전미토론대회(NDT)가 반대 신문을 포함하였고, 대부분의 토론대회나 단체들이 이를 따랐다(Freeley & Steinberg, 2014: 274-276 재인용).

이러한 반대 신문의 초기 도입 취지에서 알 수 있듯이 반대 신문은 질문이라는 행위를 통하여 상대 발언에 대한 경청의 필요성을 강화하고, 자신의 주장을 우기는 행위를 원천적으로 차단한다. 반대 신문에서 질문의 범위는 철저하게 상대의 발언 내용에 국한되므로 질문자는 자신의 입장에 대한 새로운 논증을 할 수 없다. 그러므로 토론을 교육할 때 반대 신문은 자신의 입장을 고수하고 자기주장을 우기는 의사소통 행위가 아니라 상대 발언을 경청하고 그 내용만을 범위로 하여 질문해야 함을 지도해야 한다.

④ 경청과 질문의 상호작용으로서 반대 신문의 교육적 가치는 무엇인가요?

학습자는 질문자로서 상대 의견에 대한 듣기 능력을 극대화할 수 있다

상대 발언을 실시간으로 분석하여 의미 있는 질문을 생성하는 과제 환경은 듣기 능력을 신장하는 데 매우 효과적이다.

학습자는 논증 능력을 기를 수 있다

학습자는 답변자로서 상대의 질문을 예측하여 자료 조사를 철저하게 하고 예상 반론이 포함된 치밀한 논증을 준비하게 된다(Freeley & Steinberg, 2014: 278). 질문과 응답 행위는 소크라테스의 문답법이나 헤겔의 변증법과 같이 진리를 검증하는 데 인간이 동원할 수 있는 가장 강력하고 효과적인 방법이다(이두원, 2005). 질문하고 답변하는 과정뿐 아니라 반론을 예측하여 준비하는 과정을 통해 논증 능력을 효과적으로 기를 수 있다.

학습자는 상대를 존중하는 태도를 지니게 된다

반대 신문을 할 때는 상대 발언에 대해 '틀렸다' 또는 '아니다'라고 주장할 수 없으며 '정말 그러한지, 왜 그러한지, 어떻게 그것이 작동하는지' 등에 대한 질문만 해야 한다. 그러므로 상대 의견을 듣자마자 바로 부인할 수 없으며 우선 존중한 후 그 내용에 담긴 오류나 허점을 찾아 확인하도록 한다.

반대 신문은 경청과 질문의 상호작용을 통해 듣기 능력을 신장하고 논증 능력을 강화할 뿐 아니라 상대 의견에 대한 무조건적인 반박을 유보하고 틀렸다고 단언하지 않는 존중의 태도를 지니게 하는 교육 효과가 있다.

반대 신문 전략의 사고 과정

효과적인 반대 신문 학습을 위해서는 실제 토론의 맥락을 상정하고 학습자의 반대 신문 수행 단계에 따른 문제 해결의 사고 과정을 제시하여 전략의 형태로 교수학습이 이루어져야 한다. 반대 신문 수행자로서 학습자가 거치는 일련의 단계별 의사결정적 사고는 반대 신문 전략이 되며, 이것이 자동화되었을 때 반대 신문 기능이 숙달될 수 있다. 이를 위해서는 일반화된 지식과 기능을 학습자의 의사결정적 사고 과정을 중심으로 전략의 형태로 재편할 필요가 있다. 반대 신문 학습자가 거쳐야 하는 일련의 사고 과정을 반대 신문의 전략으로 정리하면 다음과 같다.

① **[1단계: 상대 입론 예측]** 상대 입론을 예측하여 예상 질문을 어떻게 만드나요?

상대 입론의 거시 구조를 예측한다

우선 반대 신문 수행의 첫 번째 단계는 상대의 입론을 예측하고 예상 질문을 만드는 것이다. 교육토론의 경우 논제의 찬성과 반대 양측의 입론을 모두 준비하므로 일단 자신이 준비한 입론을 바탕으로 한다면 상대측 발언 내용을 예측하는 것이 그리 어렵거나 별도의 노력을 필요로 하는 것이 아니다. 상대측의 핵심 주장과 이를 뒷받침하는 하위 주장을 예측하여 상대 입론의 거시 구조를 도출해야 한다. 이때 논제에 따른 필수 쟁점을 기준으로 삼는 것이 유용하다.

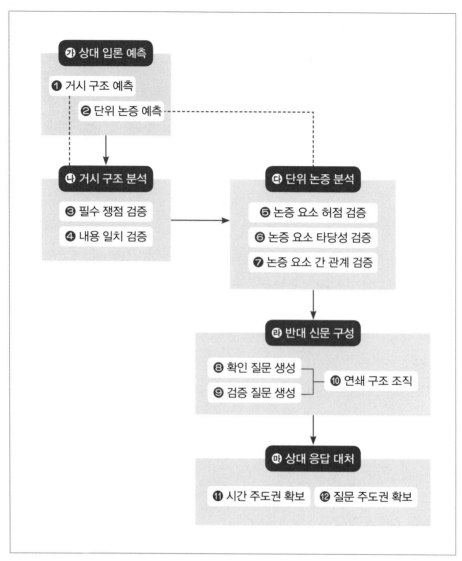

그림 7-1 반대 신문 전략의 사고 과정(박재현, 2017c: 177)

상대 입론의 단위 논증을 예측한다

다음은 예측한 거시 구조를 바탕으로 개별 단위 논증을 논증 요소에 따라 분석할 필요가 있다. 이때 기본적인 논증 요소인 '주장, 이유, 근거'로 구분하여 분석하면 이유나 근거의 부재에 따른 상대 발언의 허점을 검증하는 데 효과적이다. 상대 발언의 거시 구조와 개별 단위 논증의 논증 요소 분석에 따라 복수의 예상 질문을 추출하는 과정을 거쳐야 한다.

❷ [2단계: 거시 구조 분석] 상대 입론을 경청하여 발언의 내용 구조를 어떻게 분석하나요?

두 번째 단계는 상대 입론을 경청하여 거시 구조 차원에서 반대 신문의 지점을 결정하는 단계이다. 상대 입론을 적극적으로 경청하고 반대 신문의 지점을 포착하는 사고 과정을 거쳐야 한다. 거시 구조 차원에서는 필수 쟁점의 제시 여부와 내용 간 불일치 여부를 검증해야 한다.

필수 쟁점이 갖추어졌는지 검증한다

이때 반대 측의 첫 번째 반대 신문에서는 거시 구조에 대한 예측을 토대로 필수 쟁점의 제시 여부를 검증해야 한다. 특히 찬성 측 첫 번째 입론에서 필수 쟁점을 제시하지 못한 경우 입론의 선결 요건을 갖추지 못하여 입증 책임을 다하지 못한 것이다. 또는 제시된 논제의 범위를 벗어나 논제관련성이 없는 주장을 하는 경우도 있다. 이런 경우 반대 측에서는 공동체가 해결해야 할 문제의 전면에 대해 충분한 검증이 불가능하므로 반대 신문의 과정에서 필수 쟁점의 제시 여부를 검증하는 것은 매우 의미 있는 일이다.

내용이 일치하는지 검증한다

내용 간 불일치는 거시 구조 차원에서 내용 간에 일치하지 않거나 모순이 존재하는 부분이 있는지 점검하는 것이다. 한 사람의 발언에서 일관성이 부족한 부분을 찾을 수도 있고, 2인 이상 참여하는 토론의 경우 토론 참여자 간의 불일치를 찾아도 된다. 근거와 근거 간의 일치 여부에 대해서도 확인을 해야 한다. 상대의 발언에 복수의 근거가 사용될 경우 근거 간에 모순이나 불일치가 일어나면 설득력이 감소하기 때문이다. 교육토론의 경우 보통 두 명이 한 팀을 이루는데, 개인이 제시한 다른 근거와의 모순은 물론이거니와 팀원들 사이의 불일치는 상대 논리를 무력화하는 매우 강력한 반대 신문의 기능을 한다(Edwards, 2008; 한상철, 2006; 박성희, 2014).

논제: 사형제도를 폐지해야 한다.

입론[찬성 측]

··· 또한 범죄 억제 효과가 없다고 생각합니다. 미국의 경우 사형제도를 유지하는 곳은 인구 10만 명당 살인 발생 횟수가 4.29회, 사형제도를 폐지한 곳이 오히려 2.9회입니다. ① 미국의 사례와 같이 우리나라도 범죄 억제 효과가 없을 것이므로 사형제도는 폐지하는 것이 낫다고 생각합니다. ···

반대 신문[반대 측]

반대   아까 영국의 사례에서는 치안 상태가 우리나라와 다르다며 직접 비교가 어렵다고 하셨습니다. 방금 미국의 예시를 드셨는데,

❶ **그렇다면 미국과 우리나라도 여러 사정이 다른데도 미국 사례를 동일하게 적용하는 것이 맞다고 생각하십니까?**

찬성   아무리 다르더라도 국제적 분위기가 그렇다면 ② 우리나라도 예외가 아니라고 생각합니다.

반대   ❷ **그렇다면 사형제도 폐지 후 범죄 발생률이 60%나 상승한 영국의 사례도 우리나라에 동일하게 적용될 수 있다고 생각하십니까?**

찬성   ③ 국가마다 사정이 다르다고 생각합니다. 하지만 사형제도보다 더 나은 제도가 나올 수도 있는 거고 그것보다 더 맞는 제도도 있을 수 있습니다.

이 사례의 경우 반대 신문 ❶과 ❷를 사용하여 미국의 사례는 적용가능하다는 주장 ②와 영국의 사례는 적용이 불가하다는 주장 ③을 유도하였다. 즉, 동일한 사안에 대해 제시된 두 근거가 주장을 일관성 있게 뒷받침하지 못하는 부분을 잘 파악하여 검증하는 질문을 하였다. 해외 사례는 국가마다 사정이 다르므로 일률적으로 우리나라에 적용하는 것이 옳지 않다는 진술을 찬성 측이 자신의 입으로 언급하도록 유도하여 찬성 측의 논리를 효과적으로 허물었다.

❸ **[3단계: 단위 논증 분석]** 상대 입론에서 개별 발언을 어떻게 분석하나요?

세 번째 단계는 상대 입론을 경청하여 단위 논증 차원에서 허점과 오류에 중점을 두고 반대 신문 지점을 결정하는 단계이다.

논증 요소의 허점을 검증한다

우선 단위 논증을 주장, 이유, 근거로 분석하고 이 중 주장에 대한 상대의 내적 논리인 '이유'와 이를 뒷받침하는 객관적 자료인 '근거'의 부재를 확인하여 상대 논증의 허점을 포착한다. 이유와 근거의 부재를 찾아내는 것은 학습자들이 어렵지 않게 수행할 수 있는 기초적인 단계에 해당한다. 상대 발언에서 이유나 근거가 제시되지 않은 단언을 포착하여 논증의 허점을 검증한다.

논증 요소의 타당성을 검증한다

그다음은 상대 입론을 경청하여 단위 논증 차원에서 논증 요소의 오류에 중점을 두고 반대 신문 지점을 결정한다. 이 단계는 논증 요소의 타당성을 점검하는 사고 과정이다. 개별 논증 요소들이 설득력 있는 논증으로 성립하기 위해서는 갖추어야 할 요건들이 있는데 이를 점검하는 과정을 거쳐야 한다. 우선 기본적인 논증 요소인 주장, 이유, 근거를 분석하여 개별 논증 요소의 타당성을 점검한다.

논제: 설탕세를 부과해야 한다.

입론[찬성 측]

… 이 문제를 해결하기 위해 저희는 설탕세 시행을 주장합니다.
① 설탕세를 시행하면 가격이 오른 당 함유 식품의 소비가 감소해 국민의 당 섭취량이 자연스럽게 줄게 됩니다. ② 또한 식품 제조업체는 제품 가격 상승과 그에 따른 소비 감소를 피하기 위해 자연히 식품에 첨가하는 당을 줄이게 됩니다. 설탕세는 현재 제품마다 표시하고 있는 당 함유량에 따라

그램당 기준을 정하여 부과하면 되므로 과세 기준 마련이 용이합니다. 법제화만 된다면 즉시 시행이 가능합니다. …

반대 신문[반대 측]

반대 　❶ **설탕세를 시행하면 자연스럽게 당 섭취량이 감소한다고 하셨는데, 직접적인 인과 관계를 입증할 수 있습니까?**

찬성 　세계보건기구(WHO)의 보고서에 따르면 당이 포함된 음료에 20%의 설탕세를 부과하면 이에 비례하는 소비 감소 효과가 있다고 합니다.

반대 　❷ **저가의 수입 식품이나 인공 감미료 등으로 고가의 가당 식품을 대체할 가능성이 높은데, 오히려 교육이나 홍보가 바람직하지 않을까요?**

찬성 　교육이나 홍보 정책의 성공 사례는 확인하지 못했습니다.

이 사례에서 찬성 측 입론의 해결 방안에서 근거가 제시되지 않은 주장 ①과 ②에 대해, 반대 측 토론자는 반대 신문 ❶에서 인과 관계에 대한 입증을 요구하고, 반대 신문 ❷에서는 찬성 측이 예상하지 못한 역기능과 대체 방안을 언급하며 찬성 측 논리의 오류를 검증하고 있다.

논증 요소 간의 관계를 검증한다

그다음은 상대 입론을 경청하여 단위 논증 차원에서 논증 요소 간의 오류에 중점을 두고 반대 신문 지점을 결정한다. 이 단계는 주장과 이유, 주장과 근거, 이유와 근거의 논리적 관계를 점검하는 사고 과정이다. 논증 요소 간의 논리적 관계는 상대 토론자의 숨은 전제를 드러낸다. 이 전제는 상대 발언에 명시적으로 드러나지 않으므로 포착하기 어렵지만, 전제 자체가 잘못된 경우 단위 논증의 논리가 무너지게 되므로 매우 유효한 검증 지점이다.

④ [4단계: 반대 신문 구성] 질문 형식으로 어떻게 표현하나요?

네 번째 단계는 질문 내용을 반대 신문의 형식에 맞추어 표현하는 단계이다. 이때 반대 신문의 형식과 구조를 인지하고 있다면 지양해야 할 형식 등에 대한 일반적인 지식을 모두 고려하지 않아도 된다.

확인 질문을 한다

확인 질문은 상대의 발언 여부를 확인하거나 필수 쟁점이나 논증 요소의 부재를 확인하는 질문이다. 이 확인 질문에 대한 대답은 당연히 '예/아니요' 형식이 된다.

> • 방금 B를 근거로 A라는 주장을 하셨는데, 맞습니까?
> • C 주장에 대해서는 구체적인 근거를 제시하지 못하셨는데, 맞습니까?

검증 질문을 한다

검증 질문은 오류를 검증하는 질문을 의미한다. 검증 질문은 반대 신문의 본질로서 상대의 오류를 확인하여 인정을 받아냄으로써 진리를 검증하는 기능을 한다.

> **논제: 설탕세를 부과해야 한다.**
>
> **입론[찬성 측]**
>
> … 설탕세를 부과해야 합니다. 비만 관련 국민 건강 문제가 심각하기 때문입니다. 보건복지부의 건강 실태 조사 결과에 의하면 우리나라의 평균 비만율은 2008년 21.6%에서 2014년 25.3%로, 연간 약 0.6%씩

상승했습니다. 또한 경제협력개발기구(OECD)에 따르면 우리나라 5~17세의 과체중 비율은 남자 26.4%, 여자 14.1%로, 남자의 경우 경제협력개발기구 회원국 평균인 24.3%보다 높습니다. ① 이는 6~11세의 46.6%, 12~18세의 44%가 가공식품으로부터 당류를 권고 기준 이상으로 섭취하였다는 국민 건강 영양 조사의 결과와 무관하지 않습니다. …

반대 신문[반대 측]

반대   **❶ 비만율이 높다고 하셨는데, 비만의 원인이 설탕뿐입니까?**

찬성   ① 설탕뿐이라고 할 수는 없지만, 비만은 당 섭취와 밀접한 관련이 있습니다.

반대   **❷ 비만의 원인이 설탕만이 아니라는 것을 인정하셨습니다.** 비만은 나트륨 섭취와도 관련이 있습니다. 우리 국민의 일일 나트륨 섭취량은 세계보건기구의 일일 권장량의 두 배가 넘는데, 이러한 나트륨에 관해서는 아무 말씀이 없으시고, 설탕세만 주장하시는 이유가 무엇입니까?

찬성   ② 설탕세는 비만, 특히 소아 비만의 해결책으로 언급되며 미국, 멕시코 등 전 세계적으로 도입되었거나 도입이 논의되고 있는 방안이기 때문입니다.

이 사례에서 반대 측 토론자는 찬성 측의 주장 ①에 대해 반대 신문 ❶로 문제에 대한 원인이 설탕 하나뿐인지 물었다. 이에 찬성 측 토론자가 ②와 같이 설탕이 비만의 단일 원인이 아님을 언급하자, 이를 받아 반대 신문 ❷에서 찬성 측이 이를 인정했음을 부각하여 찬성 측의 논리를 효과적으로 허물고 있다.

확인 질문과 검증 질문으로 연쇄 구조를 만든다

이때 필요한 사고 과정은 확인 질문과 검증 질문의 연쇄 구조로 반대 신문을 제시하는 것이다. 확인 질문과 검증 질문은 다음과 같은 일련의 조합이 가능하다.

- 확인 질문 1 – 확인 질문 2 – 검증 질문
- 확인 질문 1 – 검증 질문 1 – 확인 질문 2 – 검증 질문 2

학습자는 확인 질문과 검증 질문의 기본 구조로 질문을 생성함으로써 반대 신문의 기능에 충실한 검증 역할을 용이하게 수행할 수 있다. 또한 연쇄 구조로 질문을 만들면 "~에 대해 어떻게 생각하십니까?"와 같은 전형적인 개방형 질문을 자동적으로 피할 수 있다.

⑤ [5단계: 상대 응답 대처] 상대 응답에 어떻게 전략적으로 대처하나요?

다섯 번째 단계는 질의응답의 상호작용에서 응답에 대처하는 단계이다. 반대 신문은 질문과 응답의 대화쌍을 기본 구조로 대화가 전개된다. 상대의 응답에 효과적으로 대처해야 반대 신문의 역할을 제대로 수행할 수 있다. 상대를 공격하여 무력화하기 위한 전략적 운용 차원의 일반적인 지식은 이 과정에서 진리 검증의 협력적 관점으로 재해석될 필요가 있다. 상대 응답에 대한 경우의 수를 고려하여 대처 방안을 마련해야 한다.

시간 주도권을 유지한다

반대 신문은 시간이 짧기 때문에 질문의 흐름을 전략적으로 구성해야 한다. 질문의 수와 순서는 우선순위를 고려하여 안배해야 한다. 가장 심각한 오류로서 자신의 입장을 유리하게 하는 데 도움이 되는 것을 우선적으로 질문해야 질의응답 과정에서 시간을 초과하여 핵심적인 질문을 못하게 되는 경우를 피할 수 있다.

반대 신문의 질문은 간결하고 이해하기 쉬워야 한다. 상대 토론자가 질문을 이해하지 못해 엉뚱한 대답을 하거나 질문을 다시 설명해 줄 것을 요청할 경우 시간을 낭비하게 된다. 더불어 심사자나 청중이 질문을 이해하지 못할 경우 상대의 논리적 오류를 부각하겠다는 목적을 달성할 수 없게 된다.

반대 신문 질문에 대해 상대가 보충 발언을 하며 답변 시간을 오래 끌 경우 원하는 정보만 확인하고 단호하게 중단할 필요가 있다. 반대 신문은 상대의 논리적 오류를 짚어 이를 발판으로 삼아, 다음 입론이나 반박에서 유리한 위치를 확보하기 위한 것임을 분명히 인식해야 한다. "네, 됐습니다.", "지금은 제 질문 시간입니다.", "다음 질문하겠습니다." 등 예의 바르지만 단호하게 상대의 답변을 중단해야 한다. 상대에 따라서는 반대 신문 단계에서 질문에 대한 답변을 길게 하여 전략적으로 시간을 끌거나 자신의 입론을 보강하는 부연 설명을 하는 경우가 있다. 반대 신문의 질문자는 답변자가 그 시간을 역이용하지 못하도록 반대 신문 시간을 주도해야 한다.

프릴리와 스타인버그(2014: 279-280)에서는 반대 신문 시간을 통제하는 방법으로 '첫째, 답변을 이미 알고 있는 질문을 한다. 둘째, 직접적이고 닫힌 형태의 한정적 질문을 한다. 셋째, 의사진행을 방해하거나 단순히 청중의 이목을 끄는 행동을 하는 상대는 적절하게 제재한다. 넷째, 속도감을 유지하며 질문한다.' 등을 제시하였다.

질문 주도권을 유지한다

그다음 경우는 상대가 질문에 응답하지 않고 되묻는 질문을 하는 경우이다. 이런 경우는 불필요하게 응답을 하여 역공을 당하지 말고 질문의 주도권을 확보해야 한다. 슈뢰더(Shroeder, 2005)에서는 반대 신문 기술을 수준별로 구분하였는데 전략적 운용 차원에서 참고할 수 있다(이두원, 2008: 95 재인용).

① 무능한: 목적이나 초점이 없는 질문을 함. 반대 신문을 통제하지 못함. 상대편의 주장을 강화하는 발언 기회를 제공함.
② 조금 유능한: 질문의 일관성이나 초점이 결여됨. 반대 신문을 부분적으로 통제함. 유리한 정보의 습득이 부족함.
③ 유능한: 반대 신문 질문이 적절하게 구성됨. 반대 신문을 통제하며 상대의 입장을 재확인하고 정보를 얻어냄.

④ 매우 유능한: 명확하고 전략적인 질문을 함. 반대 신문권을 효율적으로 수행하고 통제함. 자신의 입지를 강화하기 위한 정보 및 자인(진술)을 얻어냄.

반대 신문의 방법

1 반대 신문의 범위는 어떻게 되나요?
　　―상대의 발언 범위 내에서 질문한다

반대 신문의 범위는 철저하게 상대의 발언 내용이다. 반대 신문을 할 때는 반드시 상대측의 발언 범위 내에서 질문해야 한다.

논제: 사형제도를 폐지해야 한다.

입론[반대 측]

… 저희는 사형제를 유지해야 한다고 생각합니다. 우선 사형제 폐지 법안이 국회에 제출되기도 했고 헌법재판소에서 1969년, 1987년, 1996년, 2010년에 현실적으로는 법적 판단 대상이 되기 때문에 타인의 생명을 부정하는 자에 대해 예외적으로 적용할 수 있다고 판정하였습니다. 합헌 판결을 받은 사형제도를 폐지하는 것은 법치국가인 대한민국의 질서를 무너뜨리는 것이라고 생각합니다. 대한변호사협회에서도 사형제를 폐지하는 것은 시기상조라고 하였습니다. …

반대 신문[찬성 측]

찬성　우리나라에서는 사형제도가 합헌이라고 되어있지만 **국제적으로 유럽평의회라든지 이런 곳에서는 우리나라한테 사형은 안 좋은 것이라고 의견서를 보내기도 했는데** 그렇다면 사형제도를 폐지해야

하는 것 아닌가요?

반대   그런데 미국, 중국, 일본 모두 사형제도가 있습니다.

이 사례에서 찬성 측 토론자는 상대가 입론에서 언급하지도 않은 유럽평의
회의 의견서를 근거로 자기 측의 폐지 주장을 강조하고 있다. 이렇듯 상대의 발언
범위를 벗어난 내용에 대한 질문은 진리 검증의 원리에 위배된다. 이러한 양상의
원인은 '질문'이라는 단어가 교실 환경에서 갖는 의미역이 매우 넓기 때문인 것으
로 추정할 수 있다. 반대 신문은 말 그대로 검증이나 조사(examination)를 의미한
다. 언어의 형식은 의문문으로 질문이지만 그 기능은 검증이다. 당연히 검증의 대
상은 앞선 상대의 발언 내용에 국한된다. '신문'이라는 단어에 대해 학습자가 낯
설어하고, 단어의 의미가 부정적 느낌을 준다는 이유로 반대 신문이 질의나 질문
으로 교실에서 통용되면서 그 본질인 검증의 역할이 퇴색되었다. 서영진(2014:
324)에서도 교과서 토론 텍스트의 상호질의(반대 신문) 양상을 살피면서 '질문의
상대방 입론과의 관련성'을 첫 번째 확인 사항으로 점검하였는데, 분석 대상 5개
교과서 중 하나의 교과서에서 이를 어긴 사례가 발견되었다. 학습자들에게 반대
신문은 질문 형식으로 말해야 하며 그 본령은 검증에 있음을 명확히 인식하도록
지도해야 한다.

앞서 살핀 바와 같이 반대 신문이 교육토론에 최초로 도입되었을 때는 '상호
질문(cross-questioning)'이었지만, 추후 법정 용어를 들여와 '반대 신문(cross-
examination)'으로 수정한 사실에 주목해야 한다. 질문은 형식이고 검증은 기능
인데 해당 단어가 사용되는 의미역의 혼선을 피하고자 '조사'를 사용한 이후 현재
까지 이 용어를 그대로 사용하고 있다. 그러므로 이러한 검증의 기능을 하는 반대
신문의 가장 기본적인 역할은 상대 발언 내용의 사실관계를 확정하는 것이다.

프릴리와 스타인버그(2014: 275)에서는 상대 입론의 내용을 확인하는 것을
반대 신문의 가장 근본적인 목적인 명확화(clarification)라고 하였다. 그러면서 이
는 상대의 입장을 분명하고 일관되게 확인하는 효과가 있어서 상대편이 모호하거
나 불명확한 논증을 하지 못하도록 하는 데 전략적 차원에서 도움이 된다고 하였

다. 교실 환경에서는 교사든 학습자든 폐쇄형 질문보다 상대가 미처 생각하지 못한 내용을 언급하며 확산적 사고를 지향하는 개방형 질문이 장려되듯, 토론 학습자에게 '질문'이라는 용어를 사용하면 상대가 발언하지도 않은 내용을 언급하고자 하는 원심력의 영향을 받게 된다. 검증의 기능을 하는 질문 형식의 신문을 수행함으로써 상대 발언 내용의 본질에 수렴하는 구심력을 강화할 필요가 있다.

❷ 우리 편 주장도 할 수 있나요?
─ 자기주장이 아닌 상대 발언에 대해 질문한다

반대 신문을 할 때는 자기주장을 하는 것이 아니라 상대의 발언에 대해 질문을 해야 한다.[2]

논제: 임신 중절 수술을 합법화해야 한다.

반대 신문[찬성 측]

찬성 ❶ <u>그러면 산모의 행복권은 전혀 중요하지 않다는 것입니까?</u>

반대 산모의 행복권도 중요하지만 그만큼 태아의 생명권도 중요하다고 말씀드리는 것입니다.

찬성 ❷ <u>아직 태어나지 않은 태아를 존중하기보다는 살아있는 산모나 그 배우자를 존중하는 게 맞다고 생각합니다.</u>

반대 태아도 생명권이 있고 임산부도 생명권이 있습니다. 생명권은 모두 존중되어야 하는 것으로 태아가 더 중요한지 임산부가 더 중요한지 비교할 수 없다고 생각합니다.

---

2 김재봉(2003: 272)에서도 초등학생의 반대 신문 양상을 살핀 결과 새로운 의견을 제시하고 자기 측 입장을 보완하는 문제점을 확인하였다.

찬성　❸ 비교하는 것이 아니라 유전적 정신 질환, 신체적 질환이 있는 경우에는 둘 다 피해를 입을 수 있는데, 그럴 경우 차라리 한 명을 죽이고 한 명을 살리는 것이 맞다고 봅니다.

반대　① 그러면 사회의 대를 위해서 소를 희생하게 된다는 것인데, 희생한 사람들을 위해서는 어떤 보상을 해 주실 수 있습니까?

이 사례에서 반대 신문의 역할을 맡은 찬성 측 첫 번째 토론자는 질문을 하지 않고 자기주장을 하고 있다. 반대 신문 ❶에서는 질문을 하였지만, 연이은 ❷와 ❸에서는 질문이 아니라 자신이 옳다고 생각하는 바를 계속 주장하고 있다. 이어서 상대 토론자가 주장 ❸에 대해 질문 ①을 하게 되어 오히려 역공을 당하는 현상이 발생하였다.

논제: 사형제도를 폐지해야 한다.

반대 신문[찬성 측]

찬성　아까 영국을 예로 들어서 얘기해 주셨는데, 영국은 선진국으로 우리나라와 치안 상태가 전혀 다릅니다. 그런데 어떻게 우리나라에 적용할 수 있다고 생각하시나요? ❶ 저는 그런 다른 나라를 우리나라에 적용할 수 없다고 생각하는데요. 아까 마약 소지자에 대해서 얘기해 주셨는데, 우리나라는 마약을 가지고 있다고 해서 사형이 허용되지 않습니다. 그래서 우리나라에 적용할 수 없다고 생각하는데요. 근데 아까 전에 국민의 여론에 따라 사형제도를 유지해야 한다고 하셨는데, 국민의 여론에 따라 모든 법을 만들게 된다면 그 사회는 불균형해지지 않을까요?

반대　그래도 국민의 여론이 중요하다고 생각합니다. 왜냐하면 국민들에게

법이 적용되는 것이기 때문에 국민들이 생각하는 게 가장 중요하다고 생각합니다.

찬성   아까 보면 예외를 언급하셨는데, ❷ **기본권인 인간의 생명권을 침해하면서 사형제도를 실시하면 오히려 이게 계획적인 사실로 국민들에게 받아들여질 수 있습니다.** 이런 것은 오히려 사회를 폭력적으로 만들 수 있다는 것을 아십니까?

반대   다시 한 번 말씀해 주시면 좋겠습니다.

찬성   ❸ **기본권인 생명권을 침해하는 살인 제도를 실행함으로써 그 살인이 합법화되면 사람들을 오히려 폭력적으로 만들 수 있다고 생각합니다.** 어떻게 생각하십니까?

반대   사형제도를 실시하는 것은 매우 적은 수이기 때문에 그 적은 수로 사회가 폭력적으로 변한다는 것은 모순적이지 않나 생각합니다.

이 사례의 경우 찬성 측 토론자는 반대 신문을 해야 하는데, ❶~❸과 같이 시종일관 자신의 주장을 제시하고 있다. 이러한 사례들의 경우는 반대 신문의 본질에 대한 이해의 부족에서 기인한 것이다. 상대 발언을 경청하고 질문 형식으로 그 내용을 검증하는 반대 신문의 기능을 모르고 해당 시간에 자기주장을 펼친 것이다. 이렇게 되면 반대 신문의 도입 취지가 사실상 부정된다. 상대 발언 내용을 경청하지 않고 자신이 준비한 내용만 서로 우기는 문제점을 개선하기 위해 도입된 반대 신문은 제 기능을 하지 못하게 된다.

❸ 자료의 출처를 물어보면 충분한가요?
── 이유와 근거의 단순한 확인보다 오류를 검증한다

반대 신문을 할 때는 상대의 논증에서 왜 그러한지에 대한 이유와 이를 뒷받침하는 구체적인 자료인 근거가 제시되었는지를 확인하는 것도 중요하다. 하지만 이에 대한 단순한 확인보다 상대 발언의 오류를 검증하는 데 주안점을 두어야 한다. 반대 신문의 질문은 상대 언급 여부를 단순히 확인하는 '확인 질문'과 내용의 허점과 오류를 검증하는 '검증 질문'으로 대별할 수 있다.[3] 즉, 확인 질문도 중요하지만 검증 질문이 더욱 중요하다.

논제: 사형제도를 폐지해야 한다.

입론[반대 측]

… 저희는 사형제를 유지해야 한다고 생각합니다. … ① 사형제는 실제로 위협을 주어 범죄의 억제 효과가 상당히 있습니다. 또한, 국민 다수가 사형제도의 필요성, 국민의 약 70%인 절대 다수가 사형제도의 필요성을 인정할뿐더러 현재 복역 중인 사형수 60여 명의 관리비가 일 년에 약 13여억 원, 일인당 연간 2,281만 원에 육박합니다. 이것은 국민 세금을 축내는 것이라고 생각합니다. …

반대 신문[찬성 측]

찬성　❶ 범죄 억제 효과가 있다는 것은 실질적 근거가 있습니까?

반대　네. 필리핀 같은 경우는 지금 현재 사형제를 실제로 실시하고

3　유동엽(2004: 29-30)에서는 토론 반대 신문의 이러한 속성을 '통제력'의 관점에서 강도가 커지는 순서로, "~을 설명해 달라."와 같이 단순하게 보충을 요구하는 '설명 요구 질문', "이것인가, 저것인가?"와 같이 응답 범위를 질문자가 원하는 두세 가지로 제한하는 '선택 질문', "이러한 나의 생각에 동의하는가?"와 같이 응답 범위를 질문자가 강요한 해석으로 제한하는 '확인 질문'의 순으로 제시하였다.

있는데, 인구 10만 명당 살인 발생률이 0.8로서 실질적 폐지국인 대한민국의 2.18에 비해 약 1/3정도라고 추산됩니다.

찬성 ❷ 그거 어디서 나온 통계입니까?

반대 통계청입니다. 인터넷 통계청이요.

찬성 인터넷 통계청에서 직접 뽑아 오신 겁니까? 아니면 인터넷에서 그냥 다운 받으신 겁니까?

이 사례에서는 상대의 입론 중 근거가 제시되지 않아 허점이 있는 주장 ①에 대해 찬성 측은 반대 신문 ❶로 주장에 대한 근거를 요구하고 있다. 반대 측이 근거로 해외 사례를 들자 이에 대해 반대 신문 ❷로 근거의 출처를 확인하는 질문을 하고 있다. 이렇듯 주장, 이유, 근거 등에 대한 기본적인 논증 요소를 비판적으로 이해하는 학습을 이미 하였으므로 상대의 발언에서 이를 확인하는 질문을 충분하게 수행하였다. 하지만 허점에 대한 확인만으로는 반대 신문의 본질적인 기능인 진리 검증을 수행하는 데는 한계가 있다. 이를 위해서는 우선 상대가 제시한 이유나 근거 자체의 존재 여부뿐 아니라 그것에 오류가 있는지에 대한 타당성을 점검해야 한다.

또한 논증에는 직접 드러나지 않았지만 숨겨진 전제를 통해 상대 논증의 타당성을 검증해야 한다. 상대의 논증에 일차적으로 드러나는 것은 청자가 수용하기 원하는 결론인 '주장'과 이에 대한 화자의 내적 생각인 '이유', 이를 뒷받침하는 사실적 자료인 '근거'로 구분된다(Williams & Colomb, 2007; 윤영삼 역, 2008). 개별 논증 요소를 잇는 논리적 연결고리를 점검하면 화자의 숨은 생각인 전제를 확인할 수 있다. 그 전제가 일반인의 상식이나 사회 통념에 부합하는지 따져 보아야 하며, 여러 각도에서 이를 점검하여 내재된 문제점을 노출할 필요가 있다. 이러한 능력은 주장, 이유, 근거로 구성된 기본적 논증 모형을 바탕으로 지속적인 연습을 통해 신장될 수 있다.

논제: 영어 공용화를 시행해야 한다.

입론[반대 측]

저는 영어 공용화를 시행해서는 안 된다고 생각합니다. 영어 공용화는 우리 민족의 정체성과 얽힌 문제입니다. 세계에서 한국어를 사용하는 나라는 우리나라가 유일합니다. ① 근데 영어만 공용화한다는 것은 한국어를 파괴하는 일이고, 우리나라의 개성을 잃는 일이라고 생각합니다. 또한 영어 공용화로 인해 경제적 이익도 보장할 수 없습니다. 영어 공용화를 시행하면 영어를 국가에서 강조하는 것이므로, 사교육이 줄어들 것이라고 예상되지 않습니다. 또한 공교육에서의 영어교육도 현장 학교에서 5일 동안 수업을 하는데, 국어 수업과 영어 수업은 총 4회를 차지합니다. 여기선 더 이상 영어 시간을 할애할 수 없다고 생각합니다. …

반대 신문[찬성 측]

찬성 ❶ 방금 영어를 공용화하면 한국어를 파괴시킨다고 하셨는데, 왜 그렇게 생각하십니까?

반대 ② 영어를 공용화하면 영어와 한국어의 위치가 같아지면서 영어를 많이 쓰게 될 것이고 한국어의 자리가 줄어들 것이라고 생각합니다.

찬성 ❷ 하지만 영어 공용화라는 것이 영어와 한국어를 번갈아 가면서 쓰자는 것인데 꼭 영어를 많이 쓴다는 근거가 있습니까?

반대 지금 영어를 공용화해야한다는 이유는 경제성 때문인데 영어가 한국어보다 더 좋다고 생각해서 영어를 쓰자는 것이 아닙니까?

이 사례에서는 영어 공용화를 반대하는 측의 주장 ①에 대해 반대 신문 ❶로 이유를 확인하고 있다. 이에 대해 상대가 ②라고 답변하면서 영어를 많이 쓸 것이라는 주장을 하자, 다시 반대 신문 ❷를 통해 이에 대해 검증하며 근거를 요구하고 있다. 상대가 왜라는 질문에 이유를 대면서 드러낸 전제에 대해 날카롭게 파고

들어 타당성을 검증하며 구체적인 근거를 요구하는 것이 중요하다.

❹ 개방형 질문과 폐쇄형 질문 중 어떤 게 유리한가요? ── 개방형 질문을 지양한다

반대 신문의 형식과 관련해서는 가능하면 개방형 질문을 사용하지 않는 것이 좋다. 왜냐하면 상대가 답변을 하면서 자기주장을 강화하고 보충하는 추가 발언을 하는 데 반대 신문 시간을 활용할 수 있기 때문이다. 질문자는 반대 신문 시간에 대한 통제권을 유지하며 검증의 역할을 해야 하는데, 개방형 질문을 사용하면 상대의 입론 시간을 보충해 주는 꼴이 되기 때문이다.

논제: 사형제도를 폐지해야 한다.

입론[찬성 측]

… 저는 사형제도를 폐지해야 한다고 생각합니다. ① 사형이 무고한 사람에게 집행되었을 경우 되돌릴 수 없는 결과를 초래하기 때문입니다. 인간은 완전하지 않기 때문에 오심 가능성은 항상 있습니다. 만약 사형을 집행한 후 오심으로 판정이 나면 그것을 회복할 방법이 전혀 없습니다. 누명이나 억울한 판정을 받는 무고한 사람들은 대부분 사회적 약자입니다. 이런 사실을 감안하면 사형제도를 폐지해야 한다고 생각합니다. …

반대 신문[반대 측]

반대　무고한 사람에게 오심의 가능성이 있다고 하셨는데, 요즘에는 과학 수사의 발달로 오판의 가능성이 매우 낮아졌습니다. ❶ **오심의 가능성이 그렇게 크진 않을 것 같은데, 그것에 대해서는 어떻게 생각하십니까?**

찬성　오심 가능성이 크지는 않지만 그래도 만약에 한 번의 오심으로 한

명의 무고한 생명이 죽는다면 그것은 국가가 할 일이 아니라고
생각합니다.

이 사례의 경우 사형제도 폐지를 주장하는 찬성 측이 오심 가능성을 이유로
주장 ①을 제시하자, 반대 측에서는 반대 신문 ❶에서 '어떻게 생각하십니까?'라
는 개방형 질문을 하였다. 이러한 개방형 질문은 상대측이 보충 발언을 할 기회를
제공하였다. 이러한 양상의 원인은 반대 신문의 질문 형식에 대한 교육이 제대로
이루어지지 않았기 때문이다. 반대 신문에서 상대 발언 내용을 검증하기 위해서
는 우선 사실관계의 확정이 중요하다. 이를 위해서는 '누가, 언제, 어디서'와 같은
기초 정보를 확인하는 것이 중요하다. 이때 단서를 가지고 있는 경우에는 '예/아
니요'의 질문 형식으로 물을 수 있고, 단서가 없는 경우에는 짧은 답변을 요구하
는 단답형 질문으로 물을 수 있다.

하지만 상대가 제시한 방안에 대해 '어떻게' 시행이 가능한지 묻는다면 상대
는 입론의 필수 쟁점 중 해결 방안 쟁점에 해당하는 방안의 실행 가능성에 대해
보충 발언을 자유롭게 하게 될 것이다. 이 경우에는 오히려 방안의 시행 주체인
'누가'를 묻거나 재원 확보 방법, 도입 시기, 구체적인 도입 방법 등 구체적인 사항
에 대해 짧은 답변을 하도록 요구해야 한다. 앞서 '왜'를 묻는 경우도 일종의 개방
형 질문으로 볼 수 있는데, 상대가 한 주장의 이유를 묻는 것이므로 완전하게 개
방형 질문은 아니다. 그러한 주장을 하는 이유나 주장과 근거를 잇는 연결고리로
서 이유를 묻고, 오류를 검증하기 위한 질문 공세를 이어가야 한다.

이뿐 아니라 자기주장을 제시하고 이에 대한 상대측의 판단을 요구하는 것도
바람직하지 않다.

논제: 사형제도를 폐지해야 한다.

반대 신문[반대 측]

반대 범죄자의 인권이 존중받아야 한다고 말씀하셨는데요. ❶ **저희가 아까 타인의 생명을 부정하는 자에 대해 예외적으로 적용될 수 있다고 말씀드렸는데 이것에 대해서 어떻게 생각하십니까?**

찬성 물론 범죄자가 피해자의 생명을 먼저 침해한 것은 맞고 그럼 인권을 먼저 침해한 것이 맞습니다. 하지만 범죄를 지은 범죄자라 하더라도 그 사람은 대한민국 국민으로서 자신이 보호받을 권리는 충분하다고 생각합니다.

이 사례는 상대의 입론에 대해 검증하는 반대 신문을 해야 할 토론자가 자신의 주장을 제시하고 이에 대해 ❶과 같이 "~에 대해 어떻게 생각하십니까?"라며 질문하고 있다. 이는 앞서 언급한 자기주장하기와 개방형 질문이 복합적으로 수행된 것이다. 자기 측이 언급한 내용에 대한 의견을 불필요하게 물었다가 상대가 부정적으로 단언하여 역공의 발판을 제공하는 역효과를 초래하였다.

❺ 질문은 어떻게 하나요?
    ─ 단편 질문보다 연쇄 질문을 사용한다

반대 신문의 구조와 관련해서는 일회성의 단편 질문보다 연쇄 질문으로 구조화하는 것이 바람직하다.

논제: 설탕세를 부과해야 한다.

입론[반대 측]

··· 다른 나라보다 비만율이 높지 않은 우리나라에서 설탕세를 시행하는
것은 바람직하지 않습니다. ··· 설탕세를 시행하는 것은 서민 경제를
압박하는 행위입니다. ① 설탕세를 시행하면 실제로는 당 함유 제품을
만드는 기업이 세금 부담을 소비자에게 전가할 가능성이 큽니다. 또한
덴마크에서 고열량 식품에 세금을 부과했는데, 오히려 국민들이 이러한
식품을 인근 국가에서 구매하여 자국의 식품 산업이 위축되고 고용이
감소하는 결과로 이어졌습니다. 이처럼 악순환의 가능성이 있는 설탕세의
시행은 옳지 않습니다. ···

반대 신문[찬성 측]

찬성 　❶ 기업이 국민에게 세금 부담을 떠넘긴다고 하셨는데 주관적 판단
　　　아닌가요? 어떤 근거로 말씀하신 거죠?

반대 　기업에서는 세금에 따른 손해를 부담하려 하지 않습니다. ② 가격을
　　　인상하거나 제품의 용량을 줄여 설탕세의 부담을 소비자에게
　　　돌린다는 말입니다.

찬성 　❷ 설탕세 도입에 따른 해당 제품의 가격 인상을 피하려면 기업에서
　　　제품의 당 함량을 줄이면 됩니다. 그러면 설탕세가 실효성이 있는 것
　　　아닙니까?

반대 　그럴 수도 있지만, 모든 음식에서 무조건 당 함량을 낮추는 것은
　　　불가능하므로 가격 상승은 필연적이라고 볼 수 있습니다.

　　이 사례에서 찬성 측 토론자는 반대 신문 ❶을 통해 반대 측의 주장 ①에 대해
근거를 요구하고 있다. 이에 대해 ②와 같이 답변하자, 연쇄 질문을 통해 반대 측의
주장 ②에서 예측하지 못한 상황을 반대 신문 ❷를 제시하며 역공을 펼치고 있다.

⑥ 상대를 공격해도 되나요?
— 인신공격을 자제하고 예의를 갖춘다

상대의 논리적 오류에 대한 질문과 반박은 단순히 꼬투리를 잡거나 반대를 위한 반대를 하기 위한 것이 아님을 명심해야 한다. 특히 존중과 배려의 마음가짐이 중요하다. 질문과 반박을 할 때에는 상대방을 공격하는 인신공격의 오류를 범하지 않도록 유의해야 하며 반드시 상대가 주장한 내용을 질문과 반박의 대상으로 삼아야 한다. 또한 이러한 과정은 불일치와 반대를 조장하기 위한 것이 아니라, 공동체가 처한 문제를 해결하기 위해 필요한 면밀한 검토의 과정이라는 점을 인식해야 한다.

이때 토론을 자신에게 유리하게 이끌어 가기 위해서는 심사자들과 청중의 판단에도 도움이 되도록 질문의 내용을 고려하는 것이 좋다. 논제에 대해 내용 준비를 많이 한 양측보다 심사자와 청중의 이해를 돕는 질문이 좋다.

반대 신문에서는 질문을 통해 상대를 공격하되 예의를 지켜야 한다. 앞서 살펴본 것과 같이 토론에는 규칙이 있다. 날카로운 공격도 좋지만 토론에 필요한 태도를 견지할 필요가 있다. 지나치게 감정적으로 흥분하거나, 상대의 입론을 비아냥거리는 것은 바람직하지 않다. 특히 질문에 인신공격성 발언을 하는 것을 삼가야 한다. 예를 들면, '아동 대상 성범죄자에게 전자 팔찌를 채워야 한다.'라는 논제에 대해 "당신의 누이가 피해자라면 어떻게 하겠습니까?"라는 질문은 이성과 논리로 공격과 방어를 해야 할 토론을 감정적으로 치우치게 할 위험성이 있다.

반대 신문에서 답변을 할 때는 심리적 여유를 유지하고 감정을 조절해야 한다. 흥분하거나 당황해하는 모습은 오히려 상대를 유리하게 한다. 상대의 합리적 질문에 의연하게 인정하는 태도를 보이면 무작정 감정적 대응을 하는 것보다는 도움이 될 수 있다. 질문자가 감정이 담긴 질문을 하며 흥분한 모습을 보일 경우에는 오히려 안정된 어조로 사실에 근거하여 명확한 답변을 하여 질문자의 감정 상태를 부각할 수도 있다.

7 답변은 어떻게 하나요?
— 답변할 때는 함정에 빠지지 않도록 방어한다

반대 신문에서는 상대의 질문에 대한 효과적인 답변도 심사의 대상이 된다. 입론 후 상대가 지적한 논리적 오류에 대해 얼마나 효과적으로 방어했는지는 자신의 주장을 강화하고 상대의 공격을 무력화하는 데 매우 중요한 역할을 하기 때문이다.

반대 신문의 질문에 답변을 할 때 상대의 질문 의도를 잘 파악해야 한다. 쟁점에 대해 질문자가 준비한 함정을 잘 파악하여 대답해야 한다. 오류를 바로 시인하거나 핑계를 대는 것은 피해야 한다. 혹시 상대의 질문에 대해 답변할 수 없는 경우에는 솔직하게 "모르겠습니다." 또는 "그 부분에 대해서는 조금 더 고려해야 합니다." 등으로 간략히 언급하고 다음 질문을 받는 것이 좋다. 근거 없는 즉흥적인 답변을 할 경우 오히려 자가당착에 빠질 위험이 있다. 마찬가지로 질문자가 자료나 근거에 대해 구체적인 정보를 요청할 경우, 준비가 안 되었다면 솔직하게 "다음 기회에 제시하겠습니다."라고 간략히 답변하는 것이 좋다.

답변 과정에서 전략적으로 반대 신문에 할당된 시간을 끄는 경우가 있는데, 이런 것은 피하는 것이 좋다. 상대의 질문에 대한 의도적인 회피나 지연은 감점 요인이 된다. 답변이 길어져 심사자에게 이러한 오해의 소지를 줄 경우에는 "다음 발언 기회에 구체적으로 말씀드리겠습니다."라고 하여 답변을 간략히 마무리한다.

답변 과정에서 질문자에게 오히려 역질문을 하는 경우가 있다. 질문자가 이 역질문에 제대로 답변을 하지 못해 반대 신문을 오히려 역공의 기회로 삼을 수도 있지만, 질문자가 "지금은 제가 질문하는 시간입니다."라고 답변 요구를 일축하거나 다시 역공의 기회로 삼을 수 있기 때문에 조심해야 한다.

7장
반대 신문

▶▶▶ **반대 신문이란 지정 시간에 상대 발언에 대해 질문으로 검증하는 과정이다**

상대 토론자의 발언을 경청하여 질문의 형식으로 내용을 검증하는 반대 신문은 토론의 핵심적인 절차이다. 반대 신문 절차가 없으면 양측은 상대 발언을 경청할 필요 없이 사전에 준비한 발언만 하며 자기 입장을 고수하게 된다. 물론 반론 과정에서 논박을 하면서 상대의 주장을 검증할 수도 있지만, 특정한 시간을 할애하여 상대의 발언에 대해 엄정하게 검증하는 반대 신문의 절차가 없다면 공동체의 문제 해결을 위해 진실을 검증한다는 토론의 본질적 요건을 충족하기 어렵다.

▶▶▶ **반대 신문은 상대 공격이 아닌 진리 검증의 협력 과정이다**

토론의 상호작용 과정에서 반대 신문은 상대 발언의 오류와 허점을 검증하는 기능을 함으로써 양측의 논의가 점진적으로 진리에 다다르도록 하여 청중이 옳은 판단을 하는 데 도움을 주는 역할을 한다. 그러므로 공격의 대상은 '상대'가 아니라 진리를 가리는 '거짓'이 된다.

▶▶▶ **반대 신문은 자기주장 우기기가 아닌 경청과 질문의 상호작용 과정이다**

반대 신문은 토론 참여자 간의 질문과 응답의 상호작용이다. 질문을 해야 하므로 상대 발언을 경청해야 하며, 자신의 주장을 우기는 행위는 할 수 없다. 반대 신문은 자신의 입장을 고수하고 자기주장을 우기는 의사소통 행위가 아니라 상대 발언을 경청하고 그 내용만을 범위로 하여 질문하는 존중의 의사소통이다.

▶▶▶ 자기주장을 하지 말고 상대 발언을 검증하는 질문을 한다

반대 신문은 상대 발언에 대해 허점과 오류를 검증하는 질문을 해야 한다. 이때 상대의 발언 범위 내에서만 질문해야 하며, 상대가 언급하지도 않은 내용에 대한 자신의 의견을 제시해서는 안 된다. 반대 신문을 하는 토론자가 질문이 아니라 자기주장을 하는 경우가 있는데 토론자에게 주어진 역할을 다하지 못하는 것이다. 질문을 해야 하는 차례에 자기주장을 하게 되면 오히려 상대 토론자가 그 주장에 대해 질문을 하게 되어 역공을 당할 수도 있다.

▶▶▶ 이유나 근거를 단순하게 요구하기보다 오류를 검증한다

반대 신문을 하는 토론자는 상대에게 '왜 그렇게 생각하는지'에 대한 이유를 묻는 데 그치는 경우가 있다. 이렇게 단순한 질문만으로는 반대 신문의 본질적인 기능인 사실 확인과 진리 검증의 역할을 수행하는 데 한계가 있다. 상대가 제시한 이유나 근거가 있는지에 대한 질문뿐 아니라 신뢰성, 타당성, 공정성을 기준으로 상대 발언의 오류를 점검하는 질문을 해야 한다.

▶▶▶ 개방형 질문보다 구체적인 답변을 요구하는 폐쇄형 질문을 한다

반대 신문을 할 때는 가능하면 개방형 질문을 피하는 것이 좋다. 왜냐하면 상대가 답변을 하면서 자기주장을 강화하고 보충하는 추가 발언을 하는 데 반대 신문 시간을 활용할 수 있기 때문이다. 질문자는 반대 신문 시간에 대한 주도권을 유지하며 검증의 역할을 해야 하는데, 개방형 질문을 사용하면 상대의 입론 시간을 보충하는 꼴이 된다.

반대 신문하기

Q1 반대 신문 준비는 어떻게 하나요?

　　반대 신문은 상대의 입론을 들으면서 실시간으로 질문거리를 만들기도 하지만 효과적인 반대 신문을 하기 위해서는 미리 예상 질문을 만들어 두는 게 바람직합니다. 주어진 논제의 찬성과 반대 양측의 입론을 모두 준비하였다면 자신이 준비한 입론을 바탕으로 상대측 발언 내용을 예측하면 됩니다. 상대측의 핵심 주장과 이를 뒷받침하는 하위 주장을 예측하여 예상 질문을 만들어야 합니다. 또한 우리 편이 찾은 근거 자료와 상대편의 근거 자료가 비슷할 수 있으므로, 해당 근거의 신뢰성과 타당성의 결함에 대해 미리 파악한 후 상대가 해당 자료를 사용할 때 질문할 준비를 해 두면 반대 신문을 효과적이고 신속하게 할 수 있습니다.

Q2 반대 신문의 언어 형식을 어떻게 지도하나요?

　　상대의 발언에서 질문 지점을 확인하였다면 질문 내용을 반대 신문의 형식에 맞추어 표현해야 합니다. 이때는 확인 질문과 검증 질문을 연계하는 것이 효과적입니다.

　　확인 질문은 다음과 같이 상대의 발언 여부를 확인할 때 사용하는 질문입니다. 이 확인 질문에 대한 대답은 당연히 '예/아니요' 형식이 됩니다.

- 방금 B를 근거로 A라는 주장을 하셨는데, 맞습니까?
- C주장에 대해서는 구체적인 근거를 제시하지 못하셨는데, 맞습니까?

검증 질문은 상대의 발언에서 오류를 검증하는 질문을 의미하는데, 토론의 본질인 진리를 검증하는 기능을 합니다.

• 국제기구의 연구 보고서에서 이미 관련성이 없는 것으로 판명된 B가 A 주장의 근거가 될 수 있습니까?

확인 질문을 해서 사실 확인을 한 후 오류와 허점을 짚는 검증 질문으로 상대를 코너로 몰아가는 방식으로 질문을 연계해서 하면 반대 신문을 효과적으로 할 수 있다.

Q3 반대 신문에 어떻게 답변하나요?

가장 중요한 것은 상대의 의도를 파악하는 것입니다. 우리 측이 주장한 내용의 허점이나 오류를 드러내어 논리를 무력화하는 것이 상대의 목표이므로 질문 의도를 정확하게 파악하고 신중하게 답변해야 합니다. 특히 유도 질문이나 함정 질문에 주의해야 합니다. 답변하기 어려운 경우에는 무리하게 시간을 끌거나 답변을 의도적으로 회피하면 불리한 구도가 형성되므로 솔직하게 "그러한 부분을 더욱 고려해야 합니다."라고 답변합니다. 상대가 요구한 정보를 제시하기 어려운 경우에는 다음에 추가 자료를 보완하여 제시하겠다고 간략하게 답변하면 됩니다. 특히 상대의 질문에 흥분하거나 당황하지 않도록 평정심을 유지한 상태로 차분한 어조로 답변해야 합니다. 상대의 질문이 억지스럽다고 흥분하여 감정을 조절하지 못하면 심판이나 청중에게 부정적인 인상을 심어 줄 수 있습니다.

Q4 반대 신문 시간은 어떻게 운용하나요?

반대 신문 시간은 제한되어 있기 때문에 반대 신문을 하는 편에 유리하도록 충분히 활용하도록 해야 합니다. 상대가 보충 발언을 길게 하면 원하는 정보만 확인하고 응답을 중단시켜 반대 신문 시간을 확보해야 합니다. 또한 상대가 질문에 응답하지 않고 되묻는 질문을 하는 경우는 불필요하게 응답을 하여 역공을 당하지 말고 질문의 주도권을 확보해야 합니다.

Q5 반대 신문의 여러 차원에 대해 어떤 예시를 제시하면 좋을까요?

반대 신문의 여러 차원에 대해서는 양경희·박재현(2016: 184-189)에서 소개한 예시를 제시하면 학생들이 이해하는 데 도움이 됩니다.

주장과 세부 주장을 파악하는 반대 신문 예시

주장이란 '상대가 수용하기를 바라는 단정적인 결론'을 의미합니다. 짧은 글일 경우에는 주장이 하나일 수도 있지만 긴 글의 경우에는 핵심 주장과 이와 관련된 다수의 세부 주장이 포함될 수도 있습니다. 핵심 주장과 이를 구성하는 세부 주장을 파악하고 다음과 같은 점을 반대 신문을 통해 점검할 수 있습니다.

점검 요소	반대 신문의 질문 예시
주장의 명확성	• 말씀하신 주장의 내용이 잘 이해되지 않는데, 주장을 명확하게 말씀해 주시겠습니까? • 주장하시면서 사용한 개념이 모호한데, 정확한 개념은 무엇입니까?
주장의 합리성	• 말씀하신 주장이 우리 사회 공동체가 수용 가능한 범위 내에서 이치에 맞다고 생각하십니까? • 주장에 담긴 전제가 편향되어 있다고 생각하지 않으십니까?
주장의 유기성	• 세 번째 세부 주장은 전체의 주장과 연관성이 부족한 것 같은데, 둘 사이의 논리적 관계가 부족하다고 생각하지 않으십니까?
주장의 체계성	• 세부 주장들이 단순하게 나열되어 있습니다. 우선순위를 고려할 때 어떤 내용이 더 우선하며 중대한 것입니까?

주장과 근거의 유기성을 점검하는 반대 신문

근거란 주장을 뒷받침하기 위해 제시하는 정보나 자료 등을 의미합니다. 핵심 주장이든 세부 주장이든 논리적인 이유와 더불어 통계 자료나 증언 등 구체적인 근거 자료로 뒷받침될 때 논증으로서 요건을 충족하게 되며, 근거로 지지되지 않으면 단언에 불과하게 됩니다. 여기에서는 개별 주장들을 지지하는 근거들을 찾아 주장과 근거의 연관성을 확인해야 합니다. 또한 근거가 분명하고 충분하게 존재하며, 생략된 근거는 없는지도 확인해야 합니다.

점검 요소	반대 신문의 질문 예시
근거의 명확성	• 그 주장은 분명한 근거로 뒷받침되지 않은 것 같은데, 통계 자료와 같은 명확한 근거는 어떤 것이 있나요?
근거의 충분성	• 첫 번째 주장에 대해서는 신문기사의 통계 수치만으로 근거를 제시하여 설득력이 부족해 보이는데, 전문적인 학술 자료는 없나요?
주장과 근거의 유기성	• 제시한 근거는 주장과 연관성이 부족해 보이는데, 더욱 직접적으로 관련되는 근거는 없나요?
근거와 근거의 유기성	• 주장을 뒷받침하는 여러 근거들이 논리적으로 연결이 되지 않는데, B 근거는 A 근거와 어떤 관계인가요?

논증 오류 점검 요소와 반대 신문 예시

다음은 논증의 유형에 따른 반대 신문의 예시입니다. 논증 유형은 다양하게 구분할 수 있지만 국어과 교육과정에서 다루고 있는 일반적인 논증 유형인 '연역 논증, 귀납 논증, 인과 논증, 유추 논증'으로 구분하여 논증의 오류를 파악하는 질문의 예시를 들면 다음과 같습니다.

구분	점검 요소	반대 신문의 질문 예시
연역 논증	전제의 사실성	• 말씀하신 내용의 전제는 '여성이 남성보다 운전을 못한다.'인데, 이것이 과학적으로 입증된 것인가요?
	전제의 적용 가능성	• '여성과 남성의 언어 능력'에 대한 일반적인 전제를 인간의 인지 능력 전반을 다루는 이 사례에 적용하는 것이 타당한가요?
	전제의 예외성	• 전제를 입론 전체에서 무조건 고수하고 있는데, 혹시나 있을 수 있는 예외는 없나요?
귀납 논증	근거와 주장의 유기성	• 제시한 근거들을 종합한다고 해서 주장이 도출되지 않는 것 같은데, 근거와 주장이 논리적으로 연결되나요?
	근거의 대표성	• 대표성이 결여된 일부 사례로 주장을 끌어내는 것 같은데, 사례의 대표성을 확신할 수 있나요?
	근거의 충분성	• 불충분한 사례로 주장을 끌어내는 것 같은데, 주장을 제시하는 데 불충분한 사례 아닌가요?
인과 논증	원인의 복합성	• 사건의 원인은 하나가 아니라 다른 것도 있을 것 같은데, 여러 원인을 복합적으로 고려해야 하지 않을까요?
	원인의 충분성	• 원인이 결과를 발생시킬 만큼 충분하지 않아 보이는데, 더욱 강력한 원인을 찾아야 하지 않을까요?
	원인과 결과의 명확성	• 두 사건의 원인과 결과를 바꾸어도 말이 되는 것 같은데, 제시한 원인과 결과는 명확히 구분되는 것인가요?
	원인과 결과의 필연성	• 두 사건이 동시에 또는 순차적으로 발생하였다고 하여 인과 관계가 있다고 판단하신 것 같은데, 두 사건에 동시에 영향을 미친 제3의 원인이 있는 것은 아닐까요?
유추 논증	유사점의 본질성	• 인구 규모와 교통 두 가지 면에서 유사하다고 하여 우리 시에도 종합운동장 건설이 필요하다고 하였는데, 그 두 가지 유사점이 운동장 건설의 필요성을 증명하는 본질적인 것인가요?
	유사점의 충분성	• 두 학교의 유사점 세 가지를 들어 주장을 하고 있는데, 두 학교의 차이도 큰 것 같아요. 과연 두 학교가 유사하다고 할 수 있을까요?

근거 오류 점검 요소와 반대 신문 예시

근거는 참임을 신뢰할 수 있도록 충분하고 객관적이어야 합니다. 개별 근거가 타당한지에 대한 확인이 필요합니다.

구분	점검 요소	반대 신문의 질문 예시
사실	사실의 객관성	• 근거로 제시한 내용은 필자의 주관적 해석이 담긴 의견 같은데, 입증이 가능한 사실인가요?
	사실 판단 기준의 명확성	• 쌀 보유량 1,000톤 미만을 '식량 고갈'이라고 하셨는데, '고갈'이라는 사실을 판단하는 기준이 명확하다고 볼 수 있을까요?
통계	통계의 최신성	• 사용된 통계 자료는 1995년 것인데, 20년이나 지난 것 같아요. 보다 최신의 통계 자료는 없나요?
	통계의 대표성	• 단순히 산술 평균으로 평균 임금이 200만 원이라고 하셨는데, 그 정보를 한국의 고용 현실을 드러내는 대푯값으로 사용할 수 있을까요? 통계 자료에 함정은 없는지 살펴봐야 하지 않을까요?[4]
증언	전문가의 전문성	• 환경과 관련된 논의에 근거로 제시한 A 전문가는 해당 분야와 다소 거리가 있게 여겨지는데, 환경 전문가의 의견은 없나요?
	당사자의 이해관계성	• 사례에서 사용한 증언자는 해당 사건의 이해관계자 같은데, 증언 내용을 그대로 신뢰할 수 있나요?
경험	경험의 신뢰성	• 개인 경험을 생생하게 제시한 것은 매우 설득적으로 여겨지는데, 주장을 뒷받침할 만큼 신뢰할 만한 것인가요?
	경험의 적합성	• 제시된 개인 경험은 필자의 주장을 뒷받침하는 데 다소 거리가 있어 보입니다. 둘의 논리적 연결고리는 무엇인가요?
근거 간 확인	근거 간 정합성	• 두 근거가 상호 모순으로 여겨지지 않나요?
	근거 간 일치성	• 주장을 뒷받침하는 두 근거가 서로 다른 부분을 지지하고 있는데, 근거가 불일치하지 않나요?

....

4   산술 평균은 중요한 통계 정보이지만 현실을 감출 수 있다는 점에 유의해야 한다. 이를 '평균의 신화(myth of the mean)'라고 한다. 퍼센트 정보가 제시될 경우에도 유의해야 한다. 퍼센트의 원래 기준이 다름에도 그대로 적용하는 경우가 있는데, 이를 '비교할 수 없는 퍼센트(incomparable percentages)'라고 한다.

참고문헌

강태완(2002), 방송 3사 시사토론 프로그램의 형식, 구성 및 논증에 관한 연구, 한국방송학보, 16(1), 한국방송학회, 7-42.

강태완·김태용·이상철·허경호(2001), 토론의 방법, 커뮤니케이션북스.

김관규·김춘식(2008), 2007년(제17대) 대통령선거 TV토론의 설득적 전략 분석, 언론과학연구, 8(2), 한국지역언론학회, 51-83.

김병구(2012), 교육토론의 내적 원리 연구: 교육토론 모형을 활용한 대학 토론 교육의 구조화 방안을 중심으로, 시학과 언어학, 22, 시학과 언어학회, 71-100.

김병길(2004), 방송언어의 평가지수 측정: 뉴스 보도와 시사토론 프로그램을 중심으로, 한국스피치커뮤니케이션학회 학술대회 자료집, 한국스피치커뮤니케이션학회, 287-311.

김수정(2013), 토론 담화에 나타난 토론 양상 및 표지어 분석 연구: 제1회 경북 학생 3담군(群) 토론대회 군(郡)부 결승전 자료를 바탕으로, 국어교육연구, 52, 국어교육학회, 29-54.

김연종(2009), 제18대 국회의원선거 TV 방송토론의 형식과 내용: 3개 토론회 사례 분석, 스피치와 커뮤니케이션, 11, 한국스피치커뮤니케이션학회, 254-292.

김재봉(2003), 반대 신문식 토론학습의 평가 방식 연구, 한국초등국어교육, 22, 한국초등국어교육학회, 237-277.

김주현(2009), 진단과 처방의 논증 구조: 〈비판적 사고와 토론〉 수업의 입론문 작성을 중심으로, 수사학, 11, 한국수사학회, 363-402.

김주환(2009), 교실 토론의 방법, 우리학교.

김주환(2012), 고등 국어교과서의 토론교육 내용 분석: 2007 개정 국어과 교육과정에 따른 16종 교과서를 중심으로, 새국어교육, 93, 한국국어교육학회, 215-242.

김지연(2014), TV 토론 담화의 의사소통 전략에 대한 고찰: 체면위협행위를 중심으로, 화법연구, 25, 한국화법학회, 103-132.

김지현(2012), 토론 단원 교수·학습의 비판적 연구, 부산대학교 석사학위논문.

김진무(2009), TV 토론에서 상호작용 양상, 프랑스문화예술연구, 29, 프랑스문화예술학회, 31-65.

김평원(2010), 마이크로 토론(Micro Debate)을 활용한 CEDA 방식 토론 교육, 국어교육학연구, 39, 국어교육학회, 281-312.

김현정(2016), 배심원 토론 모형에 기반을 둔 대학 토론 교육 방안, 우리말교육현장연구, 10(1), 우리말교육현장학회, 301-320.

김현주(2005), 올바른 커뮤니케이션 문화를 위한 토론 프로그램의 역할과 과제, 한국소통학보, 4, 한국소통학회, 57-83.

김현주(2011), 상호교섭적 관점에 의한 대학 토론교육: H대학 〈말과 글〉 교육 사례를 중심으로, 한국언어문화, 46, 한국언어문화학회, 133-162.

김혜련·이남주(2009), TV토론에 대한 매체언어교육적 접근을 위한 시론: 메타TV토론식 교수학습 방법을 적용하여, 새국어교육, 83, 한국국어교육학회, 161-210.

나은미(2011), 대학 토론 교육의 비판적 검토 및 개선 방안: 교양교육으로서 토론을 대상으로,

화법연구 19, 한국화법학회, 241-269.

나은미(2015), 교양교육으로서 토론형 강좌의 현황 분석 및 제언, 우리어문연구, 52, 우리어문학회, 389-422.

류성기(2012), 교사의 경험론적 판단에 근거한 초등학생 단계적 토론 능력, 한국초등국어교육, 50, 한국초등국어교육학회, 247-283.

민병곤(2005), 6, 9, 10학년 학습자의 소집단 토론에 대한 질적 분석 및 교육적 시사, 국어교육, 116, 한국어교육학회, 67-104.

박보영(2016), 글로벌 인재 대립토론으로 키운다, 교육과학사.

박삼열(2010), 구성주의적 학습을 위한 토론 수업, 人文社會科學硏究, 28, 호남대학교 인문사회과학연구소, 75-98.

박삼열(2012), 토론의 설득 방식에 대한 수사학적 고찰, 철학탐구, 32, 중앙대학교 중앙철학연구소, 251-281.

박상준(2009), 대학 토론교육의 문제와 해결방안 시론, 語文學, 104, 한국어문학회, 27-56.

박성희(2014), 아규멘테이션: 설득하고 설득당하는 사회의 논쟁법, 이화여자대학교출판부.

박승억·신상규·신희선·이광모(2011), 토론과 논증, 형설출판사.

박웅기(2006), 토론교육의 현황과 문제, 한국정치커뮤니케이션학회 학술대회논문집 1, 한국정치커뮤니케이션학회, 5-27.

박인기·김슬옹·정성현(2014), 토론 교육 무엇을 어떻게 가르칠 것인가, 한우리북스.

박재현(2004), 한국의 토론 문화와 토론 교육, 國語教育學硏究, 19, 국어교육학회, 289-318.

박재현(2011), 교육적 기능을 고려한 토론 유형 선택의 변수, 화법연구, 19, 한국화법학회, 47-79.

박재현(2013), 중등학교 국어 교과서 토론 단원에 제시된 정책 논제의 적합성 분석, 새국어교육, 96, 한국국어교육학회, 139-165.

박재현(2014a), 정책 토론의 입론 구성 교육 내용 연구, 우리말글, 60, 우리말글학회, 93-121.

박재현(2014b), 초,중,고 학생의 정책 토론 입론 양상 분석: 피해와 내재성 쟁점을 중심으로, 화법연구, 25, 한국화법학회, 159-187.

박재현(2016), 국어교육을 위한 의사소통 이론(개정판), 사회평론아카데미.

박재현(2017a), 대학 교양 토론 교육의 쟁점에 대한 학습자 인식과 교육적 시사점, 교양교육연구, 11(5), 한국교양교육학회, 161-198.

박재현(2017b), 방송 토론 인신공격 발언의 역기능과 개선 방안, 화법연구, 38, 한국화법학회, 1-30.

박재현(2017c), 반대 신문의 교육적 가치와 반대 신문 전략, 국어교육, 156, 한국어교육학회, 153-183.

박종훈(2013), 토론 교육의 내용 설정 방향, 국어교육연구, 52, 국어교육학회, 115-146.

백미숙(2009), 교양교육으로서의 말하기 교육의 현황과 방향: 성균관대학교 〈스피치와 토론〉 강좌 사례를 중심으로, 수사학, 10, 한국수사학회, 323-348.

서영진(2014), 교과서 토론 담화 텍스트의 적합성 분석, 국어교육학연구, 49(2), 국어교육학회, 295-351.

서영진(2015), 국어 교사의 토론 교육에 대한 인식과 실행 양상, 국어교육학연구, 50(3), 국어교육학회, 70-119.

서현석(2011), 초등학교 토론 교육의 내용 체계 연구, 화법연구, 18, 한국화법학회, 73-102.

안영식(2011), 초등 사회과 단계형 토론모형: 대립토론을 중심으로, 사회과교육연구, 18(3), 한국사회교과교육학회, 53-68.

양경희·박재현(2016), 동료 피드백 방법으로서의 반대신문 교육 내용 연구: 설득적 글쓰기를 중심으로, 국어교육연구, 60, 국어교육학회, 169-196.

염재호(2005), 정책토론의 논리와 수사: 사회자의 관점에서 본 시사토론의 설득과 수사, 수사학, 2, 한국수사학회, 81-94.

유동엽(2004), 반대신문형 논쟁의 상호작용 관습에 대한 연구, 국어교육, 114, 한국어교육학회, 25-54.

유혜원(2016), 대학 토론 교육의 방법론 연구, 우리말교육현장연구, 10(1), 우리말교육현장학회, 272-300.

이광모(2007), 대학 교양교육으로서 토론과 글쓰기의 의미와 방향, 동서철학연구, 44, 한국동서철학회, 35-50.

이금진(2010), TV 토론의 대화 책략 연구: 토론자 간 공격과 방어를 중심으로, 이화여자대학교 석사학위논문.

이두원(2005), 논쟁: 입장과 시각의 설득, 커뮤니케이션북스.

이두원(2006), CEDA 찬, 반 논쟁의 커뮤니케이션 전략 연구: 효과적인 입론, 반대 신문, 반박을 중심으로, 커뮤니케이션학 연구, 14(1), 한국커뮤니케이션학회, 90-123.

이두원(2008), 토론자의 디베이트 능력과 수행평가 모델 연구: 아카데미식 정책 디베이트를 중심으로, 커뮤니케이션학연구 16(3), 한국커뮤니케이션학회, 83-103.

이미정(2014), 의사소통 심화 과정으로서의 토론 수업 방안 연구: 전문대학 교양국어를 중심으로, 교양교육연구 8(6), 한국교양교육학회, 559-583.

이민형(2015), 가치 논제 토론의 입론 형식 유형 연구: 필수 쟁점의 논리 구조를 중심으로, 국어교육학연구, 50(3), 국어교육학회, 122-160.

이민형(2016), 가치 논제 토론 수업을 위한 설계 기반 연구, 서울대학교, 서울대학교 박사학위논문.

이민형(2017), 정책 논제 토론에서의 반대 측 내용 구성 양상, 국어교육학연구, 52(1), 국어교육학회, 398-442.

이상철(2015), 배심원모의재판토론 수업운영 방안, 수사학, 22, 한국수사학회, 201-235.

이상철·백미숙·정현숙(2006), 스피치와 토론, 성균관대학교 출판부.

이선영(2010a), 토론 교육을 위한 논제 선정에 대한 소고: 국내·외 토론 대회 논제 분석을 중심으로, 청람어문교육, 41, 청람어문학회, 241-267.

이선영(2010b), 토론 대회 경험과 토론 효능감에 대한 연구: 고등학교 토론 대회 소감문 분석을 중심으로, 국어교육학연구, 39, 국어교육학회, 403-436.

이선영(2011), 토론 교육 내용 체계 연구: 초·중·고 토론대회 담화 분석을 바탕으로, 서울대학교 박사학위논문.

이선영(2012), 토론 평가 패러다임 분석에 따른 토론 평가의 방향 고찰, 국어교육학연구, 44, 국어교육학회, 453-481.

이선옥(2007), 여성 리더십 함양을 위한 토론수업 모형 연구, 아시아여성연구, 46(2), 숙명여자대학교

아시아여성연구소, 189-219.

이은희(2011), 시사 토론에서의 말차례 뺏기 발화의 양상: 토론자 발화를 중심으로, 한중인문학연구, 32, 한중인문학회, 155-180.

이인경(2014), TV 시사 토론에서의 비난 대응 전략 연구, 국제한국어교육학회 국제학술발표논문집, 국제한국어교육학회, 264-274.

이정옥(2008), 토론의 전략: 합리적 의사소통을 위한 토론, 문학과지성사.

이준웅 외(2007), 공공 화법과 토론 교육이 의사소통 능력, 토론 효능감, 시민성에 미치는 효과, 한국언론학보, 41(1), 한국언론학회, 144-171.

이창덕(2013), 국어과 토론교육의 의의와 발전 방향, 국어교육연구, 52, 국어교육학회, 1-28.

이창덕·임칠성·심영택·원진숙·박재현(2010), 화법 교육론, 역락.

이한구(2014), 칼 포퍼의 열린사회와 그 적들 읽기, 세창미디어.

임칠성(2011), 토론의 본질과 토론 지도, 화법연구, 18, 한국화법학회, 103-129.

장영희(2011), 대학생 토론 교육의 실제와 개선 방안 연구: 남서울대 토론 지도를 중심으로, 화법연구, 18, 한국화법학회, 131-159.

장영희(2015), 대학에서 토론 교육의 방향 및 지도 방법, 語文論集, 61, 중앙어문학회, 563-584.

전은주(2004), 토론 교수-학습 설계를 위한 조건변인 분석, 國語教育學研究, 20, 국어교육학회, 433-459.

정현숙(2012), 교양기초교육으로서의 의사소통 교육에 대한 제언, 교양교육연구, 6(1), 한국교양교육학회, 33-70.

최훈(2010), 변호사 논증법, 웅진지식하우스.

케빈리(2011), 대한민국 교육을 바꾼다, 디베이트, 한겨레에듀.

하윤수(2011), 사회과 토론 수업의 실제와 과제, 사회과교육연구, 18(4), 한국사회교과교육학회, 137-150.

한상철(2006), 토론: 비판적 사고를 활용한 토론 분석과 응용, 커뮤니케이션북스.

한현숙(2011), 토론 능력 발달 양상 연구, 부산대학교 박사학위논문.

홍경남(2016), 논증과 토론에서 적대성의 공과에 대한 연구, 교양교육연구, 10(4), 한국교양교육학회, 237-257.

황지원(2013), 대학 토론 교육의 의미와 구체적 적용, 교양교육연구, 7(3), 한국교양교육학회, 565-595.

황혜영(2011), 칼 포퍼형 토론을 응용한 토론 발언의 분석과 이해, 사고와표현, 4(1), 한국사고와표현학회, 123-156.

Bartanen, M. D. & Littlefield, R. S.(2015), Competitive Speech and Debate: How Play Influenced American Educational Practice, *American Journal of Play*, 7(2), 155-173.

Colbert, K. R. & Biggers, T.(1985), *The Academic and Practical Values of Debating*, ERIC Document Reproduction Service No. ED 265586.

Colbert, K. R.(1987), The Effects of CEDA and NDT Debate Training on Critical Thinking Ability, *Journal of the American Forensic Association, 23*(4), 194-201.

Colbert, K. R.(1993), The Effects of Debate Participation on Argumentativeness and Verbal

Aggression, *Communication Education, 42*(3), 206-214.

Edwards, R. E.(2008), *Competitive Debate: The Official Guide*, Penguin Group.

Emory National Debate Institute, *Policy Debate Manual*, 허경호 역(2005), 정책토론의 방법, 커뮤니케이션북스.

Ericson, J. M., Murphy, J. J. & Zeuchner, R. B.(2011), *The Debater's Guide*(4th ed.), Southern Illinois University Press.

Freeley, A. J. & Steinberg, D. L.(2014), *Argumentation and Debate: Critical Thinking for Reasoned Decision Making*(13th ed.), Wadsworth, Cengage Learning.

Jensen, S.(1996), Point of Information: Practical and Theoretical Concerns in Parliamentary Debate, Paper presented at the 82nd Annual Meeting of the Speech Communication Association.

Jensen, S.(1998), Apples and Oranges? A Comparative Analysis of Adjudication in Parliamentary and CEDA/NDT Debate, Paper presented at the 84th Annual Meeting of the Speech Communication Association.

Kuper, G.(2000), Student Motivations for Participating in Policy or Parliamentary Debate, Paper presented at the Annual Meeting of the 68th Central States Communication Association.

Lawson, H. L. & Skaggs, E. C.(1994), A Comparative Analysis of Communicative Behavior in CEDA Lincoln-Douglas Debate and CEDA Team Debate, Paper presented at the Annual Meeting of the Central States Communication Association.

MacArthur, C., Ferretti, R. & Okolo, C.(2002), On defending controversial viewpoints: Debates of sixth graders about the desirability of early 20th century American immigration. *Learning Disabilities Research &Practice 1 7*(3), 160-172.

Meany, J. & Shuster, K.(2003), *On that Point! An Introduction to Parliamentary Debate*, 허경호 역(2008), 모든 학문과 정치의 시작, 토론: 의회식 토론법으로 배우는 토론의 이해와 실제, 커뮤니케이션북스.

Mercadante, R. A.(1988), Formal Debate as a Pedagogical Tool in the College Classroom, Paper presented at the National Seminar on Successful College Teaching.

Mill, J. S.(1859), *On Liberty*, 이종훈 편역(2012), 밀의 사상과 토론의 자유, 이담.

Phillip, T.(1998), A Sociohistorical View of Reason and Emotion in Academic Debate. Paper presented at the Annual Meeting of the National Communication Association (84th), 1-15.

Phillips, L., Hicks, W. S. & Springer, D. R.(2006), *Basic Debate*, The McGraw-Hill Company.

Popper, K. R.(1966), *The Open Society and Its Enemies*(5th ed.), Routledge & Kegan Paul Ltd.

Prager, J. R.(2002), Introduction to Policy Debate, http://webpages.charter.net/johnprager/ IPD/Chapter03.htm.

Rancer, A. S., Whitecap, V. G., Kosberg, R. L. & Avtgis, T. A.(1997), Testing the Efficacy of a Communication Training Program to Increase Argumentativeness and Argumentative

Behavior in Adolescents, *Communication Education, 46*(4), 273-286.

Scott, D. K.(1998), Debating Values: Key Issues in Formatting an Argumentative Case, Paper presented at the Annual Meeting of the Central States Communication Association.

Seth, H. & Cherian, K.(2006), Introduction to Lincoln Douglas Debate, http: //debate.uvm. edu/dcpdf/LDIntroduction_to_LD_Debate_(NFL).pdf

Sheffield, W. T.(1992), A Descriptive Analysis of Policy Issues in Non-Policy Debate, Paper presented at the 78th Annual Meeting of the Speech Communication Association.

Snider, A. & Schnurer, M.(2006), *Many sides: debate across the curriculum*, NY: IDEBATE Press.

Stanfield, S. & West, I.(1995), Counterplans: The Evolution of Negative Burdens as CEDA Makes the Transition from Value to Policy Debate, Paper presented at the 81st Annual Meeting of the Speech Communication Association.

Walker, M. & Warhurst, C(2000), In most classes you sit around very quietly at a table and get lectured at ······: Debates, assessment, and student learning, *Teaching in Higher Education 5*(1), 33-49.

Williams, D. E., McGee, B. R. & Worth, D. S.(2001), University Student Perceptions of the Efficacy of Debate Participation: An Empirical Investigation, *Argumentation and Advocacy, 37*(4), 198-209.

Williams, J. M. & Colomb, G. G.(2007), *The Craft of Argument*, 윤영삼 역(2008), 논증의 탄생, 홍문관.